Η Ορθοδοξία των Πατέρων

While every precaution has been taken in the preparation of this book, the publisher assumes no responsibility for errors or omissions, or for damages resulting from the use of the information contained herein.

Η ΟΡΘΟΔΟΞΙΑ ΤΩΝ ΠΑΤΕΡΩΝ

First edition. September 25 2024.

Copyright © 2024 Μάριος Βασταρούχας. Written by Μάριος Βασταρούχας.

https://www.youtube.com/@The_Theologist1[1]
https://www.instagram.com/the.theologist_/#[2]

---

1. https://www.youtube.com/%40The_Theologist1

2. https://www.instagram.com/the.theologist_/

Ο Ιησούς είναι ο Υιός και Λόγος του Θεού

Οι αρχαίοι Πατέρες της Εκκλησίας αναγνώρισαν ότι ο Ιησούς Χριστός είναι Θεός και ήταν ανένδοτοι στη διατήρηση αυτής της πολύτιμης αλήθειας.

Άγιος Ιγνάτιος Αντιοχείας Προς Εφεσίους 0,0

Εγώ ο Ιγνάτιος, που ονομάζομαι και Θεοφόρος, στην ευλογημένη για το μέγεθος του πληρώματος της από τον Θεό Πατέρα, την προορισμένη προαιώνια να βρίσκεται για πάντα σε δόξα μόνιμη, αμετάβλητη, ενωμένη, και εκλεγμένη με το αληθινό πάθος και το θέλημα του Πατέρα και του Ιησού Χριστού του Θεού μας, στην Εκκλησία την αξιομακάριστη, που βρίσκεται στην Έφεσο της Ασίας, είθε να δοκιμάζει πάρα πολύ μεγάλη χαρά ενωμένη με τον Ιησού Χριστό.

Προς Εφεσίους 1,1

Δέχθηκα με το θέλημα του Θεού το πολυαγάπητο όνομα σου, το οποίο έχετε με

δίκαιη φύση, σύμφωνα με την πίστη και αγάπη του Ιησού Χριστού, του Σωτήρα μας, και όντας μιμητές του Θεού, ολοκληρώσατε τελείως το συγγενικό έργο

αναζωογονώντας το με το αίμα του Θεού. Προς Εφεσίους 7,2.

Ένας γιατρός υπάρχει σαρκικός και πνευματικός, γεννημένος και αγέννητος, ο οποίος έγινε Θεός σαρκωμένος, ζωή αληθινή που θανατώθηκε, και από την Μαρία και από τον Θεό, πρώτα παθητός και συγχρόνως απαθής, ο Ιησούς Χριστός ο Κύριος μας.

Προς Εφεσίους 18,22.

Διότι ο Θεός μας Ιησούς Χριστός κυοφορήθηκε από τη Μαρία κατ' οικονομία Θεού, προερχόμενος από τη γενιά βέβαια του Δαβίδ, αλλά δια του Αγίου Πνεύματος, ο οποίος γεννήθηκε και βαπτίσθηκε, για να καθαρίσει με το πάθος του το νερό.

Προς Εφεσίους 19,33.

Έτσι διαλύθηκε κάθε μαγεία και εξαφανίστηκαν όλα τα δεσμά της κακίας. Η άγνοια καταργήθηκε, καταστράφηκε η παλιά βασιλεία, καθώς ο Θεός εμφανιζόταν με ανθρώπινη μορφή, για να φέρει την καινοτομία της αιώνιας ζωής, που άρχιζε από αυτό που ήταν τελειωμένο κοντά στον Θεό, από όπου ξεκινούσαν τα πάντα, επειδή σχεδιαζόταν η κατάργηση του θανάτου.

Προς Ρωμαίους 0,0

Εγώ ο Ιγνάτιος, που ονομάζομαι και Θεοφόρος, στην ελεημένη από τη μεγαλειότητα του ύψιστου Πατέρα και του Ιησού Χριστού, του μοναδικού Υιού του, Εκκλησία, την αγαπημένη και φωτισμένη με το θέλημα εκείνου που θέλησε τα πάντα, τα οποία υπάρχουν με την αγάπη του Ιησού Χριστού του Θεού μας, που προΐσταται στη θέση της χώρας των Ρωμαίων, την αντάξια του Θεού, την αξιοπρεπή, την αξιομακάριστη, την αξιέπαινη, την αξία επιτυχίας, την επάξια αγνή και προηγούμενη στην αγάπη, αυτήν που ακολουθεί τον νόμο του Χριστού και φέρει το όνομα του Πατέρα, την οποία και ασπάζομαι στο όνομα του Ιησού Χριστού, του Υιού του Πατέρα, που σωματικά και πνευματικά είναι ενωμένοι με κάθε εντολή αυτού, τους γεμάτους από τη χάρη του Θεού χωρίς διακρίσεις και αποκαθαρισμένους από κάθε ξένο χαρακτηριστικό, είθε να δοκιμάζουν πάρα πολύ μεγάλη χαρά ενωμένοι άμεμπτα με τον Ιησού Χριστό, τον Θεό μας.

Προς Ρωμαίους 3,33.

Τίποτε από αυτά που φαίνονται δεν είναι αγαθό. Διότι ο Θεός μας Ιησούς Χριστός, που βρίσκεται στον Πατέρα του, φαίνεται περισσότερο. Ο Χριστιανισμός δεν είναι έργο πειστικότητας, αλλά μεγαλείου, όταν μισείτε από τον κόσμο.

Προς Σμυρναίους 1,1

Δοξάζω τον Ιησού Χριστό τον Θεό, ο οποίος σας έκανε τόσο σοφούς· διότι κατάλαβα ότι είστε εκπαιδευμένοι σε αμετακίνητη πίστη, σαν να είσαστε καρφωμένοι στο σταυρό του Κυρίου Ιησού Χριστού, σωματικά και πνευματικά, και στερεωμένοι με αγάπη στο αίμα του Χριστού, βεβαιωμένοι για τον Κύριο μας, ότι προέρχεται αληθινά

«από τη γενιά του Δαβίδ κατά σάρκα», και είναι Υιός του Θεού σύμφωνα με το θέλημα και τη δύναμη του Θεού, γεννημένος αληθινά από την Παρθένο, και βαπτισμένος από τον Ιωάννη, «για να εκπληρωθεί ό,τι προβλέπει ο νόμος από αυτόν».

Προς Πολύκαρπον 2

Γίνε πιο σπουδαίος από ότι είσαι. Να μελετάς τους χρόνους. Να περιμένεις αυτόν που είναι πάνω από τον χρόνο, τον αόρατο, αυτόν που έγινε για μας ορατός, τον αψηλάφητο, τον απαθή, αυτόν που για μας έγινε παθητός, που υπέφερε για μας με κάθε τρόπο.

Προς Μαγνησιείς 6

... οι ιδιαίτερα αγαπητοί σε μένα, να είναι επιφορτισμένοι με τη διακονία του Ιησού Χριστού, ο οποίος ήταν κοντά στον Πατέρα προαιώνια και στο τέλος φανερώθηκε

Άγιος Ἰουστίνος Φιλόσοφος καὶ Μάρτυρας Διάλογος πρὸς Τρύφωνα 36

Επιτρέψτε μου πρώτα να αφηγηθώ τις προφητείες, πράγμα που θέλω να κάνω για να αποδείξω ότι ο Χριστός ονομάζεται και Θεός και Κύριος των δυνάμεων.

Διάλογος πρὸς Τρύφωνα 61

Ο Θεός γέννησε πριν από όλα τα δημιουργήματα μια αρχή, η οποία ήταν μια ορισμένη λογική δύναμη από τον εαυτό του και την οποία το Άγιο Πνεύμα αποκαλεί

... άλλοτε Υιό ... άλλοτε Κύριο και Λόγο Διάλογος πρὸς Τρύφωνα 63

Επομένως, αυτά τα λόγια μαρτυρούν ρητά ότι Αυτός [ο Ιησούς] μαρτυρείται από Εκείνον [τον Πατέρα] που τα θέσπισε αυτά, ως άξιος λατρείας, ως Θεός και ως Χριστός.

Διάλογος πρὸς Τρύφωνα 126

Διότι αν είχατε καταλάβει τι έχει γραφτεί από τους προφήτες, δεν θα είχατε αρνηθεί ότι ήταν Θεός, Υιός του μοναδικού, αγέννητου και αδιανόητου Θεού.

Διάλογος πρὸς Τρύφωνα 128

Και ότι ο Χριστός που είναι Κύριος και Θεός, ο Υιός του Θεού, και εμφανίστηκε παλαιότερα με δύναμη ως Άνθρωπος και Άγγελος, και με τη δόξα της φωτιάς όπως στη βάτο, έτσι φανερώθηκε και κατά την κρίση που εκτελέστηκε στα Σόδομα, (αυτό) έχει αποδειχθεί πλήρως από όσα έχουν ειπωθεί.

Απολογία Α'

Ο Πατέρας του σύμπαντος έχει έναν Υιό, ο οποίος, όντας ο πρωτότοκος Λόγος του Θεού, είναι επίσης Θεός. Και από παλιά εμφανίστηκε με μορφή φωτιάς και με μορφή αγγέλου στον Μωυσή και στους άλλους προφήτες, αλλά τώρα, στους καιρούς της βασιλείας σας, αφού, όπως είπαμε προηγουμένως, έγινε άνθρωπος από παρθένο....

Απολογία Α' 23

Ο Ιησούς Χριστός είναι ο μόνος πραγματικός Υιός που έχει γεννηθεί από τον Θεό, όντας ο Λόγος και ο πρωτότοκος και η δύναμή του- και, αφού έγινε άνθρωπος σύμφωνα με το θέλημά του, μας δίδαξε αυτά τα πράγματα για τη μεταστροφή και την αποκατάσταση του ανθρώπινου γένους.

Μελίτων Σάρδεων Μελίτων 5

Εκείνος που κρέμασε τη γη στο διάστημα κρεμάστηκε ο ίδιος, Εκείνος που στερέωσε τους ουρανούς στερεώθηκε με καρφιά. ο Κύριος των πάντων υποβλήθηκε σε

ατίμωση σε ένα γυμνό σώμα - ο Θεός θανατώθηκε! [Για να μην τον δουν, τα φώτα

απομακρύνθηκαν και η ημέρα σκοτείνιασε - επειδή σκότωσαν τον Θεό, που κρεμάστηκε γυμνός στο δέντρο. Αυτός είναι Εκείνος που δημιούργησε τον ουρανό και τη γη, και στην αρχή, μαζί με τον Πατέρα, έπλασε τον άνθρωπο- που αναγγέλθηκε μέσω του νόμου και των προφητών- που πήρε σωματική μορφή στην Παρθένο- που κρεμάστηκε στο δέντρο- που θάφτηκε στη γη- που αναστήθηκε από τον τόπο των νεκρών και ανέβηκε στο ύψος των ουρανών και κάθεται στα δεξιά του Πατέρα.

Πραγματεία 13

"Οι ενέργειες του Χριστού μετά τη βάπτισή του, και ιδιαίτερα τα θαύματά του, ήταν ένδειξη και διαβεβαίωση στον κόσμο για τη θεότητα που ήταν κρυμμένη στη σάρκα του. Όντας Θεός και ομοίως τέλειος άνθρωπος, έδωσε θετικές ενδείξεις των δύο

φύσεών του: της θεότητάς του, με τα θαύματα κατά τη διάρκεια των τριών ετών που ακολούθησαν μετά τη βάπτισή του, της ανθρωπότητάς του, κατά τα τριάντα χρόνια που προηγήθηκαν της βάπτισής του, κατά τη διάρκεια των οποίων, λόγω της κατά σάρκα κατάστασής του, έκρυψε τα σημάδια της θεότητάς του, αν και ήταν ο αληθινός Θεός που υπήρχε πριν από τους αιώνες"

Άγιος Ειρηναίος Λουγδούνου

Ἔλεγχος καὶ ἀνατροπὴ τῆς ψευδωνύμου γνώσεως 1.10.1

Ο Ιησούς Χριστός [είναι] ο Κύριός μας και Θεός και Σωτήρας και Βασιλιάς, σύμφωνα με το θέλημα του αόρατου Πατέρα.

Ἔλεγχος καὶ ἀνατροπὴ τῆς ψευδωνύμου γνώσεως 2.13.8

[Οι Γνωστικοί] μεταφέρουν τη γένεση του εκφερόμενου λόγου των ανθρώπων στον αιώνιο Λόγο του Θεού, αποδίδοντας σ' αυτόν μια αρχή και μια γέννηση. Με ποιον τρόπο, λοιπόν, θα μπορούσε ο Λόγος του Θεού -και μάλιστα ο ίδιος ο μεγάλος Θεός, αφού είναι ο Λόγος- να διαφέρει από τον λόγο των ανθρώπων;

Ἔλεγχος καὶ ἀνατροπὴ τῆς ψευδωνύμου γνώσεως 3.19.2

Διότι έχω δείξει από τις Γραφές, ότι κανένας από τους γιους του Αδάμ δεν ονομάζεται Θεός ή Κύριος, όσον αφορά τα πάντα και απόλυτα. Αλλά ότι είναι ο ίδιος από μόνος του, πέρα από όλους τους ανθρώπους που έζησαν ποτέ, Θεός και Κύριος και Βασιλιάς Αιώνιος και ο ενσαρκωμένος Λόγος, που διακηρύχθηκε από όλους τους προφήτες, τους αποστόλους και από το ίδιο το Πνεύμα, μπορεί να το δουν όλοι όσοι έχουν φτάσει έστω και σε ένα μικρό μέρος της αλήθειας. Τώρα, οι Γραφές δεν θα

είχαν μαρτυρήσει αυτά τα πράγματα γι' Αυτόν, αν, όπως άλλοι, ήταν ένας απλός άνθρωπος. Αυτός είναι ο άγιος Κύριος, ο Θαυμαστός, ο Σύμβουλος, ο ωραίος στην

όψη και ο ισχυρός Θεός, που έρχεται πάνω στα σύννεφα ως Κριτής όλων των ανθρώπων- όλα αυτά τα πράγματα προφήτευσαν γι' Αυτόν οι Γραφές.

Ἔλεγχος καὶ ἀνατροπὴ τῆς ψευδωνύμου γνώσεως 3.21.4.

Προσεκτικά, λοιπόν, το Άγιο Πνεύμα επισήμανε, με όσα ειπώθηκαν, τη γέννησή Του από παρθένο και την ουσία Του, ότι είναι Θεός (το όνομα Εμμανουήλ το υποδηλώνει αυτό). Και δείχνει ότι είναι άνθρωπος. [Δ]εν πρέπει να καταλάβουμε ότι είναι μόνο

άνθρωπος, ούτε, από την άλλη πλευρά, από το όνομα Εμμανουήλ, (δεν) πρέπει να υποψιαστούμε ότι είναι Θεός χωρίς σάρκα.

Ἔλεγχος καὶ ἀνατροπὴ τῆς ψευδωνύμου γνώσεως 4.5.2.

Ο ίδιος ο Χριστός, λοιπόν, μαζί με τον Πατέρα, είναι ο Θεός των ζωντανών, ο οποίος μίλησε στον Μωυσή και ο οποίος φανερώθηκε και στους πατέρες.

Ἔλεγχος καὶ ἀνατροπὴ τῆς ψευδωνύμου γνώσεως 4.6.7.

Ἔλαβε μαρτυρίες από όλους ότι ήταν πολύ άνθρωπος και ότι ήταν πολύ Θεός, από τον Πατέρα, από το Πνεύμα, από τους αγγέλους, από την ίδια τη δημιουργία, από τους ανθρώπους, από τα απόστατα πνεύματα και τους δαίμονες.

Κλήμης ο Αλεξανδρεύς

Προτρεπτικός προς Έλληνας 1

Αυτός ο Λόγος, λοιπόν, ο Χριστός, η αιτία τόσο της ύπαρξής μας αρχικά (γιατί ήταν μέσα στον Θεό) όσο και της ευημερίας μας, αυτός ο ίδιος ο Λόγος εμφανίστηκε τώρα ως άνθρωπος, μόνος Αυτός είναι και τα δύο, και Θεός και άνθρωπος - ο δημιουργός όλων των ευεργεσιών προς εμάς- από τον οποίο, αφού διδαχθήκαμε να ζούμε καλά, αποσταλθήκαμε στο δρόμο μας προς την αιώνια ζωή. Ο Λόγος, ο οποίος στην

αρχή μας χάρισε ζωή ως Δημιουργός όταν μας έπλασε, μας δίδαξε να ζούμε καλά όταν εμφανίστηκε ως Δάσκαλός μας, ώστε ως Θεός να μας οδηγήσει στη συνέχεια στη ζωή που δεν τελειώνει ποτέ.

Προτρεπτικός προς Έλληνας 1:7:1

"Ο Λόγος, λοιπόν, ο Χριστός, είναι η αιτία τόσο της αρχής -γιατί ήταν μέσα στον Θεό- όσο και της ευημερίας μας. Και τώρα ο ίδιος αυτός Λόγος εμφανίστηκε ως άνθρωπος. Μόνο αυτός είναι και Θεός και άνθρωπος, και η πηγή όλων των αγαθών μας"

Προτρεπτικός προς Έλληνας 10

Διότι δεν ήταν χωρίς θεία φροντίδα ότι ένα τόσο μεγάλο έργο επιτελέστηκε σε τόσο σύντομο χρονικό διάστημα από τον Κύριο, ο οποίος, αν και περιφρονημένος ως προς την εμφάνιση, στην πραγματικότητα λατρευόταν, ο εξιλεωτής της αμαρτίας, ο Σωτήρας, ο Καθαγιαστής, ο Θείος Λόγος, Αυτός που είναι πραγματικά η πιο φανερή Θεότητα, Αυτός που έγινε ίσος με τον Κύριο του σύμπαντος· επειδή ήταν ο Υιός Του, και ο Λόγος ήταν μέσα στον Θεό.....

Τερτυλλιανός

Περί της μαρτυρίας της ψυχής 41

Γιατί μόνο ο Θεός είναι αναμάρτητος· και ο μόνος άνθρωπος χωρίς αμαρτία είναι ο Χριστός, αφού και ο Χριστός είναι Θεός.

Κατά Πραξέα 7:1

Ο Πατέρας τον εξομοιώνει με τον εαυτό του, και ο Υιός, προερχόμενος από αυτόν, έγινε πρωτότοκος, αφού γεννήθηκε πριν από όλα τα πράγματα, και μονογενής,

επειδή μόνο αυτός γεννήθηκε από τον Θεό, με τρόπο ιδιόμορφο για τον εαυτό του, από τη μήτρα της καρδιάς του, κάτι για το οποίο μαρτυρεί ακόμη και ο ίδιος ο

Πατέρας: "Η καρδιά μου έβγαλε τον καλύτερο Λόγο μου".

Κατά Πραξέα 13:6

"Ότι υπάρχουν δύο θεοί και δύο Κύριοι, ωστόσο, είναι μια δήλωση που ποτέ δεν θα επιτρέψουμε να βγει από το στόμα μας· όχι σαν να μην ήταν ο Πατέρας και ο Υιός Θεός, ούτε το Πνεύμα Θεός, και ο καθένας από αυτούς Θεός· αλλά παλαιότερα μιλούσαν για δύο ως θεούς και για δύο ως Κύριους, έτσι ώστε όταν θα ερχόταν ο Χριστός, θα μπορούσε και να αναγνωρίζεται ως Θεός και να αποκαλείται Κύριος, επειδή είναι ο Υιός εκείνου που είναι και Θεός και Κύριος"

Άγιος Ιππόλυτος Ρώμης

Κατὰ πασῶν αἱρέσεων ἔλεγχος 10.29.

Ο Λόγος αυτού του Θεού είναι από τον ίδιο τον Θεό, γι' αυτό και ο Λόγος είναι Θεός, όντας η ουσία του Θεού.

κατὰ πασῶν αἱρέσεων ἔλεγχος 10:33

Επομένως, αυτός ο μοναδικός και παγκόσμιος Θεός, αντανακλώντας, έβγαλε πρώτος τον Λόγο - όχι μια λέξη όπως στην ομιλία, αλλά μια νοητική λέξη, την αιτία των πάντων. Ο Λόγος ήταν η αιτία εκείνων των πραγμάτων που ήρθαν στην

ύπαρξη, εκτελώντας μέσα του το θέλημα εκείνου από τον οποίο γεννήθηκε. Μόνο

ο Λόγος [του Θεού] είναι από τον εαυτό του και επομένως είναι επίσης Θεός, αφού έγινε η ουσία του Θεού"

Προς Έλληνας και προς Πλάτωνα 3.

Γιατί όλοι, τόσο οι δίκαιοι όσο και οι άδικοι, θα βρεθούν ενώπιον του Θεού Λόγου. Εις την αίρεσιν του Νοητού 17.

Ας πιστέψουμε λοιπόν, αγαπητοί αδελφοί, σύμφωνα με την παράδοση των αποστόλων, ότι ο Θεός Λόγος κατέβηκε από τον ουρανό (και εισήλθε) στην Αγία

Παρθένο Μαρία, για να πάρει από αυτήν τη σάρκα και να πάρει επίσης ανθρώπινη μορφή, με την οποία εννοώ λογική ψυχή, και να γίνει έτσι άνθρωπος με εξαίρεση την αμαρτία, για να σώσει τον πεσμένο άνθρωπο και να δώσει αθανασία στους ανθρώπους που πιστεύουν στο όνομά Του. Αυτός τώρα, ερχόμενος στον κόσμο,

φανερώθηκε ως Θεός σε σώμα, ερχόμενος επίσης ως τέλειος άνθρωπος. Διότι δεν έγινε άνθρωπος με απλή εμφάνιση ή με μεταστροφή, αλλά αλήθεια (έγινε άνθρωπος). Έτσι, λοιπόν, και Αυτός, αν και εκδηλώθηκε ως Θεός, δεν αρνείται τις συνθήκες που Του αρμόζουν ως άνθρωπος, αφού πεινάει και κοπιάζει και διψάει με κούραση, και φεύγει με φόβο, και προσεύχεται με θλίψη. Και Εκείνος που ως Θεός έχει άυπνη φύση, κοιμάται σε ένα μαξιλάρι.

Ωριγένης

Περί των Πρώτων Αρχών πρόλογος 4

Ο Ιησούς Χριστός. στους έσχατους καιρούς, απεκδυόμενος τον εαυτό Του (από τη

δόξα Του), έγινε άνθρωπος και ενσαρκώθηκε αν και Θεός, και ενώ έγινε άνθρωπος παρέμεινε ο Θεός που ήταν.

Περί των Πρώτων Αρχών βιβλίο 1 κεφ. 2 χωρ. 2

Γι' αυτό πάντοτε θεωρούσαμε ότι ο Θεός είναι ο Πατέρας του Μονογενούς Υιού Του, ο οποίος γεννήθηκε πράγματι από Αυτόν, και αντλεί από Αυτόν αυτό που είναι, αλλά χωρίς καμία αρχή, όχι μόνο τέτοια που μπορεί να μετρηθεί με οποιαδήποτε διαίρεση του χρόνου, αλλά ακόμη και αυτή που μόνο ο νους μπορεί να συλλογιστεί μέσα του, ή να δει, ας πούμε, με τις γυμνές δυνάμεις του νου.

Περί των Πρώτων Αρχών βιβλίο 1 κεφ. 2 χωρ. 4

Αλλά είναι τερατώδες και παράνομο να συγκρίνουμε τον Θεό Πατέρα, κατά τη γέννηση του μονογενή Υιού Του και κατά την ουσία του ίδιου, με οποιονδήποτε άνθρωπο ή άλλο ζωντανό οργανισμό που συμμετέχει σε μια τέτοια πράξη· διότι πρέπει αναγκαστικά να θεωρήσουμε ότι υπάρχει κάτι εξαιρετικό και άξιο του Θεού που δεν επιδέχεται καμία σύγκριση, όχι απλώς στα πράγματα, αλλά που δεν μπορεί καν να συλληφθεί με τη σκέψη ή να ανακαλυφθεί με την αντίληψη, έτσι ώστε ένας ανθρώπινος νους να είναι σε θέση να αντιληφθεί πώς ο αγέννητος Θεός γίνεται

Πατέρας του μονογενή Υιού. Διότι η γέννησή Του είναι τόσο αιώνια και παντοτινή όσο και η λάμψη που παράγεται από τον ήλιο. Διότι δεν έγινε Υιός με το να λάβει την πνοή της ζωής, με οποιαδήποτε εξωτερική πράξη, αλλά με την ίδια Του τη φύση.

Περί των Πρώτων Αρχών βιβλίο 1 κεφ. 2 χωρ. 10

Και για να καταλάβετε ότι η παντοδυναμία του Πατέρα και του Υιού είναι μια και η

ίδια, όπως ο Θεός και ο Κύριος είναι ένα και αυτό με τον Πατέρα, ακούστε τον τρόπο με τον οποίο μιλάει ο Ιωάννης στην Αποκάλυψη: "Έτσι λέει ο Κύριος ο Θεός, που

είναι και που ήταν και που θα έρθει, ο Παντοδύναμος". Διότι ποιος άλλος ήταν "αυτός που πρόκειται να έρθει" από τον Χριστό; Και όπως κανείς δεν πρέπει να προσβάλλεται, αφού ο Θεός είναι ο Πατέρας, ότι ο Σωτήρας είναι επίσης Θεός· έτσι και, αφού ο Πατέρας ονομάζεται παντοδύναμος, κανείς δεν πρέπει να προσβάλλεται ότι ο Υιός του Θεού ονομάζεται επίσης παντοδύναμος.

κατά Κέλσου βιβλίο 5 κεφ. 11

Βλέποντας ότι ο Θεός Πατέρας είναι αόρατος και αδιαχώριστος από τον Υιό, ο Υιός δεν παράγεται από Αυτόν με "πολλαπλασιασμό", όπως μερικοί υποθέτουν. Διότι αν ο Υιός είναι "πρόπλαση" του Πατέρα (ο όρος "πρόπλαση" χρησιμοποιείται για να υποδηλώσει μια τέτοια γένεση, όπως είναι συνήθως αυτή των ζώων ή των ανθρώπων), τότε, αναγκαστικά, τόσο Εκείνος που "πρόπλασε" όσο και Εκείνος που "προπλάστηκε" είναι σωματικά. Διότι δεν λέμε, όπως υποθέτουν οι αιρετικοί, ότι κάποιο μέρος της ουσίας του Θεού μετατράπηκε στον Υιό, ή ότι ο Υιός

δημιουργήθηκε από τον Πατέρα από πράγματα ανύπαρκτα, δηλαδή πέρα από τη δική Του ουσία, έτσι ώστε να υπάρξει κάποτε μια εποχή που δεν υπήρχε. Πώς,

λοιπόν, μπορεί να υποστηριχθεί ότι υπήρξε κάποτε μια εποχή κατά την οποία δεν ήταν ο Υιός; Διότι αυτό δεν είναι τίποτε άλλο από το να πούμε ότι υπήρξε κάποτε καιρός κατά τον οποίο δεν ήταν ούτε η Αλήθεια, ούτε η Σοφία, ούτε η Ζωή, παρόλο που σε όλα αυτά κρίνεται ότι είναι η τέλεια ουσία του Θεού Πατέρα- διότι αυτά τα πράγματα δεν μπορούν να αποκοπούν από Αυτόν, ούτε καν να διαχωριστούν από την ουσία Του.

Ομιλία στην προς Εβραίους επιστολή

Έτσι και η Σοφία, εφόσον προέρχεται από τον Θεό, παράγεται από την ίδια την ουσία του Θεού.

Άγιος Αριστείδης Απολογία 16

"[Χριστιανοί] είναι εκείνοι που, πάνω από κάθε λαό της γης, έχουν βρει την αλήθεια, διότι αναγνωρίζουν τον Θεό, τον Δημιουργό και πλάστη των πάντων, στον μονογενή Υιό και στο Άγιο Πνεύμα"

Τατιανός Ασσύριος Προς Έλληνας 21

"Δεν κάνουμε τον ανόητο, Έλληνες, ούτε λέμε ανοησίες, όταν δηλώνουμε ότι ο Θεός γεννήθηκε με τη μορφή ανθρώπου"

Άγιος Κυπριανός Καρχηδόνας Επιστολή 73:12

"Εκείνος που αρνείται ότι ο Χριστός είναι Θεός δεν μπορεί να γίνει ναός του [του Αγίου Πνεύματος]"

"Σύμβολο της Πίστεώς του"

Υπάρχει ένας Κύριος, μόνος του μοναδικού, Θεός του Θεού, εικόνα και ομοίωση της θεότητας, αποτελεσματικός Λόγος, σοφία περιεκτική της σύστασης όλων των πραγμάτων και δύναμη διαμορφωτική ολόκληρης της δημιουργίας, αληθινός Υιός του αληθινού Πατέρα, αόρατος του αόρατου και άφθαρτος του άφθαρτου και αθάνατος του αθάνατου και αιώνιος του αιώνιου....

Αρνόβιος

Κατά Εθνών 1:42

"Λοιπόν, λοιπόν", θα πει κάποιος οργισμένος, θυμωμένος και διεγερμένος άνθρωπος, "είναι αυτός ο Χριστός ο Θεός σας;" "Πράγματι Θεός", θα απαντήσουμε, "και Θεός των κρυφών δυνάμεων".

Λακτάντιος

Περί θείων θεσμών 4:13:5

"Έγινε και Υιός του Θεού στο πνεύμα και Υιός του ανθρώπου στη σάρκα, δηλαδή και Θεός και άνθρωπος"

Περί θείων θεσμών 4:28-29

Όταν μιλάμε για τον Θεό Πατέρα και τον Θεό Υιό, δεν μιλάμε γι' αυτούς ως

διαφορετικούς, ούτε τους διαχωρίζουμε, διότι ο Πατέρας δεν μπορεί να υπάρξει χωρίς τον Υιό, ούτε ο Υιός μπορεί να διαχωριστεί από τον Πατέρα, αφού το όνομα

"Πατέρας" δεν μπορεί να δοθεί χωρίς τον Υιό, ούτε ο Υιός μπορεί να γεννηθεί χωρίς τον Πατέρα. [Και οι δύο έχουν έναν νου, ένα πνεύμα, μια ουσία

Άγιος Πολύκαρπος Σμύρνης Προς Φιλιππησίους 12:2

Τώρα, ο Θεός και Πατέρας του Κυρίου μας Ιησού Χριστού και ο ίδιος ο αιώνιος αρχιερέας, ο Υιός του Θεού Ιησούς Χριστός, ας σας οικοδομήσει στην πίστη και την αλήθεια , και εμάς μαζί σας, και όλους εκείνους κάτω από τον ουρανό που θα

πιστέψουν ακόμη στον Κύριο και Θεό μας Ιησού Χριστό και στον Πατέρα του που τον ανέστησε από τους νεκρούς.

Επιστολή Βαρνάβα Επιστολή Βαρνάβα 5:5

Αν ο Κύριος υποβλήθηκε να υποφέρει για τις ψυχές μας, παρόλο που είναι Κύριος όλου του κόσμου, στον οποίο ο Θεός είπε από τη δημιουργία του κόσμου: "Ας κάνουμε την ανθρωπότητα σύμφωνα με την εικόνα και την ομοίωσή μας", πώς γίνεται, τότε, να υποβλήθηκε να υποφέρει στα χέρια των ανθρώπων;"

Άγιος Πάπας Γάιος Γάιου 2:1

[απαντώντας σε εκείνους που αμφισβητούν τη θεότητα του Χριστού] "Ίσως αυτά που ισχυρίζονται να ήταν αξιόπιστα, αν οι Άγιες Γραφές δεν τα διέψευδαν κατ' αρχάς. Και έπειτα, εκτός αυτού, υπάρχουν γραπτά ορισμένων αδελφών παλαιότερα από τους χρόνους του Βίκτωρα, τα οποία έγραψαν εναντίον των εθνών για την υπεράσπιση

της αλήθειας και εναντίον των αιρέσεων της εποχής τους: Εννοώ τον Ιουστίνο και τον Μιλτιάδη, και τον Τατιανό και τον Κλήμη, και πολλούς άλλους, σε όλες τις οποίες αποδίδεται θεότητα στον Χριστό. Διότι ποιος αγνοεί τα βιβλία του Ειρηναίου και του Μελίτου και των υπολοίπων, που δηλώνουν ότι ο Χριστός είναι Θεός και άνθρωπος; Όλοι οι ψαλμοί, επίσης, και οι ύμνοι των αδελφών, οι οποίοι έχουν γραφτεί από την αρχή από τους πιστούς, εξυμνούν τον Χριστό Λόγο του Θεού, αποδίδοντάς Του

θεότητα".

Θεόφιλος ο Αντιοχεύς

Προς Αυτόλυκον βιβλίο 2 κεφ. 22

Θα μου πείτε, λοιπόν: "Είπατε ότι ο Θεός δεν έπρεπε να περιοριστεί σε ένα μέρος, και πώς λέτε τώρα ότι περπάτησε στον Παράδεισο;" Ακούστε τι λέω. Ο Θεός και

Πατέρας των πάντων, πράγματι, δεν μπορεί να περιοριστεί και δεν βρίσκεται σε κάποιο τόπο, διότι δεν υπάρχει τόπος ανάπαυσής Του· αλλά ο Λόγος Του, μέσω του οποίου έκανε τα πάντα, όντας η δύναμή Του και η σοφία Του, αναλαμβάνοντας το πρόσωπο του Πατέρα και Κυρίου των πάντων, πήγε στον κήπο στο πρόσωπο του Θεού και συνομίλησε με τον Αδάμ. Διότι η ίδια η θεία γραφή μάς διδάσκει ότι ο Αδάμ είπε ότι άκουσε τη φωνή. Αλλά τι άλλο είναι αυτή η φωνή παρά ο Λόγος του Θεού, ο οποίος είναι και ο Υιός Του; Όχι όπως οι ποιητές και οι συγγραφείς των μύθων μιλούν για τους γιους των θεών που γεννιούνται από συνουσία [με γυναίκες], αλλά όπως

εκθέτει η αλήθεια, ο Λόγος, που υπάρχει πάντα, κατοικεί μέσα στην καρδιά του Θεού. Διότι πριν από την ύπαρξη οποιουδήποτε πράγματος τον είχε ως σύμβουλο, όντας ο ίδιος ο νους και η σκέψη Του. Αλλά όταν ο Θεός θέλησε να κάνει όλα όσα είχε αποφασίσει, γέννησε αυτόν τον Λόγο, τον εκφωνημένο, τον πρωτότοκο όλης της

δημιουργίας, χωρίς ο ίδιος να έχει αδειάσει από τον Λόγο, αλλά έχοντας γεννήσει τον Λόγο και συνομιλώντας πάντοτε με τον Λόγο Του. Και γι' αυτό μας διδάσκουν τα ιερά κείμενα και όλοι οι πνευματοφόροι [θεόπνευστοι] άνθρωποι, ένας από τους οποίους, ο Ιωάννης, λέει: "Απ' όλα πριν υπήρχε ο Λόγος κι ο Λόγος ήτανε με τον Θεό,",

δείχνοντας ότι στην αρχή ο Θεός ήταν μόνος του και ο Λόγος μέσα Του. Στη συνέχεια λέει: "Ο Λόγος ήταν Θεός· όλα τα πράγματα δημιουργήθηκαν μέσω Αυτού· και εκτός από Αυτόν δεν δημιουργήθηκε ούτε ένα πράγμα". Ο Λόγος, λοιπόν, όντας Θεός και παράγεται φυσικά από τον Θεό, όποτε ο Πατέρας του σύμπαντος θέλει, Τον στέλνει σε οποιοδήποτε τόπο· και Αυτός, ερχόμενος, ακούγεται και φαίνεται, αφού στέλνεται από Αυτόν, και βρίσκεται σε έναν τόπο.

Μέγας Αθανάσιος

Απολογητικός κατά Αρειανών 1:14

Όταν αυτά τα σημεία έχουν αποδειχθεί, τότε αυτοί [οι Αρειανοί] μιλούν ακόμη πιο θρασύτατα: "Αν δεν υπήρξε ποτέ χρόνος που ο Υιός δεν ήταν, και αν είναι αιώνιος και συνυπάρχει με τον Πατέρα, τότε λέτε ότι δεν είναι καθόλου Υιός, αλλά αδελφός του Πατέρα". Ω ανόητοι και εριστικοί άνθρωποι! Πράγματι, αν λέγαμε μόνο ότι συνυπάρχει αιώνια και δεν τον είχαμε ονομάσει Υιό, η δήθεν δυσκολία τους θα είχε κάποια αληθοφάνεια. Αν όμως, ενώ λέγαμε ότι είναι αιώνιος, τον ομολογούσαμε ως Υιό του Πατέρα, πώς ήταν δυνατόν αυτός που γεννιέται να ονομάζεται αδελφός

εκείνου που γεννά; . . . Διότι ο Πατέρας και ο Υιός δεν δημιουργήθηκαν από κάποια προϋπάρχουσα πηγή, ώστε να μπορούν να θεωρηθούν αδελφοί. Αντίθετα, ο

Πατέρας είναι η πηγή και ο γεννήτορας του Υιού. Είναι σωστό οι άνθρωποι να

γεννούν στον χρόνο, λόγω των ατελειών της φύσης τους- αλλά ο απόγονος του Θεού είναι αιώνιος, επειδή η φύση του Θεού είναι πάντα τέλεια

Λόγος περί της Ενανθρωπίσεως του Λόγου κεφ. 8-9

Γι' αυτό το λόγο, λοιπόν, ο ασώματος, άφθαρτος και άϋλος Λόγος του Θεού έρχεται στη γη μας, χωρίς βέβαια και πριν να είναι μακριά από μας. Διότι δεν είναι απών από κανένα σημείο του κόσμου. Συνυπάρχοντας ο Λόγος με τον Πατέρα Του, γεμίζει εξ ολοκλήρου όλα τα σύμπαντα· και ταυτόχρονα, έρχεται να εμφανιστεί και σε μας από συγκατάβαση, εξαιτίας της αγάπης του για τους ανθρώπους.

Είδε ο Λόγος ότι καταστρεφόταν το λογικό γένος των ανθρώπων και κυριαρχεί πάνω τους με τη φθορά ο θάνατος. Είδε ότι η απειλή για την παράβαση ενίσχυε τη φθοράς πάνω μας. Είδε ότι ήταν αδύνατο να καταργηθεί (η φθορά και ο θάνατος), προτού ξεπληρωθεί η ποινή του νόμου. Είδε ακόμη και το ασυμβίβαστο προς τη δημιουργικότητα,ότι, δηλαδή, ενώ Αυτός δημιουργούσε, τα πλάσματα καταστρέφονταν.Είδε όμως και την υπερβολική κακία των ανθρώπων, ότι σιγά σιγά την αύξησαν σε βάρος τους σε αβάσταχτο βαθμό. Είδε τέλος ότι όλοι οι άνθρωποι ευθύνονται για το γεγονός του θανάτου. (Βλέποντας όλα αυτά), σπλαγχνίστηκε το ανθρώπινο γένος και λυπήθηκε για την αδυναμία μας· καταδέχθηκε τη δική μας φθορά χωρίς να υποφέρει την κυριαρχία του θανάτου· προσλαμβάνει ανθρώπινο σώμα για τον εαυτό Του και μάλιστα όχι διαφορετικό από το δικό μας, για να μην πάει χαμένο το δημιουργικό έργο του Πατέρα που έπλασε τους ανθρώπους.

Δεν θέλησε να προσλάβει απλά ανθρώπινο σώμα, ούτε μόνο να εμφανιστεί. Θα μπορούσε, αν ήθελε απλή εμφάνιση, να κάνει τη θεία εμφάνισή του με πολύ καλύτερο σώμα. Προσλαμβάνει όμως το δικό μας σώμα, και αυτό όχι με φυσικό τρόπο, αλλά από το σώμα της αμόλυντης και ακηλίδωτης παρθένου κόρης, που δεν γνώρισε σύζυγο· διότι ήταν καθαρή και απείραχτη από τη σχέση με άνδρα. Επειδή αυτός είναι παντοδύναμος δημιουργός των πάντων, μέσα στο σώμα της παρθένου φτιάχνει ως ναό το δικό του σώμα· κάνει δικό του όργανο το σώμα της παρθένου, το οποίο το γνωρίζει καλά και κατοικεί σ' αυτό.

Κι έτσι, αφού πήρε σώμα όμοιο με τα δικά μας και επειδή όλοι ευθύνονται για τη φθορά του θανάτου, παρέδωσε το σώμα του να θανατωθεί για χάρη όλων. Το πρόσφερε στον Πατέρα του· και αυτό το έκανε από αγάπη για τους ανθρώπους ώστε, σαν να πέθαναν όλοι μαζί του, να καταργηθεί η ποινή της φθοράς τους.

Επειδή ικανοποιήθηκε η εξουσία του θανάτου στο σώμα του Κυρίου, δεν έχει πλέον εξουσία ο θάνατος στους όμοιους ανθρώπους· (πέτυχε με τη θυσία του) τους ανθρώπους που έπεσαν στη φθορά να τους επαναφέρει στην αφθαρσία και να τους δώσει ζωή νικώντας το θάνατο. Οικειοποιήθηκε το ανθρώπινο σώμα και με τη χάρη της αναστάσεως κατάφερε να εξαφανίσει από τους ανθρώπους το θάνατο, όπως η φωτιά κατατρώει την καλαμιά.

Γνώριζε λοιπόν ο Λόγος ότι με κανένα άλλο τρόπο δεν θα καταλύονταν η φθορά των ανθρώπων παρά μόνον αν ο ίδιος πέθαινε· αλλά, δεν ήταν δυνατό να πεθάνει ο Λόγος, ο Υιός του Πατέρα, διότι ήταν αθάνατος. Εξαιτίας αυτού, προσλαμβάνει για τον εαυτό του θνητό σώμα ώστε, αφού αυτό γίνει μέτοχο του Λόγου που εξουσιάζει τα πάντα, να γίνει ικανό να πεθάνει για χάρη όλων· και χάρη στο Λόγο που το κατοικεί, να παραμείνει άφθαρτο. Έτσι, η φθορά που βασανίζει όλους, θα σταματήσει εξαιτίας της αναστάσεως (του σώματος). Γι' αυτό, ο Λόγος το σώμα που σαρκώθηκε, το πρόσφερε σε θάνατο σαν ιερό σφάγιο, ελεύθερο από κάθε κηλίδα. Κι έτσι, με τη δική του κατάλληλη προσφορά, εξάλειψε το θάνατο απ' όλους τους ομοίους του (ανθρώπους).

Επειδή ο Λόγος του Θεού είναι πάνω απ' όλους, δικαιολογημένα πρόσφερε το δικό του σώμα ως ναό και όργανο, αντίλυτρο για τη σωτηρία όλων· ξεπλήρωσε το χρέος προς το θάνατο. Και επειδή ο άφθαρτος Υιός του Θεού συνυπάρχει με όλους τους ανθρώπους χάρη στο όμοιο σώμα, τους προίκισε με την αφθαρσία υποσχόμενος την ανάσταση όλων. Ακόμη και η ίδια η φθορά του θανάτου δεν απειλεί πλέον τους ανθρώπους, επειδή ενοίκησε μέσα τους ο Λόγος με ένα και ίδιο σώμα.

Όπως ακριβώς ένας μεγάλος βασιλιάς εισέρχεται σε μια μεγάλη πόλη και βρίσκει κατάλυμμα σ' ένα από τα σπίτια της· τότε, όλη αυτή η πόλη αξιώνεται μεγάλης τιμής. Κανένας εχθρός πλέον ή ληστής δεν κάνει επιδρομή εναντίον της να την καταστρέψει· απολαμβάνει κάθε φροντίδα, διότι σε μια κατοικία της έμεινε ο βασιλιάς. Έτσι παρόμοια συνέβη με το βασιλέα όλου του κόσμου (το Θεό).

Διότι, όταν ο Υιος ήλθε στο δικό μας κόσμο και ενοίκησε σ' ένα σώμα όμοιο με τα δικά μας, στο εξής έπαψε κάθε επιβουλή των εχθρών εναντίον των ανθρώπων και εξαφανίστηκε η φθορά του θανάτου, που είχε ισχύ εναντίον τους από τον παλιό καιρό. Διότι, θα πήγαινε σίγουρα χαμένο το ανθρώπινο γένος, αν δεν ερχόταν ο Κύριος και Σωτήρας Ιησούς, ο Υιος του Θεού, με σκοπό να πεθάνει.

Άγιος Κλήμης Ρώμης Προς Κορινθίους Β' 1:1

Αδελφοί έτσι πρέπει να πιστεύουμε για τον Ιησού Χριστό, ότι είναι Θεός ότι είναι κριτής ζωντανών και νεκρών και δεν πρέπει να είναι μικρή η πίστη μας για την σωτηρία μας.

Μέγας Βασίλειος

Ομιλία Ις'. Εις το, «Εν αρχή ην ο Λόγος» 16

Να μη, παρακαλώ, επινοής διαφοράς λόγων, διά να μην προσάψης κάποιαν βλασφημίαν εις την διδασκαλίαν περί του Αγίου Πνεύματος εξ' αιτίας των κακών

επινοημάτων. Έχεις την απόφασιν. Υποτάξου εις τον Κύριον. «Θεός ήταν ο Λόγος. Αυτός ήταν ανέκαθεν κοντά εις τον Θεόν» (Ιωάν. 1, 1-2). Πάλιν ανακεφαλαιώνεται με ολίγας λέξεις ολόκληρος η θεολογία, που ο ευαγγελιστής μας παρέδωκε περί του

Μονογενούς. Αυτός ποιος είναι; Αυτός είναι ο Λόγος, ο Θεός. Αφού δηλαδή σου

εσχημάτισεν την έννοιαν σχετικά με Αυτόν, με το να εντυπώση τρόπον τινά εις την

ψυχήν σου με την διδασκαλίαν αυτά που είναι άγνωστα και με το να θρονιάση εις την καρδίαν σου τον Λόγον Χριστόν, έπειτα λέγει «Αυτός».

Άγιος Γρηγόριος Ναζιανζηνός ο Θεολόγος Ομιλίες 30:20

Ονομάζεται Υιός επειδή είναι ίδιος με τον Πατέρα στην ουσία- και όχι μόνο αυτό, αλλά και επειδή είναι από αυτόν. Ονομάζεται μονογενής όχι επειδή είναι μοναδικός Υιός ... αλλά επειδή είναι Υιός με μοναδικό τρόπο και όχι με σωματικό τρόπο.

Ονομάζεται Λόγος επειδή είναι για τον Πατέρα ό,τι είναι η λέξη για το νου.

Σύμβολο του 'Αγίου Αθανασίου' 29-43

Επιπλέον είναι απαραίτητο για την αιώνια σωτηρία, να πιστεύει σωστά στην ενσάρκωση του Κυρίου μας Ιησού Χριστού.

Γιατί η ορθή πίστη είναι αυτή που πιστεύουμε και ομολογούμε, ότι ο Κύριός μας Ιησούς Χριστός, Υιός του Θεού, είναι Θεός και άνθρωπος.

Είναι Θεός από την ουσία του Πατέρα Του, γεννημένος πριν από τους κόσμους. Και άνθρωπος από την ουσία της μητέρας Του, γεννημένος μέσα στον κόσμο.

Τέλειος Θεός, τέλειος άνθρωπος. Αποτελούμενος από ψυχή λογική και ανθρώπινη σάρκα.

Ίσος με τον Πατέρα όσον αφορά τη Θεότητα. Κατώτερος απ' τον Πατέρα όσον αφορά την ανθρώπινη φύση Το.

Όμως παρότι είναι Θεός και άνθρωπος, δεν είναι δύο, αλλά ένας Χριστός. Ένας, όχι με μετατροπή της θεότητας σε σάρκα, αλλά με πρόσληψη της ανθρωπότητας από τον Θεό.

Ένας, ολόκληρος, όχι δια της σύγχυσης των ουσιών (της θείας & ανθρώπινης ουσίας), αλλά στην ενότητα του Προσώπου.

Γιατί όπως η λογική ψυχή και η σάρκα κάνουν έναν άνθρωπο, έτσι ο Θεός και ο Άνθρωπος είναι Ένας Χριστός

που υπέφερε για τη σωτηρία μας. Κατέβηκε στην κόλαση. Την τρίτη μέρα αναστήθηκε από τους νεκρούς.

Ανελήφθη στους ουρανούς, κάθισε εκ δεξιών του Θεού Πατρός του Παντοδύναμου Από όπου και θα έρθει να κρίνει ζώντες και νεκρούς.

Στην έλευση του οποίου όλοι οι άνθρωποι θα αναστηθούν με τα σώματά τους και θα δώσουν λόγο για τα έργα τους.

Κι αυτοί που έχουν έργα καλά, θα μεταβούν σε αιώνια ζωή, κι αυτοί που έχουν έργα κακά, σε αιώνια κόλαση.

Το Άγιο Πνεύμα

Όλοι οι Πατέρες της Πρωτοχριστιανικής Εκκλησίας δίδαξαν ότι το Άγιο Πνεύμα είναι Θεός. Η θεότητα του Αγίου Πνεύματος είναι ένα θέμα που ήταν πάντα κατανοητό. Η πρώτη εκκλησία κατανόησε ότι το Πνεύμα του Θεού έχει την ίδια φύση με τον Θεό.

Μαρτύριον Αγίου Πολυκάρπου

Μαρτύριον Αγίου Πολυκάρπου 22

Σας ευχόμαστε, αδελφοί, κάθε ευτυχία, ενώ βαδίζετε σύμφωνα με τη διδασκαλία του Ευαγγελίου του Ιησού Χριστού, με τον οποίο δόξα στον Θεό Πατέρα και το Άγιο

Πνεύμα, για τη σωτηρία των αγίων εκλεκτών Του, κατά το παράδειγμα του οποίου υπέφερε ο μακάριος Πολύκαρπος, ακολουθώντας τα βήματα του οποίου μπορούμε και εμείς να βρεθούμε στη βασιλεία του Ιησού Χριστού!

Μαρτύριον Αγίου Πολυκάρπου χαιρετισμός

Συγκέντρωσα αυτά τα πράγματα, όταν είχαν σχεδόν ξεθωριάσει από την πάροδο του χρόνου, για να με συγκεντρώσει ο Κύριος Ιησούς Χριστός μαζί με τους εκλεκτούς Του στην ουράνια βασιλεία Του, στον οποίο, μαζί με τον Πατέρα και το Άγιο Πνεύμα, ανήκει η δόξα στους αιώνες των αιώνων. Αμήν.

Άγιος Ιγνάτιος Αντιοχείας Προς Εφεσίους 9

Έμαθα όμως ότι πέρασαν ορισμένοι από εκεί, που δίδασκαν διδασκαλία κακή, τους οποίους δεν αφήσατε να σπείρουν σε σας, κλείνοντας τα αυτιά, για να μη δεχθείτε αυτά που σπέρνονται από αυτούς, επειδή είσαστε πέτρες του ναού του Πατέρα,

ετοιμασμένοι για την οικοδομή του θεού Πατέρα, που κατευθύνεστε στα ύψη με τη

μηχανή του Ιησού Χριστού, που είναι ο σταυρός, χρησιμοποιώντας για σχοινί το Άγιο Πνεύμα. Η πίστη σας πάλι είναι εκείνη που σας ανεβάζει προς τα άνω, και η αγάπη είναι ο δρόμος που σας οδηγεί στο Θεό. Και όλοι είσαστε συνοδοί, που φέρετε μέσα σας τον θεό και τον ναό, τον Χριστό και τους αγίους, στολισμένοι σε όλα με τις

εντολές του Ιησού Χριστού, για τους οποίους χαίρομαι, επειδή αξιώθηκα, μ' αυτά που γράφω, να μιλήσω μαζί σας και να χαρώ, διότι σ' όλη σας τη ζωή δεν αγαπάτε τίποτε άλλο, παρά μόνο το Θεό.

Κλήμης ο Αλεξανδρεύς Παιδαγωγός 6

Έτσι και εμείς που βαφτιστήκαμε, έχοντας σβήσει τις αμαρτίες που σκιάζουν το φως του Θείου Πνεύματος, έχουμε το μάτι του πνεύματος ελεύθερο, ανεμπόδιστο και γεμάτο φως, με το οποίο και μόνο ατενίζουμε το Θείο, το Άγιο Πνεύμα που ρέει προς εμάς από ψηλά.

Τερτυλλιανός

Κατα Ερμογένη 22

Αν το Άγιο Πνεύμα ανέλαβε τόσο μεγάλη μέριμνα για τη διδασκαλία μας, ώστε να γνωρίζουμε από τι παρήχθησαν τα πάντα, δεν θα μπορούσε με τον ίδιο τρόπο να μας κρατήσει καλά ενημερωμένους τόσο για τον ουρανό όσο και για τη γη, υποδεικνύοντάς μας από τι ήταν αυτό από το οποίο τα έφτιαξε, αν το πρωτότυπό

τους αποτελούνταν από κάποια υλική ουσία, έτσι ώστε όσο περισσότερο φαινόταν να τα έχει φτιάξει από το τίποτα, τόσο λιγότερα στην πραγματικότητα υπήρχαν ακόμη

φτιαγμένα, από τα οποία θα μπορούσε να φανεί ότι τα έφτιαξε; Κατα Πραξέα 12

Ότι υπάρχουν, ωστόσο, δύο Θεοί ή δύο Κύριοι, είναι μια δήλωση που δεν βγαίνει ποτέ από το στόμα μας: όχι σαν να ήταν αναληθές ότι ο Πατέρας είναι Θεός, και ο Υιός είναι Θεός, και το Άγιο Πνεύμα είναι Θεός, και ο καθένας είναι Θεός, αλλά

επειδή σε παλαιότερες εποχές μιλούσαν για Δύο ως Θεό και για Δύο ως Κύριο, ώστε όταν θα ερχόταν ο Χριστός να αναγνωρίζεται και ως Θεός και να ορίζεται ως Κύριος, όντας ο Υιός Εκείνου που είναι και Θεός και Κύριος. Εξάλλου, αν, από εκείνη την

τέλεια γνώση που μας διαβεβαιώνει ότι ο τίτλος του Θεού και του Κυρίου είναι κατάλληλος και για τον Πατέρα και για τον Υιό και για το Άγιο Πνεύμα,

Κατα Πραξέα 25

Στη συνέχεια, υπάρχει και ο Παράκλητος ή Παρηγορητής, για τον οποίο υπόσχεται να προσευχηθεί στον Πατέρα και να τον στείλει από τον ουρανό αφού αναληφθεί στον Πατέρα. Αποκαλείται πράγματι "άλλος Παρηγορητής"- αλλά με ποιον τρόπο είναι άλλος, το έχουμε ήδη δείξει: "Θα λάβει από τα δικά μου", λέει ο Χριστός, όπως ακριβώς έλαβε ο ίδιος ο Χριστός από τα δικά του Πατέρα. Έτσι, η σύνδεση του

Πατέρα με τον Υιό και του Υιού με τον Παράκλητο παράγει τρία συνεκτικά Πρόσωπα, τα οποία όμως είναι διακριτά το ένα από το άλλο.

Ωριγένης

Περί των Πρώτων Αρχών 1:3:4-5

Τώρα, τι είναι το Άγιο Πνεύμα, διδασκόμαστε σε πολλά χωρία της Αγίας Γραφής, όπως από τον Δαβίδ στον Ψαλμό 51 (50), όταν λέει, "Και μην πάρεις το Άγιο Πνεύμα Σου από μένα", και από τον Δανιήλ, όπου λέγεται, "Το Άγιο Πνεύμα που είναι μέσα σου". Και στην Καινή Διαθήκη έχουμε άφθονες μαρτυρίες, όπως όταν περιγράφεται ότι το Άγιο Πνεύμα κατέβηκε επάνω στον Χριστό, και όταν ο Κύριος εμφύσησε στους αποστόλους Του μετά την ανάστασή Του, λέγοντας: "Λάβετε το Άγιο Πνεύμα"- και η ρήση του αγγέλου προς τη Μαρία: "Το Άγιο Πνεύμα θα έλθει επάνω σου"- η δήλωση του Παύλου, ότι κανείς δεν μπορεί να αποκαλέσει τον Ιησού Κύριο, παρά μόνο με το Άγιο Πνεύμα. Στις Πράξεις των Αποστόλων, το Άγιο Πνεύμα δόθηκε με την επίθεση των χεριών των αποστόλων κατά το βάπτισμα. Από όλα αυτά μαθαίνουμε ότι το πρόσωπο του Αγίου Πνεύματος ήταν τέτοιας εξουσίας και αξιοπρέπειας, ώστε το σωτήριο βάπτισμα δεν ολοκληρωνόταν παρά μόνο με την εξουσία της άριστης

Τριάδας όλων, δηλαδή με την ονομασία Πατέρα, Υιού και Αγίου Πνεύματος, και με την ένωση με τον αγέννητο Θεό Πατέρα και τον μονογενή Υιό Του, του ονόματος

επίσης του Αγίου Πνεύματος. Ποιος, λοιπόν, δεν εκπλήσσεται με την υπέρμετρη μεγαλοπρέπεια του Αγίου Πνεύματος, όταν ακούει ότι αυτός που λέει μια λέξη εναντίον του Υιού του ανθρώπου μπορεί να ελπίζει σε συγχώρεση· αλλά ότι αυτός που είναι ένοχος βλασφημίας εναντίον του Αγίου Πνεύματος δεν έχει συγχώρεση, ούτε στον παρόντα κόσμο ούτε σε εκείνον που έρχεται!

Είμαστε της γνώμης ότι αυτή η διάκριση μπορεί να παρατηρηθεί και στην Παλαιά

Διαθήκη, όπως όταν λέγεται: "Αυτός που δίνει το Πνεύμα Του στους ανθρώπους που είναι πάνω στη γη, και το Πνεύμα σ' αυτούς που περπατούν πάνω σ' αυτήν". Διότι, αναμφίβολα, κάθε ένας που περπατά πάνω στη γη (δηλαδή τα γήινα και σωματικά όντα) είναι επίσης μέτοχος του Αγίου Πνεύματος, λαμβάνοντας το από τον Θεό. Ο Εβραίος δάσκαλός μου συνήθιζε επίσης να λέει ότι εκείνα τα δύο σεραφείμ στον

Ησαΐα, τα οποία περιγράφονται ως έχοντα το καθένα από έξι φτερά και καλούν το ένα το άλλο και λένε: "Άγιος, άγιος, άγιος είναι ο Κύριος, ο Θεός των δυνάμεων", πρέπει να νοούνται ως ο μονογενής Υιός του Θεού και το Άγιο Πνεύμα. Και νομίζουμε ότι και εκείνη η έκφραση που συναντάται στον ύμνο του Αββακούμ, "Εν μέσω είτε των δύο ζωντανών είτε των δύο ζωών, θα γίνεις γνωστός", θα έπρεπε να νοείται για τον Χριστό και το Άγιο Πνεύμα. Διότι κάθε γνώση του Πατέρα αποκτάται με την αποκάλυψη του Υιού μέσω του Αγίου Πνεύματος, έτσι ώστε και τα δύο αυτά

όντα, τα οποία, σύμφωνα με τον προφήτη, ονομάζονται είτε "ζωντανά πράγματα" είτε "ζωές", να υπάρχουν ως βάση της γνώσης του Θεού Πατέρα.

Διότι, όπως λέγεται για τον Υιό, ότι "κανείς δεν γνωρίζει τον Πατέρα παρά μόνο ο Υιός, και αυτός στον οποίο ο Υιός θα τον αποκαλύψει", το ίδιο λέει και ο απόστολος για το Άγιο Πνεύμα, όταν δηλώνει: "Ο Θεός μας τα αποκάλυψε με το Άγιο Πνεύμα

Του- διότι το Πνεύμα ερευνά τα πάντα, ακόμη και τα βαθύτερα πράγματα του Θεού"- και πάλι στο Ευαγγέλιο, όταν ο Σωτήρας, μιλώντας για τα θεία και βαθύτερα μέρη της διδασκαλίας Του, τα οποία οι μαθητές Του δεν ήταν ακόμη σε θέση να λάβουν, τους απευθύνεται έτσι: "Έχω ακόμη πολλά να σας πω, αλλά δεν μπορείτε να τα αντέξετε τώρα- όταν όμως έρθει το Άγιο Πνεύμα, ο Παρηγορητής, θα σας διδάξει τα πάντα και θα σας φέρει στη μνήμη σας τα πάντα, όσα σας είπα". Πρέπει, λοιπόν, να καταλάβουμε ότι, όπως ο Υιός, που μόνο αυτός γνωρίζει τον Πατέρα, τον αποκαλύπτει σε όποιον θέλει, έτσι και το Άγιο Πνεύμα, που μόνο αυτό ερευνά τα βαθιά πράγματα του Θεού, αποκαλύπτει τον Θεό σε όποιον θέλει: "Διότι το Πνεύμα φυσάει εκεί που το καταγράφει". Δεν πρέπει, ωστόσο, να υποθέσουμε ότι το Πνεύμα αντλεί τη γνώση Του μέσω της αποκάλυψης από τον Υιό. Διότι αν το Άγιο Πνεύμα γνωρίζει τον Πατέρα μέσω της αποκάλυψης του Υιού, περνάει από την κατάσταση

της άγνοιας σε εκείνη της γνώσης- αλλά είναι εξίσου ασεβές και ανόητο να ομολογεί κανείς το Άγιο Πνεύμα και ταυτόχρονα να του αποδίδει άγνοια. Διότι, ακόμη και αν υπήρχε κάτι άλλο πριν από το Άγιο Πνεύμα, δεν έγινε με προοδευτική πρόοδο το Άγιο Πνεύμα- σαν να τολμούσε κάποιος να πει ότι την εποχή που δεν ήταν ακόμη το Άγιο Πνεύμα είχε άγνοια για τον Πατέρα, αλλά αφού έλαβε γνώση, έγινε Άγιο

Πνεύμα. Διότι αν συνέβαινε αυτό, το Άγιο Πνεύμα δεν θα μπορούσε ποτέ να λογίζεται στην Ενότητα της Τριάδας, δηλαδή μαζί με τον αμετάβλητο Πατέρα και τον Υιό Του,

εκτός αν ήταν πάντοτε το Άγιο Πνεύμα. Όταν χρησιμοποιούμε, πράγματι, όρους όπως "πάντοτε" ή "ήταν" ή οποιονδήποτε άλλο προσδιορισμό του χρόνου, δεν

πρέπει να τους λαμβάνουμε απολύτως, αλλά με την πρέπουσα επιφύλαξη- διότι, ενώ οι σημασίες αυτών των λέξεων σχετίζονται με τον χρόνο και τα θέματα για τα οποία μιλάμε αναφέρονται από μια έκταση της γλώσσας ως υπάρχοντα στον χρόνο, εντούτοις ξεπερνούν στην πραγματική τους φύση κάθε αντίληψη της πεπερασμένης κατανόησης. Παρ' όλα αυτά, φαίνεται σκόπιμο να αναρωτηθούμε ποιος είναι ο λόγος για τον οποίο αυτός που αναγεννάται από τον Θεό για τη σωτηρία έχει να κάνει και με τον Πατέρα και με τον Υιό και με το Άγιο Πνεύμα, και δεν μπορεί να επιτύχει τη σωτηρία αν δεν έχει τη συνεργασία ολόκληρης της Τριάδας- και γιατί είναι αδύνατο να γίνει κοινωνός του Πατέρα ή του Υιού χωρίς το Άγιο Πνεύμα. Και κατά τη συζήτηση αυτών των θεμάτων, θα χρειαστεί αναμφίβολα να περιγράψουμε την

ιδιαίτερη λειτουργία του Αγίου Πνεύματος, καθώς και του Πατέρα και του Υιού. Είμαι της γνώμης, λοιπόν, ότι το έργο του Πατέρα και του Υιού λαμβάνει χώρα τόσο στους αγίους όσο και στους αμαρτωλούς, στα λογικά όντα και στα βουβά ζώα- ναι, ακόμη και σε εκείνα τα πράγματα που δεν έχουν ζωή, και σε όλα τα πράγματα που υπάρχουν καθολικά- αλλά ότι η λειτουργία του Αγίου Πνεύματος δεν λαμβάνει χώρα καθόλου σε εκείνα τα πράγματα που δεν έχουν ζωή ή σε εκείνα που, αν και ζουν,

είναι όμως βουβά- ναι, δεν συναντάται ούτε σε εκείνους που είναι μεν εφοδιασμένοι με λογική, αλλά εμπλέκονται σε κακές πορείες και δεν έχουν καθόλου μεταστραφεί σε μια καλύτερη ζωή. Μόνο σε εκείνα τα πρόσωπα νομίζω ότι λαμβάνει χώρα η λειτουργία του Αγίου Πνεύματος, τα οποία ήδη στρέφονται προς μια καλύτερη ζωή και βαδίζουν στην οδό που οδηγεί στον Ιησού Χριστό, δηλαδή τα οποία ασχολούνται με την εκτέλεση καλών πράξεων και τα οποία παραμένουν στον Θεό.

Περί των Πρώτων Αρχών 4:1.32

Όπως τώρα με τη συμμετοχή στον Υιό του Θεού υιοθετείται κανείς ως υιός και με τη συμμετοχή στη σοφία που υπάρχει στον Θεό γίνεται σοφός, έτσι και με τη συμμετοχή στο Άγιο Πνεύμα ο άνθρωπος γίνεται άγιος και πνευματικός. Διότι είναι ένα και αυτό το πράγμα η μετοχή στο Άγιο Πνεύμα, το οποίο είναι (το Πνεύμα) του Πατέρα και του Υιού, αφού η φύση της Τριάδας είναι μία και ασώματη. Και αυτό που είπαμε για τη συμμετοχή της ψυχής πρέπει να κατανοηθεί για τους αγγέλους και τις ουράνιες

δυνάμεις με παρόμοιο τρόπο όπως και για τις ψυχές, διότι κάθε λογικό πλάσμα χρειάζεται συμμετοχή στην Αγία Τριάδα.

Αντιπάπας Νοβατιανός Σχετικά με την Τριάδα 29

Επιπλέον, η τάξη του λόγου και η εξουσία της πίστης στη διάθεση των λόγων και στις Γραφές του Κυρίου, μας προτρέπουν μετά από αυτά τα πράγματα να πιστεύουμε και στο Άγιο Πνεύμα, το οποίο υποσχέθηκε κάποτε στην Εκκλησία και δόθηκε στις καθορισμένες περιστάσεις των καιρών. Διότι υποσχέθηκε από τον προφήτη Ιωήλ, αλλά δόθηκε από τον Χριστό. "Κατά τις έσχατες ημέρες", λέει ο προφήτης, "θα

εκχύσω το Πνεύμα μου επάνω στους δούλους μου και στις δούλες μου". Και ο Κύριος είπε: "Λάβετε το Άγιο Πνεύμα- των οποίων τις αμαρτίες συγχωρείτε, θα συγχωρεθούν- και των οποίων τις διατηρείτε, θα διατηρηθούν". Αλλά αυτό το Άγιο Πνεύμα ο Κύριος Χριστός αποκαλεί άλλοτε "Παράκλητο" και άλλοτε προφέρει ότι

είναι το "Πνεύμα της αλήθειας". Και δεν είναι καινούργιο στο Ευαγγέλιο, ούτε ακόμη και πρόσφατα δοσμένο- διότι ήταν ο ίδιος που κατηγόρησε τους ανθρώπους στους προφήτες και στους αποστόλους τους έδωσε την προσφυγή στα έθνη. Διότι οι πρώτοι άξιζαν να κατηγορηθούν, επειδή είχαν περιφρονήσει τον νόμο- και οι πιστεύοντες από τα έθνη αξίζουν να βοηθηθούν από την υπεράσπιση του

Πνεύματος, επειδή επιθυμούν διακαώς να φθάσουν στον ευαγγελικό νόμο. Σίγουρα στο Πνεύμα υπάρχουν διαφορετικά είδη αξιωμάτων, επειδή στους καιρούς υπάρχει διαφορετική σειρά των περιστάσεων- και όμως, γι' αυτό το λόγο, Εκείνος που ασκεί αυτά τα αξιώματα δεν είναι διαφορετικός, ούτε άλλος είναι όταν ενεργεί έτσι, αλλά

είναι ένας και ο ίδιος, που κατανέμει τα αξιώματά του ανάλογα με τους καιρούς και τις περιστάσεις και τις παρορμήσεις των πραγμάτων. Επιπλέον, ο Απόστολος Παύλος λέει: "Έχοντας το ίδιο Πνεύμα- όπως είναι γραμμένο: "Εγώ πίστεψα, και γι' αυτό

μίλησα- και εμείς πιστεύουμε, και γι' αυτό μιλάμε".

Είναι επομένως ένα και το Πνεύμα που ήταν στους προφήτες και τους αποστόλους, μόνο που στους πρώτους ήταν περιστασιακό, ενώ στους δεύτερους πάντα. Αλλά στους πρώτους όχι ως πάντοτε εν αυτοίς, στους δεύτερους ως πάντοτε εν αυτοίς παραμένον- και στους πρώτους διανέμεται με επιφύλαξη, στους δεύτερους εκχέεται όλο- στους πρώτους δίδεται με φειδώ, στους δεύτερους μοιράζεται αφειδώς- δεν

εκδηλώνεται ακόμη πριν από την ανάσταση του Κυρίου, αλλά απονέμεται μετά την ανάσταση. Διότι, είπε Εκείνος, "θα προσευχηθώ στον Πατέρα, και θα σας δώσει τον Παράκλητο, για να είναι μαζί σας για πάντα, το Πνεύμα της αλήθειας". Και, "Όταν

έρθει Αυτός, ο Παράκλητος, τον οποίο θα σας στείλω από τον Πατέρα μου, το

Πνεύμα της αλήθειας, που εκπορεύεται από τον Πατέρα μου". Και, "Αν δεν φύγω, ο Παράκλητος αυτός δεν θα έρθει σε σας- αν όμως φύγω, θα τον στείλω εγώ σε σας". Και, "Όταν έρθει το Πνεύμα της αλήθειας, θα σας καθοδηγήσει σε όλη την αλήθεια". Και επειδή ο Κύριος επρόκειτο να αναχωρήσει για τους ουρανούς, έδωσε τον

Παράκλητο από ανάγκη στους μαθητές- για να μην τους αφήσει σε κανένα βαθμό ορφανούς, πράγμα που ήταν ελάχιστα επιθυμητό, και τους εγκαταλείψει χωρίς συνήγορο και κάποιο είδος προστάτη. Διότι αυτός είναι εκείνος που ενίσχυσε τις καρδιές και το νου τους, που χαρακτήρισε τα ευαγγελικά μυστήρια, που ήταν μέσα τους ο φωτιστής των θείων πραγμάτων- και αφού ενισχύθηκαν, δεν φοβήθηκαν, για χάρη του ονόματος του Κυρίου, ούτε μπουντρούμια ούτε αλυσίδες, ναι, πάτησαν ακόμη και τις ίδιες τις δυνάμεις του κόσμου και τα βασανιστήριά του, αφού εφεξής οπλίστηκαν και ενισχύθηκαν από το ίδιο Πνεύμα, έχοντας μέσα τους τα χαρίσματα που αυτό το ίδιο Πνεύμα διανέμει και οικειοποιείται στην Εκκλησία, τη σύζυγο του Χριστού, ως στολίδι της. Αυτός είναι που τοποθετεί προφήτες στην Εκκλησία,

διδάσκει τους διδασκάλους, κατευθύνει τις γλώσσες, δίνει δυνάμεις και θεραπείες, κάνει θαυμαστά έργα, προσφέρει διάκριση των πνευμάτων, παρέχει εξουσίες

διακυβέρνησης, προτείνει συμβουλές και διατάσσει και διευθετεί όποια άλλα χαρίσματα υπάρχουν από χαρίσματα- και έτσι κάνει την Εκκλησία του Κυρίου παντού και σε όλα τέλεια και ολοκληρωμένη.Αυτός είναι Εκείνος που, με τον τρόπο του περιστεριού, όταν ο Κύριός μας βαπτίστηκε, ήρθε και έμεινε επάνω Του, κατοικώντας στον Χριστό πλήρως και ολοκληρωτικά, και χωρίς να είναι ακρωτηριασμένος σε κανένα μέτρο ή μέρος, αλλά με όλη την υπερχείλιση Του να διανέμεται και να στέλνεται άφθονα, έτσι ώστε από Αυτόν οι άλλοι να μπορούν να λάβουν κάποια απόλαυση των χαρισμάτων Του: η πηγή του Αγίου Πνεύματος παρέμεινε ολόκληρη στον Χριστό, έτσι ώστε από Αυτόν να αντλούνται ρεύματα χαρισμάτων και έργων,

ενώ το Άγιο Πνεύμα κατοικούσε αφειδώς στον Χριστό. Γιατί πραγματικά ο Ησαΐας, προφητεύοντας αυτό, είπε: "Και το Πνεύμα της σοφίας και της σύνεσης θα αναπαυθεί επάνω του, το Πνεύμα της συμβουλής και της δύναμης, το Πνεύμα της γνώσης και της ευσέβειας· και το Πνεύμα του φόβου του Κυρίου θα τον γεμίσει". Αυτό το ίδιο πράγμα είπε και στο πρόσωπο του ίδιου του Κυρίου, σε άλλο σημείο: "Το Πνεύμα του Κυρίου είναι επάνω μου· επειδή με έχρισε, με έστειλε να κηρύξω το Ευαγγέλιο στους φτωχούς". Ομοίως και ο Δαβίδ: "Γι' αυτό ο Θεός, ο Θεός σου, σε

έχρισε με το λάδι της χαράς πάνω από τους συντρόφους σου". Γι' Αυτόν λέει ο Απόστολος Παύλος: "Διότι όποιος δεν έχει το Πνεύμα του Χριστού, δεν είναι κανένας από αυτούς". "Και όπου είναι το Πνεύμα του Κυρίου, εκεί είναι η ελευθερία." Αυτός

είναι που ενεργεί με το νερό τη δεύτερη γέννηση ως ένα ορισμένο σπέρμα της θείας γενεάς, και μια αφιέρωση μιας ουράνιας γενεσιουργίας, την υπόσχεση μιας υποσχεμένης κληρονομιάς, και σαν να ήταν ένα είδος χειρόγραφο της αιώνιας

σωτηρίας; που μπορεί να μας κάνει να τον ναό του Θεού, και μας ταιριάζει για το σπίτι Του; που ζητά τη θεϊκή ακρόαση για μας με δάκρυα που δεν μπορούν να

εκφραστούν; γεμίζοντας τα γραφεία της υπεράσπισης, και εκδηλώνοντας τα καθήκοντα της άμυνας μας, - ένας κάτοικος που δίνεται για τα σώματά μας και ένας παράγοντας της αγιότητάς τους. Ο οποίος, δουλεύοντας μέσα μας για την

αιωνιότητα, μπορεί επίσης να παράγει τα σώματά μας στην ανάσταση της αθανασίας, συνηθίζοντάς τα να είναι συνδεδεμένα με τον Εαυτό Του με την ουράνια δύναμη, και να είναι συμμαχικά με τη θεία αιωνιότητα του Αγίου Πνεύματος. Διότι τα σώματά μας εκπαιδεύονται τόσο σε Αυτόν όσο και από Αυτόν για να προχωρήσουν στην αθανασία, μαθαίνοντας να κυβερνούν τους εαυτούς τους με μέτρο σύμφωνα με τα διατάγματά Του. Διότι αυτός είναι εκείνος που «επιθυμεί εναντίον της σάρκας», επειδή «η σάρκα αντιστέκεται στο Πνεύμα». Αυτός είναι που συγκρατεί τις ανεκπλήρωτες επιθυμίες, ελέγχει τις αμείλικτες λαχτάρες, σβήνει τις παράνομες πυρκαγιές, κατακτά τις απερίσκεπτες παρορμήσεις, απομακρύνει την μέθη, καταπολεμά την απληστία, διώχνει τις πολυτελείς απολαύσεις, συνδέει την αγάπη, δεσμεύει τα συναισθήματα, κρατά κάτω τις θρησκείες, διατάζει το καθεστώς της αλήθειας, νικά τους αιρετικούς, αποβάλλει τους κακούς, φυλάττει το Ευαγγέλιο.

Σχετικά με αυτό λέει ο ίδιος ο απόστολος: «Δεν λάβαμε το πνεύμα του κόσμου, αλλά το Πνεύμα που είναι από τον Θεό». Σχετικά με Αυτόν λέει χαρούμενα: «Και νομίζω

επίσης ότι έχω το Πνεύμα του Θεού». Για Αυτόν λέει: «Το πνεύμα των προφητών υποτάσσεται στους προφήτες». Για Αυτόν επίσης λέει: «Τώρα το Πνεύμα μιλάει

ξεκάθαρα, ότι στους έσχατους καιρούς μερικοί θα απομακρυνθούν από την πίστη, προσέχοντας τα πνεύματα που εξαπατούν, τις διδασκαλίες των δαιμόνων, που

μιλούν ψέματα με υποκρισία, έχοντας την συνείδησή τους κατεστραμμένη». Ίδρυσε αυτό το Πνεύμα, «κανείς ποτέ δεν αποκαλεί τον Ιησού αναθεματισμένο;» κανείς ποτέ δεν έχει αρνηθεί τον Χριστό να είναι ο Υιός του Θεού, ή έχει απορρίψει τον Θεό

Δημιουργό; κανείς δεν λέει κανένα δικό του λόγια αντίθετα με τις Γραφές, κανείς δεν διατάζει άλλα και ιερά διατάγματα, κανείς συντάσσει διαφορετικούς νόμους. Όποιος βλασφημήσει εναντίον Του, «δεν έχει συγχώρεση, όχι μόνο σε αυτόν τον κόσμο, αλλά ούτε και στο μέλλον». Αυτός είναι εκείνος που στους αποστόλους δίνει

μαρτυρία για τον Χριστό· στους μάρτυρες δείχνει τη συνεχή πιστότητα της θρησκείας τους· στις παρθένες περιορίζει την θαυμάσια συνεκτικότητα της σφραγισμένης αγνότητάς τους· σε άλλους, φυλάττει τους νόμους της διδασκαλίας του Κυρίου άθικτους και αμόλυντους· καταστρέφει τους αιρετικούς, διορθώνει τους

διεστραμμένους, καταδικάζει τους άπιστους, κάνει γνωστούς τους φερόμενους.

επιπλέον, τιμωρεί τους κακούς, διατηρεί την Εκκλησία άθικτη, στην αγιότητα μιας αιώνιας παρθενότητας και αλήθειας.

Άγιος Διονύσιος ο Αρεοπαγίτης Κατα των Μοναρχιανών 1

Επειδή είναι απαραίτητο ο Θεϊκός Λόγος να είναι ενωμένος με τον Θεό όλων, και το Άγιο Πνεύμα να μένει και να κατοικεί στον Θεό, και έτσι η Θεία Τριάδα να μειωθεί και να συγκεντρωθεί σε ένα, σαν σε μια θεότητα, δηλαδή, στον παντοδύναμο Θεό των πάντων.

Άγιος Αλέξανδρος Α΄ Αλεξανδρείας

Επιστολές για την Αρειανή αίρεση και την καθαίρεση του Άρειος 1:1.2

Και εκτός από την ευσεβή γνώμη σχετικά με τον Πατέρα και τον Υιό, ομολογούμε σε ένα Άγιο Πνεύμα, όπως μας διδάσκει η θεία Γραφή, ο οποίος έχει εγκαινιάσει τόσο τους αγίους ανθρώπους της Παλαιάς Διαθήκης, όσο και τους θείους δασκάλους αυτής που ονομάζεται Νέα.

Ιερός Αυγουστίνος Ιππώνος Περί Τριάδος 1:6:13

Παρόμοια στοιχεία έχουν συγκεντρωθεί και σχετικά με το Άγιο Πνεύμα, από τα οποία εκείνοι που έχουν συζητήσει το θέμα πριν από εμάς έχουν επωφεληθεί πλήρως τους εαυτούς τους, ότι και Αυτός είναι Θεός, και όχι ένα πλάσμα. Αλλά αν δεν είναι πλάσμα, τότε όχι μόνο ο Θεός (γιατί και οι άνθρωποι ονομάζονται θεοί), αλλά απόλυτα Θεός, και επομένως απόλυτα ίσος με τον Πατέρα και τον Υιό, και στην

ενότητα της Τριάδας συνυπόστατης και συναιώνιας.

Η Αγία Τριάδα

Οι Πατέρες της Εκκλησίας έκαναν δηλώσεις για τον Θεό ως Πατέρα, Υιό και Άγιο Πνεύμα. Αναγκάστηκαν να εξηγήσουν βαθύτερα τον Θεό για να αποτρέψουν τη διάδοση των αιρέσεων. Το χρονικό πλαίσιο εκτείνεται από τους Αποστολικούς

Πατέρες έως τον Ιερό Αυγουστίνο.

Διδαχή των Δώδεκα Αποστόλων

Διδαχή των Δώδεκα Αποστόλων 7:1

Σχετικά με το βάπτισμα να βαπτίζεται ως εξής: αφού πείτε όλα αυτά "βαπτίστε στο όνομα του Πατρός και του Υιού και του Αγίου Πνεύματος, σε νερό πηγαίο".

Άγιος Ιγνάτιος Αντιοχείας Προς Εφεσίους 0,0

Εγώ ο Ιγνάτιος, που ονομάζομαι και Θεοφόρος, στην ευλογημένη για το μέγεθος του πληρώματος της από τον Θεό Πατέρα, την προορισμένη προαιώνια να βρίσκεται για πάντα σε δόξα μόνιμη, αμετάβλητη, ενωμένη, και εκλεγμένη με το αληθινό πάθος και το θέλημα του Πατέρα και του Ιησού Χριστού του Θεού μας, στην Εκκλησία την αξιομακάριστη, που βρίσκεται στην Έφεσο της Ασίας, είθε να δοκιμάζει πάρα πολύ μεγάλη χαρά ενωμένη με τον Ιησού Χριστό.

Προς Εφεσίους 9

Έμαθα όμως ότι πέρασαν ορισμένοι από εκεί, που δίδασκαν διδασκαλία κακή, τους οποίους δεν αφήσατε να σπείρουν σε σας, κλείνοντας τα αυτιά, για να μη δεχθείτε αυτά που σπέρνονται από αυτούς, επειδή είσαστε πέτρες του ναού του Πατέρα, ετοιμασμένοι για την οικοδομή του θεού Πατέρα, που κατευθύνεστε στα ύψη με τη

μηχανή του Ιησού Χριστού, που είναι ο σταυρός, χρησιμοποιώντας για σχοινί το Άγιο Πνεύμα. Η πίστη σας πάλι είναι εκείνη που σας ανεβάζει προς τα άνω, και η αγάπη είναι ο δρόμος που σας οδηγεί στο Θεό. Και όλοι είσαστε συνοδοί, που φέρετε μέσα σας τον θεό και τον ναό, τον Χριστό και τους αγίους, στολισμένοι σε όλα με τις

εντολές του Ιησού Χριστού, για τους οποίους χαίρομαι, επειδή αξιώθηκα, μ' αυτά που γράφω, να μιλήσω μαζί σας και να χαρώ, διότι σ' όλη σας τη ζωή δεν αγαπάτε τίποτε άλλο, παρά μόνο το Θεό.

Προς Μαγνησιείς 8

Να μη παρασύρεσθε από τις αιρέσεις ούτε από τα αρχαία μυθεύματα, που είναι ανώφελα. Διότι, εάν μέχρι τώρα ζούμε κατά τρόπο Ιουδαϊκό, ομολογούμε ότι δεν

ελάβαμε χάρη. Διότι οι θεϊκότατοι Προφήτες έζησαν σύμφωνα με τον Ιησού Χριστό. Γι' αυτό και διώχτηκαν, εμπνεόμενοι από τη Χάρη Του, για να πληροφορηθούν όσοι δεν πειθαρχούσαν, ότι ένας Θεός υπάρχει, ο οποίος φανέρωσε τον εαυτό του μέσω του Ιησού Χριστού του Υιού του, που είναι ο Λόγος του, ο Οποίος προήλθε από τη σιγή και ευαρέστησε σε όλα Εκείνον που τον έστειλε.

Προς Φιλιππησίους 1

Διότι αν υπάρχει ένας Θεός του σύμπαντος, ο Πατέρας του Χριστού, "από τον οποίο είναι τα πάντα"- και ένας Κύριος Ιησούς Χριστός, ο [Κύριός μας], "από τον οποίο είναι τα πάντα"- και επίσης ένα Άγιο Πνεύμα, το οποίο έδρασε στον Μωυσή και στους προφήτες και στους αποστόλους,

Άγιος Ἰουστίνος Φιλόσοφος καὶ Μάρτυρας Ἀπολογία Α' 13:5–6

"Θα αποδείξουμε ότι τον λατρεύουμε λογικά- γιατί μάθαμε ότι είναι ο ίδιος ο Υιός του αληθινού Θεού, ότι κατέχει δεύτερη θέση και το Πνεύμα της προφητείας τρίτη. Γι' αυτό μας κατηγορούν για τρέλα, λέγοντας ότι αποδίδουμε σε έναν σταυρωμένο άνθρωπο μια θέση δεύτερη μετά τον αμετάβλητο και αιώνιο Θεό, τον Δημιουργό των πάντων- αλλά αγνοούν το μυστήριο που βρίσκεται σ' αυτό"

Ἀπολογία Α' 61

Διότι, στο όνομα του Θεού, Πατέρα και Κυρίου του σύμπαντος, και του Σωτήρα μας Ιησού Χριστού, και του Αγίου Πνεύματος, δέχονται στη συνέχεια την άφεση με νερό.

Διάλογο προς Τρύφωνα 62

"Ο Θεός μιλάει στη δημιουργία του ανθρώπου με τον ίδιο ακριβώς σχεδιασμό, με τα ακόλουθα λόγια: "Ας κάνουμε τον άνθρωπο κατ' εικόνα και ομοίωσή μας". . . Θα παραθέσω και πάλι τα λόγια που αφηγείται ο ίδιος ο Μωυσής, από τα οποία

μπορούμε αναμφισβήτητα να μάθουμε ότι [ο Θεός] συνομίλησε με κάποιον που διαφέρει αριθμητικά από τον εαυτό του και είναι επίσης ένα λογικό ον. Αλλά

αυτός ο απόγονος που πραγματικά γεννήθηκε από τον Πατέρα, ήταν με τον Πατέρα πριν από όλα τα πλάσματα, και ο Πατέρας συνομιλούσε μαζί του"

Θεόφιλος ο Αντιοχεύς Προς Αυτόλυκον 2:15

"Είναι ιδιότητα του Θεού, του ύψιστου και παντοδύναμου και ζωντανού Θεού, όχι

μόνο να είναι παντού, αλλά και να βλέπει και να ακούει τα πάντα· διότι δεν μπορεί με κανένα τρόπο να περιοριστεί σε έναν τόπο. Οι τρεις ημέρες πριν από τη

δημιουργία των φωτεινών σωμάτων είναι τύποι της Τριάδας: Ο Θεός, ο Λόγος του και η Σοφία του."

Άγιος Ειρηναίος Λουγδούνου

Ἔλεγχος καὶ ἀνατροπὴ τῆς ψευδωνύμου γνώσεως 1:10:1

"Διότι η Εκκλησία, αν και διασκορπισμένη σε όλη την οικουμένη μέχρι τα πέρατα της γης, έλαβε από τους αποστόλους και από τους μαθητές τους την πίστη σε έναν Θεό, τον Πατέρα τον Παντοδύναμο. και σε έναν Ιησού Χριστό, τον Υιό του Θεού, ο

οποίος σαρκώθηκε για τη σωτηρία μας· και στο Άγιο Πνεύμα".

Ἔλεγχος καὶ ἀνατροπὴ τῆς ψευδωνύμου γνώσεως 4:20:1

"Δεν ήταν άγγελοι, λοιπόν, αυτοί που μας έκαναν ούτε αυτοί που μας σχημάτισαν, ούτε οι άγγελοι είχαν εξουσία να δημιουργήσουν εικόνα του Θεού, ούτε κανένας άλλος. Διότι ο Θεός δεν είχε ανάγκη από αυτούς για να πραγματοποιήσει αυτό

που ο ίδιος είχε αποφασίσει με τον εαυτό του εκ των προτέρων να γίνει, σαν να μην διέθετε τα δικά του χέρια. Διότι μαζί του [με τον Πατέρα] ήταν πάντοτε παρόντες ο

Λόγος και η Σοφία, ο Υιός και το Πνεύμα, με τους οποίους και μέσα σε αυτούς, ελεύθερα και αυθόρμητα, δημιούργησε τα πάντα, στους οποίους και μιλάει, λέγοντας: "Ας κάνουμε τον άνθρωπο κατ' εικόνα και ομοίωσή μας" [Γέν. 1:26]".

Ἔλεγχος καὶ ἀνατροπὴ τῆς ψευδωνύμου γνώσεως βιβλίο 1 κεφ. 10

Η Εκκλησία, αν και διασκορπισμένη σε ολόκληρο τον κόσμο, ακόμη και στα πέρατα της γης, παρέλαβε από τους αποστόλους και τους μαθητές τους αυτή την πίστη: [Πιστεύει] σε έναν Θεό, τον Πατέρα τον Παντοδύναμο, τον Δημιουργό του ουρανού και της γης και της θάλασσας και όλων όσων υπάρχουν σ' αυτά· και σε έναν Χριστό Ιησού, τον Υιό του Θεού, ο οποίος σαρκώθηκε για τη σωτηρία μας, και στο Άγιο

Πνεύμα, το οποίο διακήρυξε μέσω των προφητών τις διαθέσεις του Θεού, και τις προσόδους, και τη γέννηση από παρθένο, και το πάθος, και την ανάσταση από τους νεκρούς, και την ανάληψη στον ουρανό με τη σάρκα του αγαπημένου Χριστού Ιησού, του Κυρίου μας, και τη [μελλοντική] φανέρωσή Του από τον ουρανό με τη δόξα του

Πατέρα "για να συγκεντρώσει τα πάντα σε ένα", ...

Ἔλεγχος καὶ ἀνατροπὴ τῆς ψευδωνύμου γνώσεως βιβλίο 1 κεφ. 22

Ο κανόνας της αλήθειας που υποστηρίζουμε, είναι ότι υπάρχει ένας Θεός

Παντοδύναμος, ο οποίος δημιούργησε τα πάντα με τον Λόγο Του, και διαμόρφωσε και σχημάτισε, από αυτό που δεν είχε ύπαρξη, όλα τα πράγματα που υπάρχουν.

Έτσι λέει η Αγία Γραφή, για το σκοπό αυτό: "Με τον Λόγο του Κυρίου θεμελιώθηκαν οι ουρανοί και όλη η δύναμή τους, με το πνεύμα του στόματός Του". Και πάλι, "Όλα έγιναν από Αυτόν, και χωρίς Αυτόν δεν έγινε τίποτα". Δεν αναφέρεται καμία εξαίρεση ή έκπτωση· αλλά ο Πατέρας έκανε όλα τα πράγματα μέσω Αυτού, είτε ορατά είτε αόρατα, είτε αντικείμενα της αίσθησης είτε της νοημοσύνης, είτε προσωρινά, λόγω

ενός συγκεκριμένου χαρακτήρα που τους δόθηκε, είτε αιώνια- και αυτά τα αιώνια πράγματα δεν τα έκανε από αγγέλους ή από οποιεσδήποτε δυνάμεις που

διαχωρίστηκαν από την Εννοία Του.

Διότι ο Θεός δεν χρειάζεται κανένα από όλα αυτά τα πράγματα, αλλά είναι Εκείνος που, με τον Λόγο και το Πνεύμα Του, δημιουργεί, και διαθέτει, και κυβερνά τα πάντα, και προστάζει την ύπαρξη όλων των πραγμάτων, -Αυτός που σχημάτισε τον κόσμο,

-Αυτός που έπλασε τον άνθρωπο, -Αυτός [που] είναι ο Θεός του Αβραάμ, και ο Θεός του Ισαάκ, και ο Θεός του Ιακώβ, πάνω από τον οποίο δεν υπάρχει άλλος Θεός, ούτε αρχή, ούτε δύναμη, ούτε πληρότητα, -Αυτός είναι ο Πατέρας του Κυρίου μας Ιησού Χριστού, όπως θα αποδείξουμε.

Έλεγχος καὶ ἀνατροπὴ τῆς ψευδωνύμου γνώσεως βιβλίο 3 κεφ. 6

Επομένως, ούτε ο Κύριος, ούτε το Άγιο Πνεύμα, ούτε οι απόστολοι, δεν θα ονόμαζαν ποτέ ως Θεό, οριστικά και απόλυτα, αυτόν που δεν ήταν Θεός, εκτός αν ήταν πραγματικά Θεός- ούτε θα ονόμαζαν κανέναν στο πρόσωπό του Κύριο, εκτός από τον Θεό Πατέρα που κυβερνά τα πάντα, και τον Υιό Του που έχει λάβει την κυριαρχία από τον Πατέρα Του πάνω σε όλη την κτίση, όπως λέει αυτό το χωρίο: "Είπε ο Κύριος στον Κύριό μου: κάθισε στα δεξιά μου, ώσπου να υποτάξω τους εχθρούς σου κάτω απ' τα πόδια σου. Εδώ η [Γραφή] μας παρουσιάζει τον Πατέρα να απευθύνεται στον Υιό- Εκείνον που Του έδωσε την κληρονομιά των εθνών και Του υπέταξε όλους τους εχθρούς Του. Εφόσον, λοιπόν, ο Πατέρας είναι αληθινά Κύριος και ο Υιός αληθινά Κύριος, το Άγιο Πνεύμα τους έχει καταλλήλως χαρακτηρίσει με τον τίτλο του Κυρίου.

Ἔλεγχος καὶ ἀνατροπὴ τῆς ψευδωνύμου γνώσεως βιβλίο 4 κεφ. 20

Διότι μαζί Του ήταν πάντοτε παρόντες ο Λόγος και η Σοφία, ο Υιός και το Πνεύμα, με τους οποίους και μέσα στους οποίους, ελεύθερα και αυθόρμητα, δημιούργησε τα πάντα, στους οποίους επίσης μιλάει, λέγοντας: "Ας δημιουργήσουμε τον άνθρωπο σύμφωνα με την εικόνα και την ομοίωσή μας"- παίρνοντας από τον εαυτό Του την ουσία των πλασμάτων [που δημιουργήθηκαν], και το πρότυπο των δημιουργημένων πραγμάτων, και τον τύπο όλων των στολιδιών στον κόσμο.

Τερτυλλιανός Κατά Πραξέα 2

"Πιστεύουμε μεν ότι υπάρχει μόνο ένας Θεός, αλλά πιστεύουμε ότι κάτω από αυτή την οικονομία, όπως λέμε, υπάρχει επίσης ένας Υιός αυτού του ενός και μοναδικού

Θεού, ο Λόγος του, ο οποίος προήλθε από αυτόν και μέσω του οποίου έγιναν όλα τα πράγματα και χωρίς τον οποίο δεν έγινε τίποτα. Πιστεύουμε ότι απεστάλη από

τον Πατέρα, σύμφωνα με τη δική του υπόσχεση, το Άγιο Πνεύμα, ο Παράκλητος, ο αγιαστής της πίστης εκείνων που πιστεύουν στον Πατέρα και στον Υιό και στο Άγιο Πνεύμα"

Κατά Πραξέα 2:3-4

"Τηρώντας πάντοτε αυτή την ένσταση, πρέπει, ωστόσο, να υπάρχει χώρος για

επανεξέταση για λόγους διδασκαλίας και προστασίας διαφόρων προσώπων. Αυτό ισχύει ιδιαίτερα στην περίπτωση της σημερινής αίρεσης [του Σαβελλιανισμού], η οποία θεωρεί ότι έχει την καθαρή αλήθεια όταν υποθέτει ότι δεν μπορεί κανείς να πιστέψει στον ένα και μοναδικό Θεό με κανέναν άλλο τρόπο παρά μόνο λέγοντας ότι ο Πατέρας, ο Υιός και το Πνεύμα είναι το ίδιο πρόσωπο. Λες και το ένα δεν είναι όλα

... μέσω της ενότητας της ουσίας" Κατά Πραξέα 6

Αλλά όσον αφορά εμένα, που δεν αντλώ τον Υιό από καμία άλλη πηγή παρά μόνο από την ουσία του Πατέρα, και (τον παρουσιάζω) σαν να μην κάνει τίποτα χωρίς το θέλημα του Πατέρα, και σαν να έχει λάβει όλη τη δύναμη (Του) από τον Πατέρα, πώς είναι δυνατόν να καταστρέφω τη Μοναρχία από την πίστη, όταν τη διατηρώ στον Υιό ακριβώς όπως του την εμπιστεύθηκε ο Πατέρας; Η ίδια παρατήρηση γίνεται από

εμένα σε σχέση με τον τρίτο βαθμό της Θεότητας, επειδή πιστεύω ότι το Πνεύμα δεν προέρχεται από καμία άλλη πηγή παρά μόνο από τον Πατέρα μέσω του Υιού.

Κατά Πραξέα 9

Έχετε πάντα κατά νου ότι αυτός είναι ο κανόνας της πίστης που ομολογώ- με αυτόν μαρτυρώ ότι ο Πατέρας, ο Υιός και το Πνεύμα είναι αδιαχώριστοι ο ένας από τον άλλον, και έτσι θα καταλάβετε με ποια έννοια λέγεται αυτό. Τώρα, παρατηρήστε, ο

ισχυρισμός μου είναι ότι ο Πατέρας είναι ένας, και ο Υιός ένας, και το Πνεύμα ένα, και ότι είναι διακριτά ο ένας από τον άλλον. Αυτή η δήλωση εκλαμβάνεται με λανθασμένη έννοια από κάθε αμόρφωτο καθώς και από κάθε διαστροφικά

διατεθειμένο άτομο, σαν να προέβλεπε μια διαφορετικότητα, με τέτοια έννοια ώστε να συνεπάγεται διαχωρισμό μεταξύ του Πατέρα, του Υιού και του Πνεύματος.

Είμαι, επιπλέον, υποχρεωμένος να πω το εξής, όταν (εκθειάζοντας τη Μοναρχία εις βάρος της Οικονομίας) υποστηρίζουν την ταυτότητα του Πατέρα και του Υιού και του

Πνεύματος, ότι ο Υιός δεν διαφέρει από τον Πατέρα μέσω της ποικιλομορφίας, αλλά μέσω της κατανομής: δεν διαφέρει μέσω της διαίρεσης, αλλά μέσω της διάκρισης-

επειδή ο Πατέρας δεν είναι ο ίδιος με τον Υιό, αφού διαφέρουν ο ένας από τον άλλον στον τρόπο της ύπαρξής τους. Διότι ο Πατέρας είναι ολόκληρη η ουσία, αλλά ο Υιός είναι παράγωγο και μέρος του συνόλου, όπως ο ίδιος αναγνωρίζει: "Ο Πατέρας μου είναι μεγαλύτερος από εμένα". Στον Ψαλμό η κατωτερότητά Του περιγράφεται ως

"λίγο κατώτερος από τους αγγέλους". Έτσι, ο Πατέρας διακρίνεται από τον Υιό, όντας μεγαλύτερος από τον Υιό, στο βαθμό που Αυτός γεννά είναι ένας, και Αυτός που γεννιέται είναι άλλος- Αυτός, επίσης, που στέλνει είναι ένας, και Αυτός που στέλνεται είναι άλλος- και Αυτός, πάλι, που κάνει είναι ένας, και Αυτός μέσω του οποίου γίνεται το πράγμα είναι άλλος.

Ευτυχώς, ο ίδιος ο Κύριος χρησιμοποιεί αυτή την έκφραση του προσώπου του

Παρακλήτου (Αγίου Πνεύματος), ώστε να σημαίνει όχι διαίρεση ή αποκοπή, αλλά

διάθεση (των αμοιβαίων σχέσεων στη Θεότητα)- διότι λέει: "Κι εγώ θα παρακαλέσω τον Πατέρα να σας δώσει άλλον Παράκλητο, το Πνεύμα της Αλήθειας", καθιστώντας έτσι τον Παράκλητο διακριτό από τον εαυτό Του, όπως λέμε ότι ο Υιός είναι επίσης

διακριτός από τον Πατέρα- έτσι ώστε έδειξε έναν τρίτο βαθμό στον Παράκλητο, όπως πιστεύουμε ότι ο δεύτερος βαθμός είναι στον Υιό, λόγω της τάξης που τηρείται στην Οικονομία. Εξάλλου, το ίδιο το γεγονός ότι έχουν τα διακριτά ονόματα Πατέρας και

Υιός δεν ισοδυναμεί με δήλωση ότι είναι διακριτοί ως προς την προσωπικότητα.

Διότι, βεβαίως, όλα τα πράγματα θα είναι αυτό που τα ονόματά τους τα αντιπροσωπεύουν- και αυτό που είναι και θα είναι πάντα, αυτό θα ονομάζονται- και η διάκριση που υποδηλώνουν τα ονόματα δεν επιτρέπει καθόλου καμία σύγχυση,

επειδή δεν υπάρχει καμία στα πράγματα που χαρακτηρίζουν. "Το ναι είναι ναι, και το όχι είναι όχι- διότι ό,τι είναι περισσότερο από αυτά, προέρχεται από το κακό".

Κατά Πραξέα 26

Μετά την ανάστασή του υπόσχεται στους μαθητές του ότι θα τους στείλει την υπόσχεση του Πατέρα του- και τέλος, τους προστάζει να βαπτίζουν στον Πατέρα και τον Υιό και το Άγιο Πνεύμα, όχι σε έναν μονοπρόσωπο Θεό

Ωριγένης

Περί των Πρώτων Αρχών 1:3:1-2

Από όλα αυτά μαθαίνουμε ότι το πρόσωπο του Αγίου Πνεύματος ήταν τέτοιας

εξουσίας και αξιοπρέπειας, ώστε το σωτήριο βάπτισμα δεν ολοκληρωνόταν παρά μόνο με την εξουσία της άριστης Τριάδας όλων αυτών, δηλαδή με την ονομασία

Πατέρα, Υιού και Αγίου Πνεύματος, και με την ένωση με τον αγέννητο Θεό Πατέρα και τον μονογενή Υιό Του, του ονόματος επίσης του Αγίου Πνεύματος. ...

Παρ' όλα αυτά, φαίνεται σκόπιμο να αναρωτηθούμε ποιος είναι ο λόγος για τον οποίο αυτός που αναγεννάται από τον Θεό για τη σωτηρία έχει να κάνει και με τον Πατέρα και με τον Υιό και με το Άγιο Πνεύμα και δεν αποκτά τη σωτηρία παρά μόνο με τη συνεργασία ολόκληρης της Αγίας Τριάδας· και γιατί είναι αδύνατο να γίνει μέτοχος του Πατέρα ή του Υιού χωρίς το Άγιο Πνεύμα.

Περί των Πρώτων Αρχών 1:4:1

Αλλά στην επιθυμία μας να δείξουμε τις θεϊκές ευεργεσίες που μας παραχωρήθηκαν από τον Πατέρα, τον Υιό και το Άγιο Πνεύμα, η οποία Τριάδα είναι η πηγή κάθε αγιότητας, πέσαμε, με όσα είπαμε, σε μια παρέκβαση, αφού θεωρήσαμε ότι το θέμα της ψυχής, που τυχαία ήρθε μπροστά μας, θα έπρεπε να αγγίξουμε, έστω και

επιφανειακά, αφού συζητούσαμε ένα συναφές θέμα που αφορούσε τη λογική μας φύση. Θα εξετάσουμε, ωστόσο, με την άδεια του Θεού μέσω του Ιησού Χριστού και του Αγίου Πνεύματος, πιο βολικά στη σωστή θέση το θέμα όλων των λογικών όντων, τα οποία διακρίνονται σε τρία γένη και είδη.

Περί των Πρώτων Αρχών 1:6

Διότι το τέλος είναι πάντοτε όπως η αρχή: και, επομένως, όπως υπάρχει ένα τέλος σε όλα τα πράγματα, έτσι πρέπει να καταλάβουμε ότι υπήρχε μια αρχή· και όπως υπάρχει ένα τέλος σε πολλά πράγματα, έτσι υπάρχουν από μια αρχή πολλές

διαφορές και ποικιλίες, οι οποίες πάλι, μέσω της καλοσύνης του Θεού και της υποταγής στον Χριστό και μέσω της ενότητας του Αγίου Πνεύματος, ανακαλείται σε ένα τέλος, το οποίο είναι παρόμοιο με την αρχή: όλα αυτά, δηλαδή, οι οποίοι, γονατίζοντας στο όνομα του Ιησού, γνωστοποιούν με τον τρόπο αυτό την υποταγή τους σ' Αυτόν· και αυτοί είναι εκείνοι που βρίσκονται στον ουρανό, στη γη και κάτω από τη γη· με αυτές τις τρεις τάξεις υποδεικνύεται ολόκληρο το σύμπαν των πραγμάτων, εκείνοι, δηλαδή, οι οποίοι από εκείνη τη μία αρχή διατάχθηκαν, ο καθένας σύμφωνα με την ποικιλομορφία της συμπεριφοράς του, μεταξύ των διαφόρων τάξεων, σύμφωνα με την έρημό τους- διότι δεν υπήρχε σ' αυτούς καλοσύνη από ουσιαστική ύπαρξη, όπως στον Θεό και στον Χριστό Του και στο Άγιο Πνεύμα. Διότι μόνο στην Αγία Τριάδα, η οποία είναι ο δημιουργός όλων των πραγμάτων, υπάρχει η αγαθότητα δυνάμει της ουσιαστικής ύπαρξης- ενώ οι άλλοι

την κατέχουν ως τυχαία και φθαρτή ιδιότητα και μόνο τότε απολαμβάνουν την ευδαιμονία, όταν μετέχουν στην αγιότητα και τη σοφία και στην ίδια τη θεότητα. Περί των Πρώτων Αρχών 4:1.35

... Τώρα, αποδείξαμε με τον καλύτερο δυνατό τρόπο στις προηγούμενες σελίδες ότι όλα τα πράγματα που υπάρχουν έγιναν από τον Θεό και ότι δεν υπάρχει τίποτα που να μην έχει γίνει, εκτός από τη φύση του Πατέρα, του Υιού και του Αγίου Πνεύματος- και ότι ο Θεός, ο οποίος είναι από τη φύση του καλός, επιθυμώντας να έχει εκείνους στους οποίους θα μπορούσε να παρέχει ευεργεσίες και οι οποίοι θα μπορούσαν να χαίρονται λαμβάνοντας τις ευεργεσίες Του, δημιούργησε πλάσματα άξια (αυτού), δηλ, τα οποία ήταν ικανά να Τον δεχτούν με άξιο τρόπο, τα οποία, λέει, έχουν επίσης γεννηθεί από Αυτόν ως παιδιά του. Έφτιαξε, εξάλλου, όλα τα πράγματα με αριθμό και μέτρο. Διότι δεν υπάρχει τίποτα ενώπιον του Θεού χωρίς όριο ή μέτρο. Διότι με τη δύναμή Του κατανοεί τα πάντα, και ο Ίδιος δεν κατανοείται από τη δύναμη κανενός κτιστού πράγματος, διότι η φύση αυτή είναι γνωστή μόνο στον εαυτό της. Διότι μόνος ο Πατέρας γνωρίζει τον Υιό, και μόνος ο Υιός γνωρίζει τον Πατέρα, και μόνο το Άγιο Πνεύμα ερευνά και τα βαθιά πράγματα του Θεού.

Περί των Πρώτων Αρχών 4:1.36

Αν οι ουράνιες αρετές, λοιπόν, μετέχουν του διανοητικού φωτός, δηλαδή της θείας φύσης, επειδή μετέχουν της σοφίας και της αγιότητας, και αν οι ανθρώπινες ψυχές, έχουν μετέχει του ίδιου φωτός και σοφίας, και έτσι είναι αμοιβαία μιας φύσης και μιας ουσίας, τότε, αφού οι ουράνιες αρετές είναι άφθαρτες και αθάνατες, η ουσία της ανθρώπινης ψυχής θα είναι επίσης αθάνατη και άφθαρτη. Και όχι μόνο έτσι, αλλά επειδή η φύση του Πατέρα και του Υιού και του Αγίου Πνεύματος, του οποίου το

διανοητικό φως και μόνο έχουν μερίδιο όλα τα κτιστά πράγματα, είναι άφθαρτη και αιώνια, είναι απολύτως συνεπές και αναγκαίο κάθε ουσία που μετέχει αυτής της αιώνιας φύσης να διαρκεί για πάντα και να είναι άφθαρτη και αιώνια, ώστε η αιωνιότητα της θείας αγαθότητας να νοείται και από αυτή την άποψη, ότι αυτοί που

λαμβάνουν τις ευεργεσίες της είναι επίσης αιώνιοι. Αλλά όπως, στις περιπτώσεις που αναφέρθηκαν, παρατηρήθηκε μια διαφορετικότητα στη συμμετοχή του φωτός, όταν η ματιά του θεατή περιγράφηκε ως πιο θαμπή ή πιο οξεία, έτσι και στη συμμετοχή του Πατέρα, του Υιού και του Αγίου Πνεύματος παρατηρείται μια διαφορετικότητα, η οποία ποικίλλει ανάλογα με τον βαθμό του ζήλου ή της ικανότητας του νου.

Ομιλία για την προς Ρωμαίους επιστολή 5:8

Ο ίδιος ο Κύριος είπε στους μαθητές του να βαπτίζουν όλους τους λαούς στο όνομα του Πατέρα και του Υιού και του Αγίου Πνεύματος. . γιατί πράγματι, το νόμιμο βάπτισμα γίνεται μόνο στο όνομα της Αγίας Τριάδας.

Άγιος Ιππόλυτος Ρώμης

Κατὰ πασῶν αἱρέσεων ἔλεγχος 10:29

Ο Λόγος αυτού του Θεού είναι από τον ίδιο τον Θεό, γι' αυτό και ο Λόγος είναι Θεός, όντας η ύπαρξη του Θεού.

Αποστολική παράδοσις 21

Όταν αυτός που βαπτίζεται βυθίζεται στο νερό, αυτός που τον βαπτίζει θα βάλει το χέρι του επάνω του και θα μιλήσει έτσι: "Πιστεύεις στον Θεό, τον Πατέρα τον

Παντοδύναμο;". Και αυτός που βαπτίζεται θα πει: "Πιστεύω". Έπειτα, έχοντας

επιβάλει το χέρι του στο κεφάλι εκείνου που βαπτίζεται, θα τον βαπτίσει μία φορά. Τότε θα πει: "Πιστεύεις στον Ιησού Χριστό...". ?' Και όταν εκείνος πει: "Πιστεύω", βαπτίζεται ξανά. Και πάλι θα πει: "Πιστεύεις στο Άγιο Πνεύμα και στην αγία Εκκλησία και στην ανάσταση της σάρκας;". Τότε αυτός που βαπτίζεται λέει: "Πιστεύω". Και έτσι βαπτίζεται για τρίτη φορά.

Πάπας Διονύσιος

Προς Διονύσιο Αλεξανδρείας 1

"Στη συνέχεια, λοιπόν, μπορώ να στραφώ σωστά σε εκείνους που διαιρούν και τεμαχίζουν και καταστρέφουν την πιο ιερή διακήρυξη της Εκκλησίας του Θεού, καθιστώντας την [την Τριάδα], όπως ήταν, τρεις δυνάμεις, ξεχωριστές ουσίες και

τρεις θεότητες. [Ορισμένοι αιρετικοί] διακηρύσσουν ότι υπάρχουν κατά κάποιον

τρόπο τρεις θεοί, όταν διαιρούν την ιερή ενότητα σε τρεις ουσίες ξένες μεταξύ τους και εντελώς ξεχωριστές"

Προς Διονύσιο Αλεξανδρείας 2

"Επομένως, η θεία Τριάδα πρέπει να συγκεντρωθεί σε μία, μια κορυφή, όπως λέγεται, εννοώ τον παντοδύναμο Θεό του σύμπαντος. Είναι βλασφημία, λοιπόν, και μάλιστα όχι κοινή, αλλά η χειρότερη, να λέμε ότι ο Υιός είναι με οποιονδήποτε τρόπο ένα χειροποίητο έργο [δημιούργημα]. Αλλά αν ο Υιός δημιουργήθηκε, υπήρξε χρόνος κατά τον οποίο δεν υπήρχαν αυτές οι ιδιότητες- και, κατά συνέπεια, υπήρξε χρόνος κατά τον οποίο ο Θεός ήταν χωρίς αυτές, πράγμα εντελώς παράλογο"

Προς Διονύσιο Αλεξανδρείας 3

"Ούτε, λοιπόν, μπορούμε να χωρίσουμε σε τρεις θεότητες την υπέροχη και θεϊκή ενότητα. Αντίθετα, πρέπει να πιστεύουμε στον Θεό, τον Πατέρα τον

Παντοδύναμο, και στον Ιησού Χριστό, τον Υιό του, και στο Άγιο Πνεύμα, και ότι ο Λόγος είναι ενωμένος με τον Θεό του σύμπαντος. "Διότι", λέει, "ο Πατέρας και εγώ είμαστε ένα" και "εγώ είμαι μέσα στον Πατέρα και ο Πατέρας μέσα σε μένα"".

Ιερός Αυγουστίνος Ιππώνος Η Πολιτεία του Θεού 11:29

Αυτοί οι άγιοι άγγελοι έρχονται στη γνώση του Θεού όχι με ακουστικά λόγια, αλλά με την παρουσία στην ψυχή τους της αναλλοίωτης αλήθειας, δηλαδή του μονογενή

Λόγου του Θεού- και γνωρίζουν αυτόν τον ίδιο τον Λόγο, και τον Πατέρα, και το Άγιο Πνεύμα τους, και ότι αυτή η Τριάδα είναι αδιαίρετη, και ότι τα τρία πρόσωπα αυτής

είναι μία ουσία, και ότι δεν υπάρχουν τρεις Θεοί, αλλά ένας Θεός- και αυτό το γνωρίζουν τόσο καλά, ώστε είναι

καλύτερα κατανοητό από αυτούς απ' ό,τι από εμάς τους ίδιους. Για το Βάπτισμα, κατά των Δονατιστών 15:28

Το βάπτισμα στο όνομα του Πατρός και του Υιού και του Αγίου Πνεύματος έχει ως εξουσία τον Χριστό και όχι οποιονδήποτε άνθρωπο, όποιος κι αν είναι αυτός- και ο Χριστός είναι η αλήθεια και όχι οποιοσδήποτε άνθρωπος.

Περί χριστιανικού δόγματος (De doctrina Christiana) 1:5.5

... Είναι ο Πατέρας και ο Υιός και το Άγιο Πνεύμα, οι οποίοι είναι ταυτόχρονα η Τριάδα, ένα Ον, υπέρτατο πάνω από όλα και κοινό για όλους όσοι Τον

απολαμβάνουν, αν είναι αντικείμενο και όχι μάλλον η αιτία όλων των αντικειμένων, ή ακόμη και αν είναι η αιτία όλων. Διότι δεν είναι εύκολο να βρεθεί ένα όνομα που να

εκφράζει καταλλήλως μια τόσο μεγάλη υπεροχή, εκτός αν είναι προτιμότερο να μιλήσουμε με αυτόν τον τρόπο: Η Τριάδα, ένας Θεός, από τον οποίο είναι όλα τα πράγματα, μέσω του οποίου είναι όλα τα πράγματα, στον οποίο είναι όλα τα

πράγματα. Έτσι, ο Πατέρας και ο Υιός και το Άγιο Πνεύμα, και καθένας από αυτούς από μόνος του, είναι Θεός, και ταυτόχρονα είναι όλοι ένας Θεός· και καθένας από αυτούς από μόνος του είναι μια ολοκληρωμένη ουσία, και όμως είναι όλοι μια ουσία. Ο Πατέρας δεν είναι ο Υιός ούτε το Άγιο Πνεύμα· ο Υιός δεν είναι ο Πατέρας ούτε το Άγιο Πνεύμα· το Άγιο Πνεύμα δεν είναι ο Πατέρας ούτε ο Υιός· αλλά ο Πατέρας είναι μόνο Πατέρας, ο Υιός είναι μόνο Υιός, και το Άγιο Πνεύμα είναι μόνο Άγιο Πνεύμα.

Και στους τρεις ανήκει η ίδια αιωνιότητα, το ίδιο αμετάβλητο, το ίδιο μεγαλείο, η ίδια

δύναμη. Στον Πατέρα είναι η ενότητα, στον Υιό η ισότητα, στο Άγιο Πνεύμα η αρμονία της ενότητας και της ισότητας· και αυτές οι τρεις ιδιότητες είναι όλες μία εξαιτίας του Πατέρα, όλες ίσες εξαιτίας του Υιού και όλες αρμονικές εξαιτίας του Αγίου Πνεύματος. Περί Τριάδος 1:2.4

Γι' αυτό, βοηθώντας ο Κύριος Θεός μας, θα αναλάβουμε να αποδώσουμε, όσο μπορούμε, αυτόν ακριβώς τον λογαριασμό που τόσο έντονα ζητούν: δηλαδή, ότι η

Αγία Τριάδα είναι ο ένας και μοναδικός και αληθινός Θεός, και επίσης πώς ο

Πατέρας, ο Υιός και το Άγιο Πνεύμα σωστά λέγονται, πιστεύονται, κατανοούνται, ότι είναι από μία και την ίδια ουσία, έτσι ώστε να μη φαντάζονται ότι κοροϊδεύονται από τις δικαιολογίες μας, αλλά να διαπιστώσουν με πραγματική δοκιμασία, τόσο ότι το ύψιστο αγαθό είναι αυτό που διακρίνεται από τα πιο εξαγνισμένα μυαλά, όσο και ότι για τον λόγο αυτό δεν μπορεί να διακρίνεται ή να κατανοείται από τους ίδιους, επειδή το μάτι του ανθρώπινου νου, όντας αδύναμο, θαμπώνεται σε αυτό το τόσο υπερβατικό φως, εκτός αν αναζωογονηθεί από την τροφή της δικαιοσύνης της πίστης.

Περί Τριάδος 1:3.5

Και θα ήθελα να κάνω αυτή την ευσεβή και ασφαλή συμφωνία, ενώπιον του Κυρίου μας Θεού, με όλους όσοι διαβάζουν τα γραπτά μου, τόσο σε όλες τις άλλες περιπτώσεις όσο και, κυρίως, στην περίπτωση εκείνων που ερευνούν την ενότητα

της Τριάδας, του Πατέρα και του Υιού και του Αγίου Πνεύματος· διότι σε κανένα άλλο θέμα δεν είναι πιο επικίνδυνη η πλάνη, πιο επίπονη η έρευνα ή πιο ωφέλιμη η ανακάλυψη της αλήθειας.

Περί Τριάδος 1:4:7

Όλοι οι καθολικοί ερμηνευτές των θεϊκών βιβλίων της Παλαιάς και της Καινής Διαθήκης που μπόρεσα να διαβάσω, οι οποίοι έγραψαν πριν από μένα για την

Τριάδα, η οποία είναι ο Θεός, σκόπευαν να διδάξουν σε συμφωνία με τις Γραφές ότι ο Πατέρας και ο Υιός και το Άγιο Πνεύμα είναι από μία και την ίδια ουσία και αποτελούν μια θεϊκή ενότητα με αδιαχώριστη ισότητα, και επομένως δεν υπάρχουν

τρεις θεοί αλλά ένας Θεός, μολονότι ο Πατέρας γέννησε τον Υιό, και επομένως αυτός που είναι ο Υιός δεν είναι ο Πατέρας· και το Άγιο Πνεύμα δεν είναι ούτε ο Πατέρας ούτε ο Υιός αλλά μόνο το Πνεύμα του Πατέρα και του Υιού, το οποίο και το ίδιο είναι

ισότιμο με τον Πατέρα και τον Υιό και ανήκει στην ενότητα της Τριάδας Περί Τριάδος 1:5.8

Μερικοί άνθρωποι, ωστόσο, βρίσκουν μια δυσκολία σε αυτή την πίστη- όταν ακούνε ότι ο Πατέρας είναι Θεός, ο Υιός Θεός και το Άγιο Πνεύμα Θεός, και ότι αυτή η

Τριάδα δεν είναι τρεις Θεοί, αλλά ένας Θεός- και ρωτούν πώς πρέπει να το καταλάβουν αυτό: ιδίως όταν λέγεται ότι η Τριάδα ενεργεί αδιαίρετα σε ό,τι ενεργεί ο Θεός, και όμως ότι μίλησε μια ορισμένη φωνή του Πατέρα, η οποία δεν είναι η φωνή του Υιού- και ότι κανένας άλλος εκτός από τον Υιό δεν γεννήθηκε με σάρκα, και υπέφερε, και αναστήθηκε, και αναλήφθηκε στους ουρανούς- και ότι κανένας άλλος

εκτός από το Άγιο Πνεύμα δεν ήρθε με μορφή περιστεριού. Θέλουν να καταλάβουν πώς η Τριάδα εξέφρασε εκείνη τη φωνή που ήταν μόνο του Πατέρα- και πώς η ίδια Τριάδα δημιούργησε εκείνη τη σάρκα στην οποία μόνο ο Υιός γεννήθηκε από την Παρθένο- και πώς η ίδια η Τριάδα δημιούργησε εκείνη τη μορφή περιστεράς, στην οποία μόνο το Άγιο Πνεύμα εμφανίστηκε. Όμως, διαφορετικά, η Τριάδα δεν ενεργεί

αδιαίρετα, αλλά ο Πατέρας κάνει άλλα πράγματα, ο Υιός άλλα πράγματα, και το Άγιο Πνεύμα άλλα πάλι- ή αλλιώς, αν κάνουν κάποια πράγματα μαζί, κάποια ξεχωριστά, τότε η Τριάδα δεν είναι αδιαίρετη. Αποτελεί, επίσης, δυσκολία γι' αυτούς, με ποιον τρόπο το Άγιο Πνεύμα είναι στην Τριάδα, το οποίο ούτε ο Πατέρας ούτε ο Υιός, ούτε και οι δύο έχουν γεννήσει, παρόλο που είναι το Πνεύμα και του Πατέρα και του Υιού.

Περί Τριάδος 15:28:51

Κύριε, Θεέ μας, πιστεύουμε σε σένα, τον Πατέρα και τον Υιό και το Άγιο Πνεύμα. Διότι η αλήθεια δεν θα έλεγε: "Πηγαίνετε, βαφτίστε όλα τα έθνη στο όνομα του

Πατέρα και του Υιού και του Αγίου Πνεύματος", αν δεν ήσουν Τριάδα.

Επιστολή Βαρνάβα Επιστολή Βαρνάβα 5

Περαιτέρω, αδελφοί μου, αν ο Κύριος [Ιησούς] υπέμεινε να υποφέρει για την ψυχή μας, αυτός που είναι ο Κύριος όλου του κόσμου, στον οποίο ο Θεός είπε από τη

δημιουργία του κόσμου: "Ας κάνουμε τον άνθρωπο κατά την εικόνα μας και κατά το ομοίωμά μας", καταλάβετε πώς ήταν που υπέμεινε να υποφέρει από τους ανθρώπους

Μελίτων Σάρδεων ή Πάνταινος Προς Διόγνητον Επιστολή 11

"[Ο Πατέρας] έστειλε τον Λόγο για να φανερωθεί στον κόσμο. Αυτός είναι εκείνος

που ήταν από την αρχή, που εμφανίστηκε σαν καινούργιος και βρέθηκε παλιός...

Αυτός είναι εκείνος που, όντας από τους αιώνες των αιώνων, ονομάζεται σήμερα Υιός"

Μέγας Αθανάσιος

Προς Σεραπίωνα 1:28

"[Η Αγία Τριάδα] δεν είναι Τριάδα απλώς κατ' όνομα ή με έναν μεταφορικό τρόπο ομιλίας· μάλλον, είναι Τριάδα στα αλήθεια και στην πραγματική της ύπαρξη. Όπως ο Πατέρας είναι αυτός που είναι, έτσι και ο Λόγος του είναι ένας που είναι και είναι Θεός πάνω από όλα. Και ούτε το Άγιο Πνεύμα είναι ανύπαρκτο, αλλά πραγματικά υπάρχει και έχει αληθινή υπόσταση"

Απολογητικός κατά Αρειανών 3:4

"Αυτοί [ο Πατέρας και ο Υιός] είναι ένα, όχι σαν ένα πράγμα που τώρα χωρίζεται σε

δύο, αλλά που πραγματικά αποτελεί μόνο ένα, ούτε σαν ένα πράγμα που ονομάζεται δύο φορές, έτσι ώστε ο ίδιος να γίνεται τη μία φορά ο Πατέρας και την άλλη φορά ο

ίδιος ο Υιός του. Αυτό το τελευταίο υποστήριζε ο Σαμπέλιος και κρίθηκε αιρετικός. Αντιθέτως, είναι δύο, διότι ο Πατέρας είναι Πατέρας και δεν είναι ο ίδιος ο Υιός του, και ο Υιός είναι Υιός και δεν είναι ο ίδιος ο Πατέρας του"

Κλήμης ο Αλεξανδρεύς Παιδαγωγός 6

Ο παγκόσμιος Πατέρας είναι ένας, και ένας ο παγκόσμιος Λόγος· και το Άγιο Πνεύμα είναι ένα και αυτό είναι παντού, ...

Άγιος Κυπριανός Καρχηδόνας Επιστολές 5.18

Τέλος, όταν, μετά την ανάσταση, οι απόστολοι στέλνονται από τον Κύριο στους

ειδωλολάτρες, τους ζητείται να βαπτίζουν τα έθνη "στο όνομα του Πατρός και του

Υιού και του Αγίου Πνεύματος". Πώς, λοιπόν, λένε μερικοί, ότι ένας εθνικός που βαπτίζεται, έξω από την Εκκλησία, ναι, και σε αντίθεση με την Εκκλησία, ώστε να βαπτίζεται μόνο στο όνομα του Ιησού Χριστού, παντού και με οποιονδήποτε τρόπο, μπορεί να λάβει άφεση αμαρτιών, όταν ο ίδιος ο Χριστός διατάξει τους ειδωλολάτρες να βαπτίζονται στην πλήρη και ενωμένη Τριάδα;

Επιστολές 73:18

Τους πρόσταξε [ο Ιησούς] να βαφτίσουν τα έθνη στο όνομα του Πατέρα και του Υιού και του Αγίου Πνεύματος. Πώς λοιπόν κάποιοι λένε ότι αν βαπτιστεί ένας εθνικός ... δεν έχει σημασία πώς ή από ποιον, αρκεί να γίνει στο όνομα του Ιησού Χριστού, η άφεση αμαρτιών μπορεί να ακολουθήσει - όταν ο ίδιος ο Χριστός διατάξει τα έθνη να βαπτιστούν στην πλήρη και ενωμένη Τριάδα;

"Σύμβολο της Πίστεώς του"

Υπάρχει ένας Θεός, ο Πατέρας του ζωντανού Λόγου, ο οποίος είναι η υπαρκτή σοφία και δύναμή του και η αιώνια εικόνα του: τέλειος γεννήτορας του τέλειου γεννητού,

Πατέρας του μονογενούς Υιού. Υπάρχει ένας Κύριος, μόνος του μοναδικού, Θεός του Θεού, εικόνα και ομοίωση της θεότητας, αποτελεσματικός Λόγος, σοφία περιεκτική

της σύστασης όλων των πραγμάτων και δύναμη διαμορφωτική ολόκληρης της δημιουργίας, αληθινός Υιός του αληθινού Πατέρα, αόρατος του αόρατου και

άφθαρτος του άφθαρτου και αθάνατος του αθάνατου και αιώνιος του αιώνιου. Και έτσι ούτε ο Υιός έλειψε ποτέ από τον Πατέρα, ούτε το Πνεύμα από τον Υιό· αλλά χωρίς μεταβολή και χωρίς αλλαγή, η ίδια Τριάδα παραμένει πάντα.

Άγιος Αλέξανδρος Α΄ Αλεξανδρείας

Επιστολές για την αίρεση του Αρείου και την καθαίρεση του Αρείου 1.7

Γι' αυτό, όταν οι άγιοι προφήτες και όλοι, όπως είπα, όσοι ενάρετα και δίκαια περπατούσαν στο νόμο του Κυρίου, μαζί με ολόκληρο το λαό, γιόρταζαν ένα τυπικό και σκιώδες Πάσχα, ο Δημιουργός και Κύριος κάθε ορατής και αόρατης κτίσης, ο

μονογενής Υιός, και ο Λόγος συναιώνιος με τον Πατέρα και το Άγιο Πνεύμα, και της ίδιας ουσίας με αυτούς, σύμφωνα με τη θεία φύση Του, ο Κύριος και Θεός μας, ο Ιησούς Χριστός, .

Επιστολές για την αίρεση του Αρείου και την καθαίρεση του Αρείου 1.12

Επομένως, στον αγέννητο Πατέρα, πράγματι, οφείλουμε να διατηρήσουμε τη δέουσα αξιοπρέπειά Του, ομολογώντας ότι κανείς δεν είναι η αιτία της ύπαρξής Του· αλλά στον Υιό πρέπει να αποδοθεί η τιμή που του αρμόζει, αποδίδοντάς Του, όπως

είπαμε, μια γενεά από τον Πατέρα χωρίς αρχή, και αποδίδοντάς Του λατρεία, έτσι

ώστε μόνο ευλαβικά και σωστά να χρησιμοποιούμε τις λέξεις "ήταν" και "πάντοτε" και "πριν από όλους τους κόσμους" σε σχέση με Αυτόν, σε καμία περίπτωση δεν απορρίπτει τη Θεότητά Του, αλλά Του αποδίδει μια ομοιότητα που ανταποκρίνεται ακριβώς από κάθε άποψη στην Εικόνα και το Υπόδειγμα του Πατέρα. Πρέπει όμως να πούμε ότι μόνο στον Πατέρα ανήκει η ιδιότητα του αγέννητου, διότι ο ίδιος ο

Σωτήρας είπε: "Ο Πατέρας μου είναι μεγαλύτερος από εμένα". Και εκτός από την ευσεβή γνώμη για τον Πατέρα και τον Υιό, ομολογούμε σε ένα Άγιο Πνεύμα, όπως μας διδάσκουν οι θείες Γραφές- το οποίο εγκαινίασε τόσο τους αγίους ανθρώπους της Παλαιάς Διαθήκης, όσο και τους θείους διδασκάλους εκείνου που ονομάζεται Καινή.

Μαρτύριο Κλήμεντος

Μαρτύριο Κλήμεντος 25

Έγινε λοιπόν γνωστό, μέσω αποκάλυψης, στούς μαθητές του, νά μή τόν πάρουν· τους αποκαλύφθηκε έπίσης καί τούτο ότι κάθε χρόνο, την ημέρα του μαρτυρίου του, θα υποχωρεί ή θάλασσα επί επτά μέρες, επιτρέποντας την πορεία μέσω ξηράς σ αυτούς πού προσέρχονται, πράγμα πού ευδόκησε ο Κύριος νά γίνεται μέχρι σήμερα, γιά νά ύμνεϊται τό όνομά του. Όταν έγινε αυτό, όλα τά γύρω έθνη πίστεψαν στον Χριστό. Εκεί δεν υπάρχει κανένας ειδωλολάτρης, κανένας Εβραίος, τελείως κανένας αιρετικός. Και γίνονται εκεί πάρα πολλές ευεργεσίες· τυφλοί βρίσκουν τό φώς τους στη γιορτή του, δαίμονες εκδιώκονται,

όλοι οί άρρωστοι θεραπεύονται, παραμένοντας ή φήμη του γιά πάντα, διά τού Κυρίου μας Ιησού Χριστού, μέσω τού οποίου καί μαζί με αυτόν ή δόξα ανήκει στόν Θεό καί

Πατέρα, μαζί μέ τό πανάγιο, άχραντο και ζωοποιό Πνεύμα του, τώρα και πάντοτε και στους αιώνες των αιώνων. Αμήν.

Άγιος Κλήμης Ρώμης

Προς Κορινθίους Α' 46:6

Ή μήπως δεν έχουμε ένα Θεό και ένα Χριστό και ένα πνεύμα της χάριτος που χύθηκε πάνω μας, και μια κλήση στο όνομα του Χριστού;

Σύμβολο του 'Αγίου Αθανασίου' 1-28

Όποιος θέλει να σωθεί, είναι αναγκαίο πρώτα απ' όλα, να τηρεί την καθολική πίστη. Όποιος δεν την διαφυλάξει πλήρη και απαραβίαστη, χωρίς αμφιβολία θα χαθεί αιώνια.

Η καθολική πίστη λοιπόν είναι αυτή: Τιμούμε ένα Θεό εν Τριάδι, και την Τριάδα εν Μονάδι.

Χωρίς να συγχέουμε τα πρόσωπα, χωρίς να διαιρούμε τη Θεία Ουσία.

Γιατί άλλο Πρόσωπο είναι ο Πατέρας, άλλο ο Υιός κι άλλο το Πνεύμα το Άγιο.

Αλλά είναι μία η Θειότητα του Πατρός, και του Υιού, και του Αγίου Πνεύματος, ίση σε δόξα, συναιώνια σε μεγαλοπρέπεια.

Ότι είναι ο Πατέρας, είναι και ο Υιός, και το Άγιο Πνεύμα.

Άκτιστος (αδημιούργητος) ο Πατέρας, άκτιστος ο Υιός, άκτιστο και το Άγιο Πνεύμα. Άπειρος ο Πατήρ, άπειρος ο Υιός, άπειρο το Άγιο Πνεύμα.

Αιώνιος ο Πατέρας, αιώνιος ο Υιός, αιώνιο το Άγιο Πνεύμα. Και όμως δεν είναι τρεις αιώνιοι, αλλά ένας αιώνιος.

Όπως δεν είναι τρεις άκτιστοι, ούτε τρεις άπειροι, αλλά ένας άκτιστος και ένας άπειρος.

Παρομοίως, παντοδύναμος είναι ο Πατήρ, παντοδύναμος ο Υιός, παντοδύναμο το Άγιο Πνεύμα. Και όμως δεν είναι τρεις παντοδύναμοι, αλλά ένας παντοδύναμος.

Έτσι Θεός είναι ο Πατέρας, Θεός ο Υιός, Θεός το Άγιο Πνεύμα. Και όμως δεν είναι τρεις θεοί, αλλά ένας Θεός.

Έτσι Κύριος είναι ο Πατήρ, Κύριος ο Υιός, Κύριος το Άγιο Πνεύμα. Και όμως δεν είναι τρεις Κύριοι, αλλά ένας Κύριος.

Γιατί, όπως μας υποχρεώνει η χριστιανική αλήθεια να αναγνωρίζουμε το κάθε Πρόσωπο να είναι Θεός και Κύριος αφ' εαυτού Του.

Έτσι και η καθολική θρησκεία μας απαγορεύει να λέμε ότι υπάρχουν τρεις Θεοί και Κύριοι.

Ο Πατήρ δεν έχει φτιαχτεί από κανέναν: ούτε έχει δημιουργηθεί, ούτε έχει γεννηθεί. Ο Υιός, είναι μόνο του Πατρός. Δεν είναι κτιστός ούτε δημιουργημένος, αλλά γεννημένος.

Το Άγιο Πνεύμα είναι του Πατρός και του Υιού. Δεν είναι κτιστό ούτε δημιουργημένο, ούτε γεννημένο, αλλά εκπορευόμενο.

Έτσι υπάρχει ένας Πατήρ, όχι τρεις Πατέρες. Ένας Υιός, όχι τρεις Υιοί. Ένα Άγιο Πνεύμα, όχι τρία Άγια Πνεύματα.

Και σ' αυτή την Τριάδα κανείς δεν προηγείται και κανείς δεν έπεται, κανείς δεν είναι μεγαλύτερος ή μικρότερος.

Αλλά καθ' ολοκληρία τα τρία πρόσωπα είναι συναιώνια και ίσα μεταξύ τους.

Έτσι ώστε σε όλα τα πράγματα, όπως έχει ειπωθεί παραπάνω, η Μονάδα εν Τριάδι, και η Τριάδα εν Μονάδι πρέπει να λατρεύεται.

Όποιος θέλει να σωθεί, έτσι πρέπει να σκέπτεται για την Τριάδα.

Τατιανός Ασσύριος Το Διατεσσάρων 55

Τότε ο Ιησούς τους είπε: "«Ο Θεός μού έδωσε όλη την εξουσία στον ουρανό και στη γη. Πηγαίνετε λοιπόν και κάνετε μαθητές μου όλα τα έθνη, βαφτίζοντάς τους στο όνομα του Πατρός και του Υιού και του Αγίου Πνεύματος" [Ματθ. 28:18-19].

Πράξεις της Ξανθίππης και της Πολυξένης

Πράξεις της Ξανθίππης και της Πολυξένης 21

Τότε ο Πρόβος ... πήδηξε στο νερό, λέγοντας: "Ιησού Χριστέ, Υιέ του Θεού και αιώνιε Θεέ, ας αφαιρεθούν όλες οι αμαρτίες μου από αυτό το νερό". Και ο Παύλος είπε: "Σε βαπτίζουμε στο όνομα του Πατρός και του Υιού και του Αγίου Πνεύματος". Μετά από αυτό τον έκανε να λάβει τη Θεία Ευχαριστία του Χριστού.

Ευσέβιος της Καισαρείας

Προς το λαό της Επισκοπής του 3

Πιστεύουμε ... ότι καθένας από αυτούς είναι και υπάρχει: ο Πατέρας, αληθινός

Πατέρας, και ο Υιός, αληθινός Υιός, και το Άγιο Πνεύμα, αληθινό Άγιο Πνεύμα, όπως και ο Κύριός μας, στέλνοντας τους μαθητές του για το κήρυγμα, είπε: "Πηγαίνετε να διδάξετε όλα τα έθνη, βαπτίζοντάς τα στο όνομα του Πατέρα και του Υιού και του Αγίου Πνεύματος".

Άγιος Κύριλλος Α΄ Ιεροσολύμων Κατηχήσεις 20:4

Σας οδήγησαν από το χέρι στην ιερή κολυμβήθρα του θείου βαπτίσματος, όπως ο Χριστός μεταφέρθηκε από τον σταυρό σε αυτόν τον τάφο εδώ μπροστά μας [τον τάφο του Ιησού στην Ιερουσαλήμ]. Και ο καθένας από εσάς ρωτήθηκε αν πιστεύει στο όνομα του Πατέρα και του Υιού και του Αγίου Πνεύματος. Και ομολογήσατε αυτή τη σωτήρια ομολογία, και κατεβήκατε τρεις φορές στο νερό, και πάλι ανεβήκατε, και σε αυτό υποδηλώθηκαν με ένα σύμβολο οι τρεις ημέρες της ταφής του Χριστού

Μέγας Βασίλειος Επιστολές 52:4

Το Άγιο Πνεύμα, επίσης, συγκαταλέγεται με τον Πατέρα και τον Υιό, επειδή είναι υπεράνω της δημιουργίας, και κατατάσσεται όπως μας διδάσκουν τα λόγια του Κυρίου στο Ευαγγέλιο: "Πηγαίνετε και βαπτίζετε στο όνομα του Πατέρα και του Υιού και του Αγίου Πνεύματος". Όποιος, αντίθετα, τοποθετεί το Πνεύμα πριν από τον Υιό ή ισχυρίζεται ότι είναι παλαιότερο από τον Πατέρα, αντιστέκεται στη διάταξη του Θεού και είναι ξένος προς την υγιή πίστη, αφού δεν διατηρεί τη μορφή της δοξολογίας που έχει παραλάβει, αλλά προσλαμβάνει κάποιο νεωτεριστικό σχήμα για να είναι αρεστός στους ανθρώπους

Άγιος Αμβρόσιος Μεδιολάνων Περί πίστεως 1:1(9-10)

Επιπλέον, ο ίδιος ο Χριστός λέει: "Εγώ και ο Πατέρας είμαστε ένα". "Ένα", είπε, για να μην υπάρχει διαχωρισμός δύναμης και φύσης· αλλά και πάλι: "Εμείς είμαστε", για να μπορείτε να αναγνωρίζετε τον Πατέρα και τον Υιό, εφόσον πιστεύεται ότι ο τέλειος Πατέρας γέννησε τον τέλειο Υιό, και ο Πατέρας και ο Υιός είναι ένα, όχι από τη σύγχυση του προσώπου, αλλά από την ενότητα της φύσης. Λέμε, λοιπόν, ότι υπάρχει ένας Θεός, όχι δύο ή τρεις θεοί

Άγιος Γρηγόριος Ναζιανζηνός ο Θεολόγος Ομιλίες 40:45

Αλλά ίσως δεν έχει ακόμη σχηματιστεί στην ψυχή σας κάποια γραφή καλή ή κακή· και θέλετε να γραφτείτε σήμερα. Εγώ θα σε βαπτίζω και θα σε κάνω μαθητή στο όνομα του Πατέρα και του Υιού και του Αγίου Πνεύματος· και αυτοί οι τρεις έχουν ένα κοινό όνομα, τη θεότητα

Άγιος Ιερώνυμος

Διαμάχη Λουκιφεριανού και Ορθόδοξου 6

Βλέποντας ότι ένας άνθρωπος, βαπτισμένος στο όνομα του Πατέρα και του Υιού και του Αγίου Πνεύματος, γίνεται ναός του Κυρίου και ότι ενώ η παλιά κατοικία καταστρέφεται, χτίζεται ένα νέο ιερό για την Αγία Τριάδα, πώς μπορείτε να πείτε ότι οι αμαρτίες μπορούν να συγχωρεθούν μεταξύ των Αρειανών χωρίς την έλευση του Αγίου Πνεύματος; Πώς καθαρίζεται μια ψυχή από τους προηγούμενους λεκέδες της που δεν έχει το Άγιο Πνεύμα;

Άγιος Γρηγόριος Νύσσης Εις την ημέραν των Φώτων

Και εμείς, λαμβάνοντας το βάπτισμα κρύβουμε τους εαυτούς μας μέσα [στο νερό],

όπως ο Σωτήρας έκανε στη γη: και κάνοντας αυτό τρεις φορές αντιπροσωπεύουμε για τους εαυτούς μας τη χάρη της ανάστασης που έγινε σε τρεις ημέρες. Και αυτό το κάνουμε, όχι λαμβάνοντας το μυστήριο σιωπηλά, αλλά ενώ πάνω μας λέγονται τα ονόματα των τριών ιερών προσώπων στα οποία πιστέψαμε, στα οποία επίσης

ελπίζουμε, από τα οποία μας έρχεται τόσο το γεγονός της παρούσας όσο και το γεγονός της μελλοντικής μας ύπαρξης

Θεοδώρητος ο Κύρου Επιστολές 145

Και ποια είναι η ανάγκη πολλών λέξεων, όταν είναι δυνατόν να αντικρούσουμε το

ψέμα με λίγα λόγια; Προβλέπουμε ότι εκείνοι που χρόνο με τον χρόνο έρχονται για το άγιο βάπτισμα θα πρέπει να μάθουν προσεκτικά την πίστη που διατυπώθηκε στη

Νίκαια από τους αγίους και ευλογημένους Πατέρες- και μυώντας τους, όπως μας έχει ζητηθεί, τους βαπτίζουμε στο όνομα του Πατέρα και του Υιού και του Αγίου

Πνεύματος, προφέροντας κάθε όνομα ξεχωριστά.

Η Θεοτόκος Μαρία

Οι περισσότεροι Προτεστάντες ισχυρίζονται ότι η Μαρία γέννησε άλλα παιδιά εκτός από τον Ιησού. Για να στηρίξουν τον ισχυρισμό τους, οι Προτεστάντες αυτοί αναφέρονται στα βιβλικά χωρία που αναφέρουν τους «αδελφούς του Κυρίου». Οι πιστοί γνώριζαν, μέσω της μαρτυρίας της Αγίας Γραφής και της Παράδοσης, ότι ο Ιησούς ήταν το μοναδικό παιδί της Μαρίας και ότι παραμένει αιώνια παρθένα.

Γνωρίζουμε επίσης από τη Γένεση ότι η Εύα έπαιξε σημαντικό ρόλο στην Πτώση. Αν ο Ιησούς πήρε τη θέση του Αδάμ, ποιος πήρε τη θέση της Εύας; Οι πρώτοι Χριστιανοί πίστευαν ότι η μητέρα του Ιησού, η Παναγία, έπαιξε αυτόν τον ρόλο.

Άγιος Ιγνάτιος Αντιοχείας Προς Εφεσίους 19:1

Και διέφυγε την προσοχή του άρχοντα του παρόντος κόσμου η παρθενία της Μαρίας και ο τοκετός της, καθώς και ο θάνατος του Κυρίου· τρία μυστήρια κραυγαλέα, που

έγιναν με ησυχία Θεού.

Άγιος Ἰουστίνος Φιλόσοφος καὶ Μάρτυρας Διάλογος πρὸς Τρύφωνα 100

[Ο Ιησούς] έγινε Άνθρωπος από την Παρθένο, ώστε η πορεία που ακολούθησε η ανυπακοή στην αρχή με τη μεσολάβηση του φιδιού, να είναι και η ίδια η πορεία με την οποία θα σταματούσε. Διότι η Εύα, παρθένα και αμόλυντη, συνέλαβε τον λόγο του φιδιού και γέννησε την ανυπακοή και τον θάνατο. Η Παρθένος Μαρία όμως έλαβε πίστη και χαρά, όταν ο άγγελος Γαβριήλ της ανήγγειλε το χαρμόσυνο μήνυμα ότι το Πνεύμα του Κυρίου θα ερχόταν επάνω της και η δύναμη του Υψίστου θα την επισκίαζε, γι' αυτό και ο Άγιος που γεννήθηκε από αυτήν είναι ο Υιός του Θεού. Και εκείνη απάντησε: "ας γίνει το θέλημά του σ' εμένα όπως μου το είπες" (Λουκ. 1:38).

Πάπας Λέων Α΄ Κηρύγματα 22:2

Η καταγωγή του [Χριστού] είναι διαφορετική, αλλά η [ανθρώπινη] φύση του είναι η ίδια. Έλειπαν οι ανθρώπινες συνήθειες και τα έθιμα, αλλά με τη θεία δύναμη μια Παρθένος συνέλαβε, μια Παρθένος γέννησε, και Παρθένος παρέμεινε

Άγιος Ειρηναίος Λουγδούνου

Ἔλεγχος καὶ ἀνατροπὴ τῆς ψευδωνύμου γνώσεως 3:22:4

Κατά συνέπεια, λοιπόν, η Παναγία η Παρθένος βρέθηκε να είναι υπάκουη, λέγοντας:

«Είμαι μια δούλη του Κυρίου· ας γίνει το θέλημά του σ' εμένα όπως μου το είπες». (Λουκ. 1:38). Η Εύα, ωστόσο, ήταν ανυπάκουη- και όταν ήταν ακόμη παρθένα, δεν

υπάκουσε. Ακριβώς όπως αυτή ... αφού έγινε ανυπάκουη, έγινε αιτία θανάτου για την ίδια και για ολόκληρο το ανθρώπινο γένος- έτσι και η Μαρία, αρραβωνιασμένη με

έναν άνδρα, αλλά παρ' όλα αυτά ακόμη παρθένα, όντας υπάκουη, έγινε αιτία

σωτηρίας για την ίδια και για ολόκληρο το ανθρώπινο γένος. Έτσι, ο κόμπος της ανυπακοής της Εύας λύθηκε με την υπακοή της Μαρίας. Αυτό που η παρθένα Εύα είχε δέσει με την απιστία, η Παρθένος Μαρία το έλυσε με την πίστη.

Έλεγχος καὶ ἀνατροπὴ τῆς ψευδωνύμου γνώσεως 5:19:1

Διότι, όπως ακριβώς η [Εύα] παρασύρθηκε από τον λόγο ενός αγγέλου, ώστε να φύγει από τον Θεό, όταν παρέβη τον λόγο Του, έτσι και η [Μαρία], με αγγελική

επικοινωνία, έλαβε το χαρμόσυνο μήνυμα ότι έπρεπε να στηρίξει τον Θεό, όντας υπάκουη στον λόγο Του. Και αν η πρώτη δεν υπάκουσε στον Θεό, ωστόσο η δεύτερη πείστηκε να είναι υπάκουη στον Θεό, ώστε η Παρθένος Μαρία να γίνει προστάτιδα

της παρθένου Εύας.

Και έτσι, όπως το ανθρώπινο γένος έπεσε στη δουλεία του θανάτου μέσω μιας παρθένου, έτσι διασώθηκε από μια παρθένα- η παρθένος ανυπακοή

εξισορροπήθηκε στην αντίθετη κλίμακα από την παρθένος υπακοή. Επίδειξις Αποστολικού Κηρύγματος 54

Ο [Ησαΐας] λέει: "Η παρθένος θα συλλάβει και θα γεννήσει γιο, ο οποίος θα ονομαστεί "Εμμανουήλ" (Ο Θεός μαζί μας)." (Ησαΐας 7:14). Και ενώ, κατά κάποιον

τρόπο, απορεί με αυτό το πράγμα, κάνει γνωστό αυτό που θα συμβεί, ότι ο Θεός θα είναι μαζί μας. Και σχετικά με τη γέννησή Του, ο ίδιος προφήτης λέει σε άλλο σημείο: "Πριν κοιλοπονήσει, γέννησε· πριν έρθουν οι πόνοι της, ελευθερώθηκε και γέννησε αρσενικό." (Ησαΐας 66:7)- [έτσι] υποδεικνύει την απροσδόκητη και εξαιρετική γέννηση από την Παρθένο.

Άγιος Γρηγόριος Νεοκαισαρείας 4 Ομιλίες 1

Διότι ο Λουκάς, στις εμπνευσμένες αφηγήσεις του Ευαγγελίου, καταθέτει μαρτυρία όχι μόνο για τον Ιωσήφ, αλλά και για τη Μαρία, τη Μητέρα του Θεού, και δίνει αυτή τη μαρτυρία αναφερόμενος στην ίδια την οικογένεια και τον οίκο του Δαβίδ.

4 Ομιλίες 2

Είναι καθήκον μας να παρουσιάσουμε στον Θεό, σαν θυσίες, όλες τις γιορτές και τις υμνογραφικές εορτές- και πρώτα απ' όλα, [την εορτή] του Ευαγγελισμού της

Θεοτόκου, δηλαδή τον χαιρετισμό που της έκανε ο άγγελος: "Χαίρε, κεχαριτωμένη!".

Άγιος Πέτρος Α΄ Αλεξανδρείας Επιστολή (προς Ορθοδόξους) 12

Αναγνωρίζουμε την ανάσταση των νεκρών, της οποίας ο Ιησούς Χριστός, ο Κύριός μας, έγινε ο πρωτότοκοω- έφερε ένα σώμα όχι στην όψη, αλλά στην αλήθεια που προήλθε από τη Μαρία, τη Μητέρα του Θεού.

Μεθόδιος

Ομιλία για τον Συμεών και την Άννα 7

Ενώ ο γέροντας [Συμεών] πανηγύριζε έτσι, και χαιρόταν με μεγάλη και ιερή χαρά, αυτό που είχε προηγουμένως ειπωθεί σαν σκιά από τον προφήτη Ησαΐα, η αγία Μητέρα του Θεού εκπλήρωσε τώρα φανερά

Ομιλία για τον Συμεών και την Άννα 14

Χαίρε για πάντα, Παρθένε Μητέρα του Θεού, η αδιάλειπτη χαρά μας, γιατί σε σένα επιστρέφω και πάλι. . . . Χαίρε, εσύ πηγή της αγάπης του Υιού για τον άνθρωπο. . .

Γι' αυτό σε παρακαλούμε, εσένα, την πιο άριστη μεταξύ των γυναικών, που καυχιέσαι με την εμπιστοσύνη των μητρικών σου τιμών, να μας έχεις αδιάκοπα στη μνήμη σου.

Αγία Μητέρα του Θεού, θυμήσου μας, λέω, που καυχόμαστε για σένα και που με μεγαλειώδεις ύμνους γιορτάζουμε τη μνήμη σου, η οποία θα ζει πάντα και δεν θα σβήνει ποτέ.

Άγιος Κύριλλος Α΄ Ιεροσολύμων Κατηχήσεις 10:19

Ο Πατέρας μαρτυρεί από τον ουρανό για τον Υιό του. Το Άγιο Πνεύμα μαρτυρεί, κατεβαίνοντας σωματικά με τη μορφή περιστεριού. Ο αρχάγγελος Γαβριήλ δίνει μαρτυρία, φέρνοντας τα καλά νέα στη Μαρία. Η Παρθένος Μητέρα του Θεού

μαρτυρεί...

Άγιος Εφραίμ ο Σύρος

Τραγούδια δοξολογίας 1:20

Αν και ακόμη παρθένα, κυοφόρησε ένα παιδί στη μήτρα της, και η δούλη και το έργο της σοφίας του έγινε η Μητέρα του Θεού.

Ομιλία για τον Κύριό μας 3

Με το σώμα, λοιπόν, που [ήταν] από την Παρθένο, [ο Ιησούς] μπήκε στο Σέολ και λεηλάτησε τις αποθήκες του και άδειασε τους θησαυρούς του. Ήρθε τότε στην Εύα, τη Μητέρα όλων των ζωντανών. Αυτή είναι η άμπελος της οποίας τον φράχτη άνοιξε ο Θάνατος με τα ίδια της τα χέρια και την έκανε να γευτεί τους καρπούς του. Έτσι η Εύα, η Μητέρα όλων των ζωντανών, έγινε η πηγή του θανάτου για όλους τους

ζωντανούς. Αλλά η Μαρία βλαστήθηκε, ένας νέος βλαστός από την Εύα, την αρχαία άμπελο και νέα ζωή κατοίκησε μέσα της, ώστε όταν ο Θάνατος θα ερχόταν με αυτοπεποίθηση, σύμφωνα με τη συνήθειά του, για να τραφεί από τους θνητούς καρπούς, η ζωή που είναι φονιάς του θανάτου να αποθηκευτεί [σ' αυτήν] εναντίον του...

Ύμνοι για τη Γέννηση του Χριστού 15

Ας την υμνήσουν οι γυναίκες, την αγνή Μαρία - ότι όπως στην Εύα, τη μητέρα τους, ήταν μεγάλη η μομφή τους - ιδού! Στη Μαρία, την αδελφή τους, μεγαλοποιήθηκε η

τιμή τους. [...] Γι' αυτόν ο Κύριος είπε, ότι έπεσε από τον ουρανό. Ο απεχθής είχε εξυψωθεί από την ανύψωσή του έπεσε. Το πόδι της Μαρίας τον καταπάτησε, ο οποίος με τη φτέρνα του συνέθλιψε την Εύα.

Μέγας Αθανάσιος

Περί ενανθρωπήσεως του Λόγου 8

Ο Λόγος που γεννήθηκε από τον Πατέρα από ψηλά, απερίγραπτα, ανεξήγητα, ακατανόητα και αιώνια, είναι αυτός που γεννήθηκε στο χρόνο εδώ κάτω από την Παρθένο Μαρία, τη Μητέρα του Θεού.

Απολογητικός κατά Αρειανών 2:70

Ας αρνηθούν, λοιπόν, όσοι αρνούνται ότι ο Υιός είναι εκ φύσεως από τον Πατέρα και ανήκει στην ουσία του, ας αρνηθούν επίσης ότι πήρε αληθινή ανθρώπινη σάρκα από την αειπάρθενο Μαρία.

Άγιος Επιφάνιος Κωνσταντίας Αγκυρωτός 75

Όντας τέλειος στο πλευρό του Πατέρα και ενσαρκωμένος ανάμεσά μας, όχι φαινομενικά αλλά αληθινά, αυτός [ο Υιός] αναδιαμόρφωσε τον άνθρωπο στην

τελειότητα μέσα στον εαυτό του από τη Μαρία, τη Μητέρα του Θεού, μέσω του Αγίου Πνεύματος.

Αγκυρωτός 120

Πιστεύουμε σε έναν Θεό, τον Πατέρα τον παντοδύναμο, τον δημιουργό όλων των πραγμάτων, ορατών και αόρατων- και σε έναν Κύριο Ιησού Χριστό, τον Υιό του Θεού

... ο οποίος για εμάς τους ανθρώπους και για τη σωτηρία μας κατέβηκε και πήρε σάρκα, δηλαδή γεννήθηκε τέλεια από την αγία αειπάρθενο Μαρία από το Άγιο Πνεύμα.

Πανάριον 78:6

Και στην αγία Μαρία, [ο τίτλος] "Παρθένος" προστίθεται πάντοτε, διότι αυτή η αγία γυναίκα παραμένει αμόλυντη.

Άγιος Αριστείδης ο Αθηναίος Απολογία 15

Γεννήθηκε από αγία Παρθένο χωρίς σπέρμα ανθρώπου, και πήρε σάρκα χωρίς μολυσμό.

Άγιος Αμβρόσιος Μεδιολάνων Περί παρθένων 2:2

Το πρώτο πράγμα που ανάβει τη θέρμη στη μάθηση είναι το μεγαλείο του δασκάλου.

Τι είναι σπουδαιότερο από τη Μητέρα του Θεού; Τι πιο ένδοξο από εκείνη που η ίδια η Δόξα επέλεξε;

Περί παρθένων 2:2:7

Το πρώτο πράγμα που ανάβει τη φλόγα της μάθησης είναι το μεγαλείο του

δασκάλου. Τι είναι σπουδαιότερο [για να διδάξει με το παράδειγμα] από τη Μητέρα του Θεού; Τι πιο ένδοξο από εκείνη που επέλεξε η ίδια η Δόξα; Τι πιο αγνό από

εκείνη που γέννησε ένα σώμα χωρίς επαφή με άλλο σώμα; Γιατί να μιλήσω για τις άλλες αρετές της; Ήταν παρθένος όχι μόνο στο σώμα αλλά και στο νου, που αμαύρωσε την ειλικρίνεια της διάθεσής της με καμία πονηριά, που ήταν ταπεινή στην καρδιά, σοβαρή στην ομιλία, συνετή στο νου, φειδωλή στα λόγια, μελετητική στο διάβασμα, που στήριζε την ελπίδα της όχι σε αβέβαια πλούτη, αλλά στην προσευχή των φτωχών, προσηλωμένη στο έργο, σεμνή στη συζήτηση, συνήθιζε να μην αναζητά τον άνθρωπο αλλά τον Θεό ως κριτή των σκέψεών της, να μην βλάπτει κανέναν, να έχει καλή θέληση προς όλους, να υψώνεται μπροστά στους

μεγαλύτερους, να μη ζηλεύει τους ίσους της, να αποφεύγει την έπαρση, να ακολουθεί τη λογική, να αγαπά την αρετή. Πότε πόνεσε τους γονείς της έστω και με ένα βλέμμα; Πότε διαφώνησε με τους γείτονές της; Πότε περιφρόνησε τους ταπεινούς; Πότε απέφυγε τους άπορους;

Ομιλία στους ψαλμούς 122:18-30

Ελάτε, λοιπόν, και αναζητήστε τα πρόβατά σας, όχι μέσω των δούλων σας ή των μισθωτών σας, αλλά κάντε το μόνοι σας. Σήκωσέ με σωματικά και με τη σάρκα, η οποία έχει πέσει στον Αδάμ. Ανέβασέ με όχι από τη Σάρα, αλλά από τη Μαρία, μια παρθένα όχι μόνο αμόλυντη, αλλά μια παρθένα που η χάρη την είχε καταστήσει αμόλυντη, απαλλαγμένη από κάθε κηλίδα αμαρτίας.

Επιστολές 63:111

Μιμηθείτε την [Μαρία], ιερές μητέρες, η οποία με τον μόνο αγαπημένο της Υιό έδωσε ένα τόσο μεγάλο παράδειγμα υλικής αρετής· διότι ούτε εσείς έχετε πιο γλυκά παιδιά [από τον Ιησού], ούτε η Παρθένος αναζήτησε την παρηγοριά του να μπορέσει να γεννήσει άλλον ένα γιο.

Άγιος Γρηγόριος Ναζιανζηνός ο Θεολόγος προς Κληδόνιο 101

Αν κάποιος δεν συμφωνεί ότι η αγία Μαρία είναι Μητέρα του Θεού, βρίσκεται σε αντίθεση με τη Θεότητα.

Άγιος Ιερώνυμος

Απολογία κατά των βιβλίων του Ρουφίνου 2:10

Για το πώς μια παρθένα έγινε η Μητέρα του Θεού, αυτός [ο Ρουφίνος] έχει πλήρη γνώση· για το πώς γεννήθηκε ο ίδιος, δεν γνωρίζει τίποτα.

Ερμηνεία του βιβλίου του Ησαΐα 3:7:15

Μην θαυμάζετε την καινοτομία του πράγματος, αν μια Παρθένος γεννά τον Θεό... Κατά Ελβιδίου περί αειπαρθενίας της Μαρίας 19

[Ο Ελβίδιος] παρουσιάζει τον Τερτυλλιανό ως μάρτυρα [της άποψής του] και παραθέτει τον Βικτωρίνο, επίσκοπο του Πεταβίου. Για τον Τερτυλλιανό, δεν λέω τίποτα περισσότερο από το ότι δεν ανήκε στην Εκκλησία. Όσον αφορά όμως τον

Βικτωρίνο, ισχυρίζομαι αυτό που έχει ήδη αποδειχθεί από το Ευαγγέλιο - ότι αυτός [ο Βικτωρίνος] μίλησε για τους αδελφούς του Κυρίου όχι ως γιους της Μαρίας, αλλά ως αδελφούς με την έννοια που εξήγησα, δηλαδή αδελφούς ως προς τη συγγένεια, όχι ως προς τη φύση. [Συζητώντας τέτοια πράγματα]... ακολουθούμε τα μικροσκοπικά κομμάτια της κοινής γνώμης. Δεν θα μπορούσα να παρατάξω εναντίον σας ολόκληρη τη σειρά των αρχαίων συγγραφέων; Ο Ιγνάτιος, ο Πολύκαρπος, ο Ειρηναίος, ο Ιουστίνος Μάρτυρας και πολλοί άλλοι αποστολικοί και εύγλωττοι άνδρες, οι οποίοι εναντίον [των αιρετικών] του Εβίωνος, του Θεοδότου του Βυζαντίου και του

Βαλεντίνου, είχαν τις ίδιες απόψεις και έγραψαν τόμους γεμάτους σοφία. Αν είχατε διαβάσει ποτέ αυτά που έγραψαν, θα ήσασταν σοφότερος άνθρωπος

Κατά Ελβιδίου περί αειπαρθενίας της Μαρίας 21

Πιστεύουμε ότι ο Θεός γεννήθηκε από παρθένα, επειδή το διαβάζουμε. Δεν πιστεύουμε ότι η Μαρία παντρεύτηκε αφού γέννησε τον Υιό της, γιατί δεν το

διαβάζουμε. Εσείς [ο Ελβίδιος] λέτε ότι η Μαρία δεν παρέμεινε παρθένα. Όσον

αφορά εμένα, ισχυρίζομαι ότι ο ίδιος ο Ιωσήφ ήταν παρθένος, μέσω της Μαρίας, ώστε να γεννηθεί ένας παρθένος Υιός από παρθενικό γάμο

Θεόδωρος Μοψουεστίας

Περί ενανθρωπήσεως 15

Όταν, λοιπόν, ρωτούν: "Είναι η Μαρία μητέρα του ανθρώπου ή μητέρα του Θεού;" απαντάμε: "Και τα δύο! Η μία από την ίδια τη φύση αυτού που έγινε και η άλλη από σχέση...

Άγιος Κύριλλος Α΄ Αλεξανδρείας Α΄ προς Νεστόριο

Αυτή η έκφραση, ωστόσο, "ο Λόγος έγινε σάρκα" [Ιωάννης 1:14], δεν μπορεί να σημαίνει τίποτε άλλο παρά ότι πήρε σάρκα και αίμα όπως εμείς- έκανε το σώμα μας δικό του, και βγήκε άνδρας από γυναίκα, χωρίς να αποβάλει την ύπαρξή του ως Θεός ή τη γενεά του από τον Θεό Πατέρα, αλλά ακόμη και παίρνοντας σάρκα για τον εαυτό του παρέμεινε αυτό που ήταν. Αυτό διακηρύσσει παντού η διακήρυξη της ορθής (ορθόδοξης) πίστης. Αυτό ήταν το συναίσθημα των αγίων Πατέρων- γι' αυτό τόλμησαν να ονομάσουν την αγία Παρθένο "Μητέρα του Θεού", όχι σαν η φύση του Λόγου ή η θεότητά του να είχε την αρχή της από την αγία Παρθένο, αλλά επειδή από αυτήν γεννήθηκε εκείνο το άγιο σώμα με λογική ψυχή, με το οποίο ο Λόγος, όντας προσωπικά ενωμένος, λέγεται ότι γεννήθηκε κατά σάρκα

Γ' προς Νεστόριο

Και επειδή η αγία Παρθένος γέννησε σωματικά τον Θεό που έγινε ένα με τη σάρκα σύμφωνα με τη φύση, γι' αυτό και την ονομάζουμε Μητέρα του Θεού, όχι σαν η φύση του Λόγου να είχε την αρχή της ύπαρξής της από τη σάρκα. ... Αν κάποιος δεν ομολογήσει ότι ο Εμμανουήλ είναι ο ίδιος ο Θεός, και ότι, επομένως, η αγία

Παρθένος είναι η Μητέρα του Θεού, καθόσον με τη σάρκα της γέννησε τον Λόγο του Θεού που σαρκώθηκε [Ιωάννη 1:14]: ας είναι ανάθεμα.

Κατά εκείνων που δεν επιθυμούν να ομολογήσουν ότι η Παναγία είναι η Μητέρα του Θεού 4

Ο ίδιος ο Λόγος, ερχόμενος στην ίδια την Υπεραγία Θεοτόκο, πήρε για τον εαυτό του τον δικό του ναό από την ουσία της Παρθένου και βγήκε από αυτήν ως άνθρωπος σε όλα όσα μπορούσαν να γίνουν εξωτερικά αντιληπτά, ενώ εσωτερικά ήταν αληθινός Θεός. Γι' αυτό και κράτησε τη Μητέρα του παρθένα ακόμη και μετά τη γέννα της.

Άγιος Ιωάννης ο Κασσιανός

Περί ενανθρωπήσεως του Χριστού κατά του Νεστόριου 2:2

Τώρα, εσύ αιρετικέ, λες (όποιος κι αν είσαι εσύ που αρνείσαι ότι ο Θεός γεννήθηκε από την Παρθένο), ότι η Μαρία, η Μητέρα του Κυρίου μας Ιησού Χριστού, δεν μπορεί να ονομάζεται Μητέρα του Θεού, αλλά Μητέρα μόνο του Χριστού και όχι του Θεού - γιατί καμία, λες, δεν γεννάει κάποιον μεγαλύτερο από τον εαυτό της. Και όσον αφορά αυτό το εντελώς ηλίθιο επιχείρημα .. ας αποδείξουμε με θεϊκές μαρτυρίες τόσο ότι ο Χριστός είναι Θεός όσο και ότι η Μαρία είναι η Μητέρα του Θεού...

Περί ενανθρωπήσεως του Χριστού κατά του Νεστόριου 2:5

Δεν μπορείτε τότε να μην παραδεχτείτε ότι η χάρη προέρχεται από τον Θεό. Ο Θεός, λοιπόν, είναι αυτός που την έδωσε. Αλλά έχει δοθεί από τον Κύριό μας Ιησού Χριστό.

Επομένως, ο Κύριος Ιησούς Χριστός είναι Θεός. Αλλά αν είναι Θεός, όπως σίγουρα είναι, τότε αυτή που γέννησε τον Θεό είναι η Μητέρα του Θεού...

Πρωτευαγγέλιο του Ιακώβου

Πρωτευαγγέλιο του Ιακώβου 4,1

Και να ένας άγγελος Κυρίου εμφανίστηκε μπροστά της και της είπε: «Άννα, Άννα, ο Κύριος εισάκουσε τη δέηση σου, θα συλλάβεις και θα γεννήσεις και θα μιλούν για το σπέρμα σου σε όλη την οικουμένη». Και η Άννα αποκρίθηκε: «Ζει Κύριος, ο Θεός

μου, εάν γεννήσω, είτε αγόρι είτε κορίτσι, θα το προσφέρω ως δώρο στον Κύριο, τον Θεό μου, να τον υπηρετεί όλες τις ημέρες της ζωής του».

Πρωτευαγγέλιο του Ιακώβου 8-9

Οι γονείς της επέστρεψαν γεμάτοι θαυμασμό και δοξάζοντας τον δεσπότη Θεό, γιατί η κόρη τους δεν στράφηκε προς τα πίσω. Η δε Μαρία ζούσε στο Ναό του Κυρίου

τρεφόμενη σαν περιστέρι και έπαιρνε την τροφή της απο το χέρι αγγέλου. Όταν έγινε δώδεκα ετών, έκαναν συμβούλιο οι ιερείς συζητώντας: «Να η Μαρία έγινε

δωδεκαετής ζώντας στο Ναό του Κυρίου, τι να κάνουμε λοιπόν με αυτήν για να μην μολύνει τον ιερό χώρο του Κυρίου»; Και είπαν στον αρχιερέα: «Εσύ στέκεσαι

μπροστά στο θυσιαστήριο του Κυρίου, είσελθε, λοιπόν, και ό,τι σου αποκαλύψει ο Κύριος αυτό θα κάνουμε». Ο αρχιερεάς φόρεσε το δωδεκακώδωνο άμφιο εισήλθε στα άγια των αγίων και προσευχήθηκε για αυτήν. Και να άγγελος Κυρίου του παρουσιάστηκε και είπε: «Ζαχαρία, Ζαχαρία, βγες έξω και συγκέντρωσε τους χήρους του λαού να φέρει ο καθένας ένα ραβδί και σε όποιον ο Κύριος δείξει κάποιο σημάδι, αυτού θα γίνει γυναίκα». Βγήκαν οι κήρυκες σε όλη την περιοχή της Ιουδαίας, ήχησε η σάλπιγγα του Κυρίου και έτρεξαν όλοι.

Ο Ιωσήφ έριξε το σκεπάρνι και πήγε να τους συναντήσει. Όταν συγκεντρώθηκαν, πήγαν με τα ραβδιά στον αρχιερέα. Εκείνος πήρε τα ραβδιά όλων, εισήλθε στο Ναό και προσευχήθηκε. Αφού τελείωσε την προσευχή, πήρε τα ραβδιά, βγήκε και τους τα παρέδωσε. Κανένα όμως σημάδι δεν υπήρχε σε αυτά. Το τελευταίο ραβδί το πήρε ο Ιωσήφ και να ένα περιστέρι ξεπήδηαε από το ραβδί και πέταξε πάνω στο κεφάλι του Ιωσήφ. Ο ιερέας είπε τότε στον Ιωσήφ: «Σε σένα έλαχε ο κλήρος να παραλάβεις την παρθένο του Κυρίου υπό την προστασία σου». Ο Ιωσήφ όμως απάντησε: «Έχω γιους και είμαι γέρος, ενώ αυτή είναι νεαρή, θα με περιγελάσουν οι υιοί Ισραήλ». Και ο ιερέας αποκρίθηκε στον Ιωσήφ: «Φοβήσου τον Κύριο, τον Θεό σου, και θυμήσου τι έκανε ο Θεός στον Δαθάν, τον Αβειρών και τον Κορέ, πως δηλαδή σχίστηκε η γη και τους κατάπιε εξαιτίας της αντιλογίας τους. Και τώρα φοβήσου και εσύ Ιωσήφ, μήπως συμβούν αυτά στο σπίτι σου». Φοβήθηκε ο Ιωσήφ και την παρέλαβε υπό την προστασία του. Και είπε ο Ιωσήφ στη Μαρία: «Να, σε παρέλαβα απο το Ναο του Κυρίου και τώρα σε αφήνω στο σπίτι μου, πηγαίνω να χτίσω τις οικοδομές μου και θα επιστρέψω κοντά σου: Ο Κύριος θα σε διαφυλάξει».

Πρωτευαγγέλιο του Ιακώβου 15

Τον καιρό εκείνο ήρθε σ' αυτόν ο γραμματέας Άννας και του είπε: «Τι συνέβη και δεν φάνηκες στη σύναξη μας;» Ο Ιωσήφ του απάντησε: «Ήμουν ταλαιπωρημένος από το ταξίδι και ξεκουράστηκα την πρώτη μέρα». Στράφηκε τότε και είδε ο Άννας τη Μαριάμ έγκυο. Φεύγει τρέχοντας προς τον ιερέα και του λέει: «Ο Ιωσήφ, για τον οποίον εσύ

δίνεις μαρτυρία, παρανόμησε πολύ σοβαρά». Ρώτησε τότε ο ιερέας: «Γιατί μου το λες αυτό;» Εκείνος αποκρίθηκε: «Την παρθένο που παρέλαβε από το Ναό του Κυρίου,

τη μόλυνε, ολοκλήρωσε το γάμο με αυτήν κρυφά και δεν το φανέρωσε στους υιούς Ισραήλ». Αναρωτήθηκε τότε ο ιερέας: «Έκανε τέτοιο πράγμα ο Ιωσήφ;». «Στείλε υπηρέτες και θα βρεις έγκυο την παρθένο", απάντησε ο Άννας ο γραμματέας. Πήγαν οι υπηρέτες και τη βρήκαν στην κατάσταση που περιέγραψε ο Άννας. Οδήγησαν τότε αυτήν και τον Ιωσήφ στο δικαστήριο. Είπε ο ιερέας: «Μαρία, γιατί το έκανες αυτό; γιατί ταπείνωσες τον εαυτό σου ξεχνώντας τον Κύριο, τον Θεό σου; Εσύ που ανατράφηκες στα άγια των αγίων και λάμβανες τροφή απο χέρι αγγέλου, εσύ που άκουσες τους ύμνους και χόρεψες μπροστά στο Θεό, γιατί το έκανες αυτό;». Εκείνη

έκλαψε πικρά λέγοντας: «Ζει Κύριος ο Θεός μου, είμαι καθαρή ενώπιον Του και δεν έχω σχέση με άντρα». Είπε τοτε ο ιερέας στον Ιωσήφ: «Γιατί το έκανες αυτο;» Ο

Ιωσήφ απάντησε: «Ζει Κύριος, εγώ είμαι καθαρός με αυτήν». Και ο ιερέας πρόσθεσε:

«Μην παίρνεις ψεύτικο όρκο αλλά φανέρωσε την αλήθεια· ολοκλήρωσες κρυφά το γάμο μαζί της, δεν το φανέρωσες στους υιούς Ισραήλ, αλλά και δεν έσκυψες το κεφάλι σου στο κραταιό (θεϊκό) χέρι, για να ευλογηθεί το σπέρμα σου». Ο Ιωσήφ

έμεινε σιωπηλός.

Πρωτευαγγέλιο του Ιακώβου 17

Ο βασιλιάς Αύγουστος εξέδωσε διαταγή να απογραφούν όλοι όσοι κατάγονται απο

τη Βηθλεέμ της Ιουδαίας. Και αναλογίστηκε ο Ιωσήφ: «Εγώ θα απογράψω τους γιους μου, με αυτό το κορίτσι όμως τι να κάνω; Πώς θα την απογράψω; Ως γυναίκα μου;

Ντρέπομαι. Ως θυγατέρα μου; Μα όλοι οι υιοί Ισραήλ γνωρίζονν καλά ότι δεν είναι κόρη μου. Αυτή είναι η ημέρα του Κυρίου, ας ενεργήσει όπως θέλει». Έστρωσε το υποζύγιο, την έβαλε να καθίσει, πήρε τα γκέμια ο γιος του και ο Ιωσήφ ακολουθούσε. Πορεύτηκαν κοντά τρία μίλια έτσι. Σε μια στιγμή ο Ιωσήφ στράφηκε και είδε τη Μαρία σκυθρωπή και αναλογίστηκε: «Ίσως ο καρπός της την κάνει να πονά». Γυρίζει πάλι ο Ιωσήφ και την είδε να γελά, και είπε: «Μαρία, τι συμβαίνει; Το πρόσωπο σου το βλέπω πότε γελαστό και πότε σκυθρωπό». Η Μαρία απάντησε: «Είναι επειδή βλέπω ενώπιον μον δύο λαούς, έναν που κλαίει και θρηνεί και έναν που χαίρεται και αναγαλλιάζει». Είχαν διασχίσει τη μισή διαδρομή και είπε η Μαριάμ: «Κατέβασε με από το υποζύγιο, επειδή αυτό που υπάρχει μέσα μου με πιέζει να εξέλθει». Την κατέβασε από το υποζύγιο και της είπε: «Πού να σε πάω και πού να σκεπάσω τη ντροπή σου; Ο τόπος είναι έρημος».

Ωριγένης

Ομιλία στο κατά Ματθαίον 2:17

Το βιβλίο [το Πρωτοευαγγέλιο] του Ιακώβου [καταγράφει] ότι οι αδελφοί του Ιησού ήταν γιοι του Ιωσήφ από μια προηγούμενη γυναίκα, την οποία παντρεύτηκε πριν από τη Μαρία. Εκείνοι όμως που το λένε αυτό, θέλουν να διατηρήσουν την τιμή της

Μαρίας στην παρθενία μέχρι τέλους, ώστε το σώμα της που είχε οριστεί να υπηρετεί τον Λόγο ... να μην γνωρίσει συνουσία με άνδρα, αφού το Άγιο Πνεύμα εισήλθε μέσα της και η δύναμη από ψηλά τη σκίασε. Και νομίζω ότι είναι σε αρμονία με τη λογική ότι ο Ιησούς ήταν ο πρώτος καρπός μεταξύ των ανθρώπων της αγνότητας που συνίσταται στην [αιώνια] αγνότητα, και η Μαρία ήταν μεταξύ των γυναικών. Διότι δεν θα ήταν ευσεβές να αποδώσουμε σε κάποια άλλη παρά σε αυτήν τον πρώτο καρπό της παρθενίας

Ομιλία στο κατά Ιωάννην 1:6

Διότι αν η Μαρία, όπως δηλώνουν όσοι με σώας τας φρένας την εξυμνούν, δεν είχε άλλον γιο εκτός από τον Ιησού, και όμως ο Ιησούς λέει στη μητέρα Του: "Γυναίκα,

ιδού ο υιός σου" (Ιωάννη 19:26), και όχι: "Ιδού έχεις και αυτόν τον υιό", τότε ουσιαστικά της είπε: "Ιδού, αυτός είναι ο Ιησούς, τον οποίο εσύ γέννησες". Μήπως

δεν ισχύει ότι κάθε τέλειος δεν ζει πια τον εαυτό του, αλλά ο Χριστός ζει μέσα του- και αν ο Χριστός ζει μέσα του, τότε λέγεται γι' αυτόν στη Μαρία: "Ιδού ο υιός σου ο Χριστός". Τι μυαλό, λοιπόν, πρέπει να έχουμε για να μπορέσουμε να ερμηνεύσουμε επάξια αυτό το έργο, αν και έχει ανατεθεί στο γήινο θησαυροφυλάκιο του κοινού λόγου, της γραφής που μπορεί να διαβάσει ο κάθε περαστικός και που μπορεί να ακουστεί όταν διαβάζεται δυνατά από οποιονδήποτε που του δανείζει τα σωματικά του αυτιά;

Ομιλία στον ψαλμό κβ΄ (22)

Η κιβωτός που ήταν φτιαγμένη από άφθαρτο ξύλο (Έξ. 25:10) ήταν ο Σωτήρας. Η κιβωτός συμβόλιζε τη σκηνή του σώματός Του, η οποία ήταν αδιαπέραστη από τη φθορά και δεν γεννούσε αμαρτωλή φθορά. Ο Κύριος ήταν αναμάρτητος, επειδή,

στην ανθρώπινη υπόστασή Του, ήταν πλασμένος από άφθαρτο ξύλο, δηλαδή από

την Παρθένο και το Άγιο Πνεύμα, επενδεδυμένος εσωτερικά και εξωτερικά σαν με το καθαρότερο χρυσάφι του Λόγου του Θεού.

Άγιος Ιλάριος Πικταυίου Ομιλία στο κατά Ματθαίον 1:4

Αν αυτοί [οι αδελφοί του Κυρίου] ήταν γιοι της Μαρίας και όχι εκείνοι που πήρε από τον προηγούμενο γάμο του Ιωσήφ, δεν θα είχε ποτέ παραδοθεί τη στιγμή του πάθους [της σταύρωσης] στον απόστολο Ιωάννη ως μητέρα του, καθώς ο Κύριος

είπε στην καθεμιά: "Γυναίκα, ιδού ο υιός σου" και στον Ιωάννη: "ιδού η μητέρα σου" (Ιωάννη 19:26-27), καθώς κληροδότησε την παιδική αγάπη σε έναν μαθητή ως παρηγοριά στον ένα εγκαταλελειμμένο

Πάπας Σιρίκιος

Επιστολή προς τον επίσκοπο Ανύσιο

Είχατε καλό λόγο να τρομάξετε στη σκέψη ότι μια άλλη γέννηση θα μπορούσε να προέλθει από την ίδια παρθενική μήτρα από την οποία γεννήθηκε ο Χριστός κατά σάρκα. Διότι ο Κύριος Ιησούς δεν θα επέλεγε ποτέ να γεννηθεί από παρθένα, αν έκρινε ποτέ ότι αυτή θα ήταν τόσο ακάθαρτη ώστε να μολύνει με τον σπόρο της

ανθρώπινης επαφής τον τόπο γέννησης του σώματος του Κυρίου, αυτή την αυλή του αιώνιου βασιλιά

Ιερός Αυγουστίνος Ιππώνος Περί Ιεράς Παρθενίας 4:4

Γεννημένος από μια Παρθένο, η οποία επέλεξε να παραμείνει Παρθένος πριν ακόμα μάθει ποιος θα γεννιόταν από αυτήν, ο Χριστός ήθελε να εγκρίνει την παρθενία και όχι να την επιβάλει. Και ήθελε η παρθενία να είναι ελεύθερη επιλογή ακόμη και σε

εκείνη τη γυναίκα στην οποία πήρε πάνω του τη μορφή σκλάβου Ομιλίες 186:1

Δεν ήταν ο ορατός ήλιος, αλλά ο αόρατος Δημιουργός του που καθιέρωσε αυτή την ημέρα για μας, όταν η Παρθένος Μητέρα, γόνιμη από μήτρα και ακέραιη στην παρθενία της, τον έφερε στο φως, που έγινε ορατός για μας, από τον οποίο, όταν ήταν αόρατος, δημιουργήθηκε και αυτή. Μια Παρθένος που συλλαμβάνει, μια

Παρθένος που κυοφορεί, μια Παρθένος που γεννά, μια Παρθένος αιώνια. Γιατί αναρωτιέσαι γι' αυτό, ω άνθρωπε;

Αιρέσεις 56

Οι αιρετικοί που ονομάζονται Αντιδικομαριανίτες είναι εκείνοι που αντικρούουν την αιώνια παρθενία της Μαρίας και υποστηρίζουν ότι μετά τη γέννηση του Χριστού

ενώθηκε ως ένα με τον σύζυγό της.

Άγιος Γρηγόριος Νεοκαισαρείας

Λόγοι Εις τον Ευαγγελισμόν της Παναγίας Θεοτόκου και Αεί Παρθένου της Μαρίας 1 Όταν θυμάμαι την ανυπακοή της Εύας, κλαίω. Αλλά όταν βλέπω τον καρπό της

Μαρίας, ανανεώνομαι και πάλι. Αθάνατος από καταγωγή, αόρατος από ομορφιά, πριν από τους αιώνες φως του φωτός- από τον Θεό Πατέρα γεννήθηκες- όντας

Λόγος και Υιός του Θεού, πήρες σάρκα από τη Μαρία Παρθένο, για να ανανεώσεις εκ νέου τον Αδάμ που διαμορφώθηκε από το άγιο χέρι Σου.

Μελίτων Σάρδεων Περί Πάσχα

[Ε]ντύθηκε με ανθρώπινη σάρκα στη μήτρα μιας Παρθένου από την οποία βγήκε σαν άνθρωπος... Αυτός είναι που δημιούργησε τον ουρανό και τη γη, που ενσαρκώθηκε σε μια Παρθένο.

Μελίτων Σάρδεων ή Πάνταινος

Πρὸς Διόγνητον Ἐπιστολή 12:7-9

Η καρδιά σας ας είναι η γνώση και η ζωή σας η αληθινή διδασκαλία που περιέχεται στην καρδιά σας. Αν κουβαλάτε το δέντρο αυτής της διδασκαλίας και μαζεύετε τους καρπούς της, θα συγκεντρώνετε πάντα τα πράγματα που είναι επιθυμητά στα μάτια του Θεού, πράγματα που το φίδι δεν μπορεί να αγγίξει και η απάτη δεν μπορεί να μολύνει. Τότε η Εύα δεν παρασύρεται, αλλά μια Παρθένος βρίσκεται αξιόπιστη

Άγιος Ιππόλυτος Ρώμης

Περί Χριστού και Αντιχρίστου 4

Διότι ενώ ο Λόγος του Θεού ήταν χωρίς σάρκα, πήρε πάνω του την αγία σάρκα από την αγία Παρθένο.

Κλήμης ο Αλεξανδρεύς Παιδαγωγός 1:6:42:1

Όταν ο στοργικός και φιλάνθρωπος Πατέρας κατέβασε τον Λόγο, αυτός ο Λόγος έγινε η πνευματική τροφή όσων έχουν λογική. Ω μυστηριώδες θαύμα! Ο Πατέρας όλων είναι πράγματι ένας, ένας είναι επίσης ο παγκόσμιος Λόγος, και το Άγιο

Πνεύμα είναι ένα και το αυτό παντού· και μία είναι η Παναγία Μητέρα. Μου αρέσει να την αποκαλώ Εκκλησία. Μόνο αυτή η Μητέρα ήταν χωρίς γάλα, γιατί μόνο αυτή δεν έγινε γυναίκα. Είναι ταυτόχρονα και Παρθένος και Μητέρα: ως Παρθένος, αμόλυντη· ως Μητέρα γεμάτη αγάπη.

Στρωματείς 7:16

Αλλά, όπως φαίνεται, πολλοί μέχρι και την εποχή μας θεωρούν ότι η Μαρία, λόγω της γέννησης του παιδιού της, βρισκόταν σε κατάσταση λοχείας, αν και δεν ήταν. Διότι μερικοί λένε ότι, αφού γέννησε, βρέθηκε, όταν εξετάστηκε, να είναι παρθένα.

...Τέτοιες δε για μας είναι οι Γραφές του Κυρίου, οι οποίες γέννησαν την αλήθεια και συνεχίζουν παρθένα, στην απόκρυψη των μυστηρίων της αλήθειας. "Και εγέννησε, και όμως δεν εγέννησε", λέει η Γραφή· σαν να συνέλαβε από τον εαυτό της και όχι από σύζευξη.

Ὑπὸ τὴν σὴν εὐσπλαγχνίαν

Ὑπὸ τὴν σὴν εὐσπλαγχνίαν, καταφεύγομεν, Θεοτόκε. Τὰς ἡμῶν ἱκεσίας, μὴ παρίδης ἐν περιστάσει, ἀλλ᾽ ἐκ κινδύνων λύτρωσαι ἡμᾶς, μόνη Ἁγνή, μόνη εὐλογημένη.

Τερτυλλιανός

Περί της Σάρκας του Χριστού 17

Διότι, ενώ η Εύα ήταν ακόμη παρθένα, είχε τρυπώσει στο αυτί της ο παγιδευτικός λόγος που επρόκειτο να χτίσει το οικοδόμημα του θανάτου. Στην ψυχή μιας παρθένας, με τον ίδιο τρόπο, πρέπει να εισαχθεί ο λόγος του Θεού που θα ύψωνε το οικοδόμημα της ζωής- έτσι ώστε ό,τι είχε καταστραφεί από αυτό το φύλο, να ανακτηθεί από το ίδιο φύλο για να σωθεί. Όπως η Εύα πίστεψε το φίδι, έτσι και η

Μαρία πίστεψε τον άγγελο. Η παρανομία που η μία προκάλεσε με την πίστη, η άλλη με την πίστη εξαλείφθηκε.

Όμως (θα ειπωθεί) η Εύα δεν συνέλαβε στην κοιλιά της με τον λόγο του διαβόλου.

Λοιπόν, εν πάση περιπτώσει συνέλαβε- διότι ο λόγος του διαβόλου έγινε κατόπιν σαν σπόρος γι᾽ αυτήν, ώστε να συλλάβει ως απόβλητη και να γεννήσει με θλίψη.

Πράγματι, γέννησε έναν αδελφοκτόνο διάβολο- ενώ η Μαρία, αντίθετα, γέννησε εκείνον που μια μέρα θα εξασφάλιζε τη σωτηρία στον Ισραήλ, τον ίδιο τον κατά σάρκα αδελφό Του και δολοφόνο του εαυτού Του.

Ο Θεός, λοιπόν, έστειλε στη μήτρα της παρθένου τον Λόγο Του, ως τον καλό Αδελφό, ο οποίος θα έπρεπε να σβήσει τη μνήμη του κακού αδελφού. Ως εκ τούτου, ήταν απαραίτητο να βγει ο Χριστός για τη σωτηρία του ανθρώπου, σε αυτή την κατάσταση της σάρκας στην οποία ο άνθρωπος είχε εισέλθει από την καταδίκη του.

Η Ανάληψη του Ησαΐα

Η Ανάληψη του Ησαΐα 11

[Η] αναφορά για το παιδί έγινε γνωστή στη Βηθλεέμ. Κάποιοι είπαν: "Η Παρθένος

Μαρία γέννησε πριν από δύο μήνες γάμου". Και πολλοί είπαν: "Δεν γέννησε- η μαμή δεν ανέβηκε κοντά της, και δεν ακούσαμε κραυγές πόνου.

Ωδαί Σολομώντος

Ωδαί Σολομώντος 19

Έτσι η Παρθένος έγινε μητέρα με μεγάλα ελέη. Και κοπίασε και γέννησε τον Υιό, αλλά χωρίς πόνο, γιατί δεν έγινε χωρίς σκοπό. Και δεν αναζήτησε μαία, επειδή την έκανε να δώσει ζωή. Γέννησε σαν δυνατός άνδρας, με θέληση...

Άγιος Γρηγόριος Τουρώνης 8 βιβλία των θαυμάτων 1:4

Αφού η πορεία αυτής της ζωής ολοκληρώθηκε από την ευλογημένη Μαρία, όταν πλέον θα καλυπτόταν από τον κόσμο, όλοι οι απόστολοι συγκεντρώθηκαν από τις διάφορες περιοχές τους στο σπίτι της. Και όταν άκουσαν ότι επρόκειτο να απομακρυνθεί από τον κόσμο, αγρυπνούσαν μαζί της. Και ιδού, ο Κύριος Ιησούς ήρθε με τους αγγέλους του και, παίρνοντας την ψυχή της, την παρέδωσε στον άγγελο Μιχαήλ και αποσύρθηκε. Τα ξημερώματα, όμως, οι απόστολοι σήκωσαν το σώμα της πάνω σε ένα φορείο και το τοποθέτησαν σε έναν τάφο και το φύλαγαν, περιμένοντας τον Κύριο να έρθει. Και ιδού, και πάλι ο Κύριος στάθηκε δίπλα τους-

αφού παρέλαβαν το άγιο σώμα, διέταξε να το μεταφέρουν μέσα σε ένα σύννεφο στον παράδεισο, όπου τώρα, επανενωμένο με την ψυχή, [το σώμα της Μαρίας] χαίρεται

με τους εκλεκτούς του Κυρίου και απολαμβάνει τα αγαθά μιας αιωνιότητας που δεν θα τελειώσει ποτέ

8 βιβλία των θαυμάτων 1:8

Αλλά η Μαρία, η ένδοξη Μητέρα του Χριστού, η οποία πιστεύεται ότι ήταν παρθένα τόσο πριν όσο και μετά τη γέννησή του, έχει, όπως είπαμε παραπάνω, μεταφερθεί στον παράδεισο, εν μέσω της ψαλμωδίας των αγγελικών χορών, όπου ο Κύριος την προηγήθηκε.

Η Μεσιτεία των Αγίων

Οι Πατέρες όχι μόνο αναγνώρισαν τη βιβλική διδασκαλία ότι οι Άγιοι και οι Άγγελοι μπορούν να προσεύχονται για εμάς, αλλά εφάρμοσαν επίσης αυτή τη διδασκαλία στους δικούς τους κανόνες προσευχής.

Ερμάς

Ποιμήν του Ερμά 3:5:4

[Ο Ποιμένας είπε:] "Όσοι, όμως, είναι αδύναμοι και οκνηροί στην προσευχή,

διστάζουν να ζητήσουν κάτι από τον Κύριο- ο Κύριος, όμως, είναι γεμάτος συμπόνια, και δίνει οπωσδήποτε σε όλους όσοι τον παρακαλούν. Εσύ, όμως, [Ερμά,] αφού

ενισχύθηκες από τον άγιο άγγελο [που είδες] και απέκτησες από αυτόν τέτοια

μεσιτεία, και δεν είσαι οκνηρός, γιατί δεν ζητάς από τον Κύριο κατανόηση και δεν τη λαμβάνεις από αυτόν;

Κλήμης ο Αλεξανδρεύς Στρωματείς 7:12

Με αυτόν τον τρόπο είναι πάντοτε καθαρός για την προσευχή [ο αληθινός χριστιανός]. Προσεύχεται επίσης με την κοινωνία των αγγέλων, καθώς είναι ήδη αγγελικής τάξης, και δεν βρίσκεται ποτέ εκτός της αγίας φύλαξής τους- και παρόλο που προσεύχεται μόνος του, έχει τη χορωδία των αγίων να στέκεται μαζί του [στην προσευχή].

Ωριγένης

Περί Προσευχής 11

Αλλά όχι μόνο ο αρχιερέας [Χριστός] προσεύχεται για εκείνους που προσεύχονται

ειλικρινά, αλλά και οι άγγελοι... όπως επίσης και οι ψυχές των αγίων που έχουν ήδη κοιμηθεί.

Άγιος Κυπριανός Καρχηδόνας Επιστολές 56:5

Ας θυμόμαστε ο ένας τον άλλον με ομόνοια και ομοψυχία. Ας προσευχόμαστε πάντοτε ο ένας για τον άλλον και στις δύο πλευρές [του θανάτου]. Ας ανακουφίσουμε τα βάρη και τις θλίψεις με αμοιβαία αγάπη, ώστε αν κάποιος από εμάς, από την ταχύτητα της θείας συγκατάβασης, φύγει πρώτος, η αγάπη μας να συνεχίσει μπροστά στον Κύριο και οι προσευχές μας για τους αδελφούς και τις αδελφές μας να μην σταματήσουν μπροστά στο έλεος του Πατέρα.

Ανώνυμος Συγγραφέας Πάπυροι Rylands 3

... κοιμήσου εν ειρήνη, έχοντας την ασφάλειά σου, και προσευχήσου με αγωνία για

τις αμαρτίες μας" (επιτύμβια επιγραφή κοντά στην Αγία Σαβίνα στη Ρώμη [300 μ.Χ.]).

Προσευχήσου για τους γονείς σου, Matronata Matrona. Έζησε ένα χρόνο και πενήντα δύο ημέρες.

Μητέρα του Θεού, [άκουσε] τα αιτήματά μου- μην μας αγνοήσεις στις αντιξοότητες, αλλά σώσε μας από τον κίνδυνο...

Ομιλία για τον Συμεών και την Άννα

Γι' αυτό, προσευχόμαστε [ζητάμε] από εσάς, την πιο εξαίρετη μεταξύ των γυναικών, που δοξάζεστε με την εμπιστοσύνη των μητρικών σας τιμών, να μας έχετε αδιάκοπα στη μνήμη σας. Αγία Μητέρα του Θεού, θυμήσου μας, λέω, που καυχόμαστε για σένα και που με μεγαλειώδεις ύμνους γιορτάζουμε τη μνήμη, η οποία θα ζει πάντα και δεν θα σβήνει ποτέ. Και εσύ επίσης, ω τιμημένε και σεβάσμιε Συμεών, εσύ πρώτος οικοδεσπότης της αγίας μας θρησκείας και διδάσκαλος της αναστάσεως των πιστών, γίνε προστάτης και συνήγορός μας με τον Σωτήρα Θεό, τον οποίο θεωρήθηκες άξιος να δεχθείς στην αγκαλιά σου. Εμείς, μαζί με σένα, ψάλλουμε τους ύμνους μας στον Χριστό, ο οποίος έχει τη δύναμη της ζωής και του θανάτου, λέγοντας: "Είσαι το αληθινό Φως, προερχόμενος από το αληθινό Φως- ο αληθινός Θεός, γεννημένος από τον αληθινό Θεό".

Άγιος Κύριλλος Α΄ Ιεροσολύμων Κατηχήσεις 23:9

Στη συνέχεια [κατά τη διάρκεια της ευχαριστιακής προσευχής] κάνουμε αναφορά και σε εκείνους που έχουν ήδη κοιμηθεί: πρώτα, τους πατριάρχες, τους προφήτες, τους αποστόλους και τους μάρτυρες, ώστε μέσω των προσευχών και των δεήσεών τους ο Θεός να δεχθεί την αίτησή μας.

Άγιος Ιλάριος του Πικταυίου Ερμηνεία των Ψαλμών 124:5:6

Σε εκείνους που επιθυμούν να σταθούν [στη χάρη του Θεού], δεν λείπουν ούτε η κηδεμονία των αγίων ούτε οι άμυνες των αγγέλων.

Άγιος Εφραίμ ο Σύρος Ερμηνεία στο κατά Μάρκον

Εσείς οι νικηφόροι μάρτυρες που υπομείνατε με ευχαρίστηση τα μαρτύρια για χάρη του Θεού και Σωτήρα, εσείς που έχετε τόλμη λόγου προς τον ίδιο τον Κύριο, εσείς οι άγιοι, πρεσβεύστε για μας που είμαστε δειλοί και αμαρτωλοί άνθρωποι, γεμάτοι οκνηρία, για να έρθει επάνω μας η χάρη του Χριστού και να φωτίσει τις καρδιές όλων μας, ώστε να τον αγαπήσουμε

Ο φόβος στο τέλος της ζωής

Θυμηθείτε με, κληρονόμοι του Θεού, αδελφοί του Χριστού ικετεύστε θερμά τον Σωτήρα για μένα, για να ελευθερωθώ δια του Χριστού από αυτόν που πολεμάει εναντίον μου μέρα με τη μέρα.

Μέγας Βασίλειος Επιστολή 360

Αναγνωρίζω επίσης τους αγίους αποστόλους, τους προφήτες και τους μάρτυρες· και τους επικαλούμαι σε δέηση προς τον Θεό, ώστε μέσω αυτών, δηλαδή μέσω της

μεσολάβησής τους, ο ελεήμων Θεός να είναι ευνοϊκός προς εμένα και να γίνει και να δοθεί λύτρο για τις αμαρτίες μου. Γι' αυτό και τιμώ και φιλάω τα χαρακτηριστικά των εικόνων τους, εφόσον έχουν παραδοθεί από τους αγίους αποστόλους και δεν απαγορεύονται, αλλά βρίσκονται σε όλες τις εκκλησίες μας.

Θεία Λειτουργία Αγίου Βασιλείου του Μεγάλου

Με την εντολή του μονογενούς Υιού σου επικοινωνούμε με τη μνήμη των αγίων σου... με τις προσευχές και τις ικεσίες των οποίων ελέησε όλους μας και ελευθέρωσέ μας για χάρη του αγίου σου ονόματος.

Επιτάφιος του Πεκτώριου

... πατέρα μου, αγαπημένε της καρδιάς μου, μαζί με τη γλυκιά μου μητέρα και τους αδελφούς μου, να θυμάστε τον Πεκτόριο σας με την ειρήνη του Ιχθύος [Χριστού].

Άγιος Γρηγόριος Ναζιανζηνός ο Θεολόγος Ομιλίες 17

Είθε εσύ [ο Κυπριανός] να βλέπεις από ψηλά ευνοϊκά πάνω μας και να καθοδηγείς τον λόγο και τη ζωή μας· και να ποιμαίνεις αυτό το ιερό ποίμνιο ... να ευφραίνεις την Αγία Τριάδα, ενώπιον της οποίας στέκεσαι

Ομιλίες 18:4

Ναι, είμαι βέβαιος ότι η μεσολάβηση [του πατέρα μου] είναι πιο χρήσιμη τώρα απ' ό,τι ήταν η διδασκαλία του τις προηγούμενες ημέρες, αφού είναι πιο κοντά στον Θεό, τώρα που έχει αποτινάξει τα σωματικά δεσμά του και έχει απελευθερώσει τον νου του από τον πηλό που τον θόλωσε, και συνομιλεί γυμνός με τη γύμνια του καλύτερου και καθαρότερου νου

Άγιος Γρηγόριος Νύσσης Κήρυγμα για τον Εφραίμ τον Σύρο

[Εφραίμ], εσύ που στέκεσαι στο θείο θυσιαστήριο [στον ουρανό] . . να μας θυμάσαι όλους, ζητώντας για μας την άφεση των αμαρτιών και την καρποφορία μιας αιώνιας βασιλείας.

Άγιος Ιωάννης ο Χρυσόστομος

Εις την Β' προς Κορινθίους επιστολή Παύλου 26

Αυτός που φοράει την πορφύρα [δηλ. ένας βασιλικός άνδρας] . . στέκεται

παρακαλώντας τους αγίους να είναι προστάτες του ενώπιον του Θεού, και αυτός που φοράει διάδημα παρακαλεί τον σκηνοποιό [Παύλο] και τον ψαρά [Πέτρο] ως προστάτες, ακόμη και αν είναι νεκροί.

Ομιλίες 8:6

Όταν αντιλαμβάνεστε ότι ο Θεός σας τιμωρεί, μην τρέχετε προς τους εχθρούς του ... αλλά προς τους φίλους του, τους μάρτυρες, τους αγίους και εκείνους που του ήταν αρεστοί και που έχουν μεγάλη δύναμη [στον Θεό].

Ομιλία 3 εις την Β' προς Τιμόθεον επιστολή Παύλου

Και τι θαύμα, αν αυτός που επικοινωνεί με τους ζωντανούς θεωρείται άξιος των ίδιων ανταμοιβών με εκείνους που αγωνίζονται, αφού είναι δυνατόν να επικοινωνεί κανείς μετά θάνατον ακόμη και με τους κεκοιμημένους, με εκείνους που κοιμούνται, που

είναι ήδη στεφανωμένοι, που δεν τους λείπει τίποτα. Γιατί ακούστε τον Παύλο να λέει: "Μετέχοντας των αναμνήσεων των Αγίων". Και πώς μπορεί να γίνει αυτό; Όταν θαυμάζεις έναν άνθρωπο, όταν κάνεις κάποια από εκείνες τις πράξεις για τις οποίες στέφθηκε, είσαι προφανώς συμμέτοχος στους κόπους του και στα στεφάνια του.

Άγιος Αμβρόσιος Μεδιολάνων Εξαήμερον 5:25:90

Είθε ο Πέτρος, που έκλαψε τόσο αποτελεσματικά για τον εαυτό του, να κλάψει για μας και να στρέψει προς εμάς το φιλάνθρωπο βλέμμα του Χριστού.

Άγιος Ιερώνυμος

Εναντίον του Βιγιλαντίου 6

Λέτε στο βιβλίο σας ότι όσο ζούμε μπορούμε να προσευχόμαστε ο ένας για τον άλλον, αλλά μετά, όταν πεθάνουμε, η προσευχή κανενός ανθρώπου για κάποιον άλλο δεν μπορεί να εισακουστεί. Αλλά αν οι απόστολοι και οι μάρτυρες, ενώ βρίσκονται ακόμη στο σώμα, μπορούν να προσεύχονται για τους άλλους, σε μια εποχή που θα έπρεπε ακόμη να είναι ανήσυχοι για τον εαυτό τους, πόσο περισσότερο θα το κάνουν μετά τα στέφανα, τις νίκες και τους θριάμβους τους;

Ιερός Αυγουστίνος Ιππώνος κατά των Μανιχαίων

Ένας χριστιανικός λαός γιορτάζει από κοινού με θρησκευτική επισημότητα τα

μνημόσυνα των μαρτύρων, τόσο για να ενθαρρύνει τη μίμησή τους όσο και για να μπορεί να μοιραστεί τα προσόντα τους και να βοηθηθεί από τις προσευχές τους. Ομιλία στο κατά Ιωάννην 84

Στο τραπέζι του Κυρίου δεν μνημονεύουμε τους μάρτυρες με τον ίδιο τρόπο που μνημονεύουμε τους άλλους που αναπαύονται εν ειρήνη για να προσευχηθούμε γι'

αυτούς, αλλά μάλλον για να προσευχηθούν αυτοί για μας ώστε να ακολουθήσουμε τα βήματά τους.

Η πολιτεία του Θεού 20:9:2

Ούτε οι ψυχές των ευσεβών νεκρών χωρίζονται από την Εκκλησία, η οποία ακόμη και τώρα είναι η βασιλεία του Χριστού. Διαφορετικά, δεν θα υπήρχε ανάμνησή τους στο θυσιαστήριο του Θεού κατά την επικοινωνία του Σώματος του Χριστού.

Περί Τριάδος 1:6:3

Όμως το ότι το Άγιο Πνεύμα δεν είναι κτίσμα γίνεται απολύτως σαφές από αυτό το χωρίο πάνω από όλα τα άλλα, όπου μας προστάζουν να μην υπηρετούμε το κτίσμα, αλλά τον Δημιουργό- όχι με την έννοια με την οποία μας προστάζουν να "υπηρετούμε" ο ένας τον άλλον με αγάπη, που είναι στα ελληνικά δουλεύειν, αλλά με την έννοια με την οποία υπηρετείται μόνο ο Θεός, που είναι στα ελληνικά λατρεύειν. Από εκεί ονομάζονται ειδωλολάτρες εκείνοι που προσφέρουν σε εικόνες εκείνη την υπηρεσία που αρμόζει στον Θεό. Διότι είναι αυτή η υπηρεσία για την οποία λέγεται: "Θα λατρεύεις τον Κύριο τον Θεό σου και μόνο αυτόν θα υπηρετείς". Διότι αυτό συναντάται επίσης πιο ξεκάθαρα στις ελληνικές Γραφές, οι οποίες έχουν λατρεύεις. Εάν δε μας απαγορεύεται να υπηρετούμε το κτίσμα με μια τέτοια υπηρεσία, βλέποντας ότι είναι γραμμένο, το κτίσμα περισσότερο από τον Δημιουργό), τότε σίγουρα το Άγιο Πνεύμα δεν είναι κτίσμα, στο οποίο αποδίδεται μια τέτοια υπηρεσία από όλους τους αγίους, όπως λέει ο απόστολος: "Εμείς γαρ είμαστε η περιτομή, που υπηρετούμε το Πνεύμα του Θεού", το οποίο στα ελληνικά είναι λατρέοντες. Διότι και τα περισσότερα λατινικά αντίγραφα το έχουν επίσης έτσι,

Άγιος Πάπας Λέων Α΄ Κήρυγμα 17

Την Τετάρτη και την Παρασκευή, λοιπόν, ας νηστέψουμε, και το Σάββατο ας αγρυπνήσουμε με τον μακάριο Απόστολο Πέτρο, με τις προσευχές του οποίου

μπορούμε να έχουμε σε όλα τη θεία προστασία μέσω του Χριστού, του Κυρίου μας. Αμήν

Επιστολές 56

Όταν κατά την άφιξή μας στην αρχαία πόλη, ήμασταν απασχολημένοι να αποδώσουμε την προσκύνησή μας στον πιο ευλογημένο Απόστολο Πέτρο, στην ίδια την Αγία Τράπεζα του μάρτυρα, ο σεβασμιότατος Επίσκοπος Λέων που περίμενε πίσω λίγο μετά τη λειτουργία εξέφρασε θρήνους για την καθολική πίστη σε μας, και παίρνοντας για μάρτυρα τον ίδιο τον αρχηγό των Αποστόλων επίσης

Άγιος Ιππόλυτος Ρώμης

Προς Έλληνας και προς Πλάτωνα 3

Κανένας ύπνος δεν θα τους ξεκουράσει, καμία νύχτα δεν θα τους ηρεμήσει, κανένας θάνατος δεν θα τους λυτρώσει από την τιμωρία, καμία φωνή φίλων που μεσολαβούν δεν θα τους ωφελήσει. Γιατί ούτε οι δίκαιοι φαίνονται πια από αυτούς, ούτε είναι άξιοι μνήμης.

Εις τον Δανιήλ 30:1

Πείτε μου, εσείς τα τρία αγόρια, θυμηθείτε με, σας παρακαλώ, για να πάρω κι εγώ τον ίδιο κλήρο του μαρτυρίου μαζί σας, ποιος ήταν ο τέταρτος μαζί σας που περπατούσε στο μέσον του καμινιού και που υμνούσε τον Θεό μαζί σας σαν από ένα στόμα; Περιγράψτε μας τη μορφή και την ομορφιά του, ώστε και εμείς, βλέποντάς τον με σάρκα και οστά, να τον αναγνωρίσουμε.

Θεοδώρητος ο Κύρου Επιστολές 111

Για το λόγο αυτό αποδέχτηκα ευχαρίστως την ποινή του υποβιβασμού. Είμαι έτοιμος για την εξορία και, για χάρη της "ελπίδας που μου έχουν φυλάξει", καλωσορίζω την όποια μοίρα μου επιβάλλουν. Προσεύχομαι αδιάλειπτα για την εξοχότητά σας και παρακαλώ όλους τους αγίους να συμμετάσχουν στις αιτήσεις μου.

Οι πράξεις του Ιωάννη

Οι πράξεις του Ιωάννη 27-29

Ο ζωγράφος, λοιπόν, την πρώτη ημέρα έκανε ένα περίγραμμα του [Αποστόλου Ιωάννη] και έφυγε... αργότερα ο Ιωάννης... μπήκε στην κρεβατοκάμαρα και είδε το πορτρέτο ενός γέρου στεφανωμένου με γιρλάντες, και μπροστά του ήταν τοποθετημένα λυχνάρια και βωμοί. Και τον φώναξε και του είπε: "Ο Ιωάννης, ο Ιωάννης, είναι ένας από τους πιο σημαντικούς ανθρώπους που έχω δει ποτέ:

Λυκομήδη, τι εννοείς με αυτό το θέμα του πορτραίτου; μήπως είναι κάποιος από τους θεούς σου που είναι ζωγραφισμένος εδώ; γιατί βλέπω ότι ζεις ακόμα με τον

ειδωλολατρικό τρόπο. Και ο Λυκομήδης του απάντησε: Αλλά αν, δίπλα σε αυτόν τον Θεό, είναι σωστό να αποκαλούνται θεοί οι άνθρωποι που μας ευεργέτησαν -εσύ

είσαι, πατέρα, που σε ζωγράφισα σ' αυτό το πορτραίτο, τον οποίο στεφανώνω και αγαπώ και σέβομαι ως καλό μου οδηγό.

Και ο Ιωάννης, ο οποίος δεν είχε δει ποτέ το πρόσωπό του, του είπε: Πώς μπορείς να με πείσεις ότι το πορτραίτο μοιάζει με μένα; Και ο Λυκομήδης του έφερε έναν καθρέφτη. Και όταν είδε τον εαυτό του στον καθρέφτη και κοίταξε με σοβαρότητα το πορτραίτο, είπε: Αν όμως, παιδί μου, όχι σαν εμένα, αλλά σαν τη σαρκική μου

εικόνα- γιατί αν αυτός ο ζωγράφος, που έχει μιμηθεί αυτό το πρόσωπό μου, επιθυμεί να με ζωγραφίσει σε πορτραίτο, θα βρεθεί σε αδιέξοδο...

...Αυτό όμως που έκανες τώρα είναι παιδικό και ατελές: ζωγράφισες ένα νεκρό ομοίωμα του νεκρού.

Αρχαίες χριστιανικές επιγραφές

Ο μακάριος Σώζων επέστρεψε (την ψυχή του) σε ηλικία εννέα ετών- ο αληθινός Χριστός ας (λάβει) το πνεύμα σου εν ειρήνη και προσευχήσου για μας.

... έζησε είκοσι ένα χρόνια οκτώ μήνες δεκαέξι ημέρες, και στις προσευχές σου να ζητάς για μας, επειδή γνωρίζουμε ότι είσαι εν Χριστώ.

Προσευχηθείτε για τους γονείς σας,... Έζησε ένα χρόνο και πενήντα δύο ημέρες.

... κοιμήσου εν ειρήνη με ασφάλεια και προσευχήσου με ενδιαφέρον για τις αμαρτίες μας.

Μαρτύριον του Αγίου Πολυκάρπου 17

Για Εκείνον πράγματι, ως Υιό του Θεού, τον λατρεύουμε- αλλά τους μάρτυρες, ως μαθητές και οπαδούς του Κυρίου, τους αγαπάμε επάξια λόγω της εξαιρετικής στοργής τους προς τον ίδιο τους τον Βασιλιά και Δάσκαλο, του οποίου μπορούμε επίσης να γίνουμε σύντροφοι και συμμαθητές!

Άγιος Μακάριος

Προσευχή στον άγγελο του Θεού

Άγιε άγγελε, στη φροντίδα του οποίου δόθηκε αυτή η φτωχή ψυχή και το άθλιο σώμα μου, μη με αποβάλλεις επειδή είμαι αμαρτωλός, μη με κρατάς μακριά επειδή δεν είμαι καθαρός. Μην παραχωρήσεις τη θέση σου στο Πνεύμα του Κακού- καθοδήγησέ με με την επιρροή σου στο θνητό μου σώμα. Πάρε το αδύναμο χέρι μου και φέρε με στο μονοπάτι που οδηγεί στη σωτηρία.

Ναι, άγιε άγγελε, ο Θεός σου ανέθεσε την ευθύνη της άθλιας μικρής ψυχής και του σώματός μου. Συγχώρεσε κάθε πράξη μου που σε προσέβαλε ποτέ στη ζωή μου- συγχώρεσε τις αμαρτίες που διέπραξα σήμερα. Προστάτεψέ με κατά τη διάρκεια της επερχόμενης νύχτας και φύλαξέ με από τις μηχανορραφίες και τα τεχνάσματα του Εχθρού, για να μην αμαρτήσω και προκαλέσω την οργή του Θεού.

Μεσιτεύστε για μένα στον Κύριο- ζητήστε του να με κάνει να τον φοβάμαι όλο και περισσότερο και να με καταστήσει ικανό να του προσφέρω την υπηρεσία που αξίζει στην καλοσύνη του. Αμήν.

Ο Αντίχριστος

Αν και οι Πατέρες της Εκκλησίας είχαν διάφορες θεωρίες για τον Αντίχριστο, δεν συμφωνούσαν σε όλες. Έδειξαν όμως ότι ο ναός ήταν ο ιουδαϊκός ναός, που ανοικοδομήθηκε από τον Αντίχριστο στην Ιερουσαλήμ. Αναγνώρισαν τον Αντίχριστο ως έναν βασιλιά που θα έρθει στην εξουσία στα συντρίμμια της Ρωμαϊκής Αυτοκρατορίας. Θα ήταν 'Εβραίος', πιθανώς από τη φυλή του Δαν. Θα ισχυριζόταν ότι ο Ιησούς δεν ήταν ο Χριστός, αλλά ότι αυτός ήταν αντ' αυτού. Στη συνέχεια θα αποπλανούσε πολλούς από τους 'Εβραίους' προσπαθώντας να εκπληρώσει τις πολιτικές προσδοκίες που έχουν για τον Μεσσία.

Διδαχή των Δώδεκα Αποστόλων

Διδαχή των Δώδεκα Αποστόλων 16:3-4

Όλος ο χρόνος της πίστης σας δεν θα σας ωφελήσει αν δεν ολοκληρωθείτε στον έσχατο καιρό. Διότι κατά τις έσχατες ημέρες θα πολλαπλασιαστούν οι

ψευδοπροφήτες και οι διαφθορείς, και τα πρόβατα θα μετατραπούν σε λύκους. και

τότε θα εμφανιστεί ο απατεώνας του κόσμου, ο οποίος θα παριστάνει τον Υιό του Θεού, και [αυτός] θα κάνει σημεία και θαύματα, και η γη θα παραδοθεί στα χέρια του. Για αυτό είναι απαραίτητο να ενωθεί ο θείος Λόγος με τον Θεό των πάντων και το Άγιο Πνεύμα να παραμείνει και να κατοικήσει στον Θεό- και έτσι η Θεία Τριάδα να

μειωθεί και να συγκεντρωθεί σε ένα, σαν σε μια θεότητα - δηλαδή στον παντοδύναμο Θεό των πάντων.

Άγιος Πολύκαρπος Σμύρνης Επιστολή προς Φιλιππησίους 7:1

Όποιος δεν ομολογεί ότι ο Ιησούς Χριστός ήρθε με σάρκα, είναι αντίχριστος [1 Ιωάννη 4:2-3, 2 Ιωάννη 7]- όποιος δεν ομολογεί τη μαρτυρία του σταυρού, είναι του διαβόλου- και όποιος διαστρεβλώνει τα λόγια του Κυρίου για τις δικές του επιθυμίες και λέει ότι δεν υπάρχει ούτε ανάσταση ούτε κρίση, αυτός είναι πρωτότοκος του Σατανά.

Άγιος Ειρηναίος Λουγδούνου

Ἔλεγχος καὶ ἀνατροπὴ τῆς ψευδωνύμου γνώσεως 5:25:1-2

Μέσω των γεγονότων που θα συμβούν στην εποχή του Αντιχρίστου αποδεικνύεται ότι αυτός, ως αποστάτης και ληστής, επιθυμεί να λατρεύεται ως Θεός και ότι, αν και απλός δούλος, επιθυμεί να ανακηρυχθεί βασιλιάς. Διότι αυτός, όντας εξοπλισμένος με όλη τη δύναμη του διαβόλου, δεν θα έρθει ως δίκαιος βασιλιάς ούτε ως νόμιμος βασιλιάς υποταγμένος στον Θεό, αλλά ως ασεβής, άδικος και παράνομος ...

παραμερίζοντας τα είδωλα για να πείσει [τους ανθρώπους] ότι ο ίδιος είναι Θεός, υψώνοντας τον εαυτό του ως το μοναδικό είδωλο. Επιπλέον, [ο Παύλος] έχει

επίσης επισημάνει αυτό που έχω δείξει με πολλούς τρόπους: ότι ο ναός στην Ιερουσαλήμ κατασκευάστηκε με την καθοδήγηση του αληθινού Θεού. Διότι ο ίδιος ο απόστολος, μιλώντας στο πρόσωπό του, τον αποκάλεσε σαφώς ναό του Θεού [Β΄

Θεσ. 2:4]. . μέσα στον οποίο θα καθίσει ο εχθρός, προσπαθώντας να εμφανιστεί ως Χριστός

Ἔλεγχος καὶ ἀνατροπὴ τῆς ψευδωνύμου γνώσεως 5:30:4

Αλλά όταν αυτός ο Αντίχριστος θα έχει καταστρέψει τα πάντα σε αυτόν τον κόσμο, θα βασιλεύσει για τρία χρόνια και έξι μήνες και θα καθίσει στο ναό της Ιερουσαλήμ- και

τότε ο Κύριος θα έρθει από τον ουρανό με τα σύννεφα, με τη δόξα του Πατέρα, στέλνοντας αυτόν τον άνθρωπο και αυτούς που τον ακολουθούν στη λίμνη της φωτιάς.

Άγιος Ιππόλυτος Ρώμης Περί του Αντιχρίστου 6

Καθώς δε ο Κύριός μας Ιησούς Χριστός, ο οποίος είναι επίσης Θεός, προφητεύθηκε με τη μορφή λιονταριού, λόγω της βασιλικής του εξουσίας και της δόξας του, με τον ίδιο τρόπο οι γραφές έχουν επίσης εκ των προτέρων μιλήσει για τον Αντίχριστο ως λιοντάρι, λόγω της τυραννίας και της βίας του. Διότι ο απατεώνας προσπαθεί να

παρομοιάζει τον εαυτό του σε όλα τα πράγματα με τον Υιό του Θεού. Ο Χριστός είναι λιοντάρι, έτσι και ο Αντίχριστος είναι επίσης λιοντάρι. Ο Χριστός είναι βασιλιάς, άρα και ο Αντίχριστος είναι επίσης βασιλιάς. Ο Σωτήρας φανερώθηκε ως αρνί, οπότε και αυτός με τον ίδιο τρόπο θα εμφανιστεί ως αρνί εξωτερικά- εσωτερικά είναι λύκος. Ο Σωτήρας ήρθε στον κόσμο με την περιτομή [δηλ. την εβραϊκή φυλή], και με τον ίδιο

τρόπο θα έρθει κι αυτός. Ο Σωτήρας ανέστησε και έδειξε την αγία σάρκα του σαν

ναό, και θα ανεγείρει έναν ναό από πέτρα στην Ιερουσαλήμ Περί του Αντιχρίστου 14

Βρίσκουμε γραμμένο σχετικά με τον Αντίχριστο. "Ο Δαν είναι λιονταράκι, που

εξορμάει απ' τη Βασάν" [Δευτ. 33:22]. Αλλά για να μη σφάλλει κανείς υποθέτοντας ότι αυτό λέγεται για τον Σωτήρα, ας προσέξει προσεκτικά το θέμα. Ο Δαν, λέει, είναι ένα λιονταράκι. Και ονομάζοντας τη φυλή του Δαν, δήλωσε σαφώς τη φυλή από την οποία προορίζεται να ξεπηδήσει ο Αντίχριστος. Διότι όπως ο Χριστός πηγάζει από τη φυλή του Ιούδα, έτσι και ο Αντίχριστος πρόκειται να ξεπηδήσει από τη φυλή του Δαν.

Και ότι η υπόθεση στέκει έτσι, το βλέπουμε και από τα λόγια του Ιακώβ: "Ο Δαν θα είναι σαν φίδι μες στο δρόμο, σαν έχιδνα στο μονοπάτι, τις φτέρνες που δαγκώνει του αλόγου κι ο καβαλάρης πέφτει πίσω ανάποδα." [Γεν. 49:17]. Τι άλλο εννοείται λοιπόν με το φίδι παρά ο Αντίχριστος, ο απατεώνας εκείνος που αναφέρεται στη Γένεση [Γέν. 3:1], ο οποίος εξαπάτησε την Εύα και αντικατέστησε τον Αδάμ. είναι

στην πραγματικότητα από τη φυλή του Δαν, λοιπόν, εκείνος ο τύραννος και βασιλιάς, εκείνος ο φοβερός δικαστής, εκείνος ο γιος του διαβόλου, που προορίζεται να

ξεπηδήσει και να αναδυθεί

Ομιλία για το τέλος του κόσμου 23-25

Πάνω απ' όλα, εξάλλου, θα αγαπήσει το έθνος των Εβραίων. Και με όλους αυτούς [τους Εβραίους] θα κάνει σημεία και φοβερά θαύματα, ψεύτικα θαύματα και όχι αληθινά, για να εξαπατήσει τους ασεβείς ομοϊδεάτες του. Και μετά από αυτό θα

οικοδομήσει τον ναό στην Ιερουσαλήμ και θα τον αποκαταστήσει ξανά γρήγορα και θα τον παραδώσει στους Εβραίους

Τερτυλλιανός

Κατά Μαρκίωνα 5:16

[Ο] άνθρωπος της αμαρτίας, ο υιός της απώλειας, που πρέπει πρώτα να αποκαλυφθεί πριν έρθει ο Κύριος, ο οποίος αντιτίθεται και εξυψώνει τον εαυτό του πάνω από κάθε τι που ονομάζεται Θεός ή που λατρεύεται· και ο οποίος θα καθίσει στο ναό του Θεού και θα καυχηθεί ότι είναι Θεός. Σύμφωνα μάλιστα με την

άποψή μας, αυτός είναι ο Αντίχριστος· όπως μας διδάσκουν τόσο οι αρχαίες όσο και οι νέες προφητείες, καθώς και ο απόστολος Ιωάννης, ο οποίος λέει ότι "ήδη πολλοί ψευδοπροφήτες έχουν βγει στον κόσμο", οι πρόδρομοι του Αντιχρίστου, οι οποίοι αρνούνται ότι ο Χριστός ήρθε με σάρκα και δεν αναγνωρίζουν τον Ιησού, δηλαδή στον Θεό τον Δημιουργό

Λακτάντιος

Περί θείων θεσμών 7:17

[Ένας] βασιλιάς θα αναστηθεί από τη Συρία, γεννημένος από ένα κακό πνεύμα, ο ανατροπέας και καταστροφέας του ανθρώπινου γένους, ο οποίος θα καταστρέψει ό,τι έχει απομείνει από το προηγούμενο κακό, μαζί με τον εαυτό του. Αλλά ο

βασιλιάς αυτός δεν θα είναι μόνο ο πιο ατιμωτικός από μόνος του, αλλά θα είναι και προφήτης του ψεύδους, και θα συστήσει και θα αποκαλέσει τον εαυτό του Θεό, και θα διατάξει να λατρεύεται ο ίδιος ως Υιός του Θεού, και θα του δοθεί εξουσία να κάνει σημεία και θαύματα, με τη θέα των οποίων θα μπορεί να παρασύρει τους ανθρώπους να τον λατρεύουν. Τότε θα επιχειρήσει να καταστρέψει τον ναό του

Θεού και να καταδιώξει τον δίκαιο λαό

Άγιος Κύριλλος Α΄ Ιεροσολύμων Κατηχήσεις 15:12

Αφού ξεγελάσει τους Ιουδαίους με τα ψεύτικα σημεία και τα θαύματα της μαγικής του απάτης, μέχρι να πιστέψουν ότι είναι ο αναμενόμενος Χριστός, αυτός [ο Αντίχριστος] θα χαρακτηρίζεται στη συνέχεια από κάθε είδους κακές πράξεις απανθρωπιάς και ανομίας, σαν να θέλει να ξεπεράσει όλους τους άδικους και ασεβείς ανθρώπους που προηγήθηκαν. Θα επιδείξει εναντίον όλων των ανθρώπων, και ιδιαίτερα εναντίον ημών των Χριστιανών, ένα πνεύμα δολοφονικό και άκρως σκληρό, ανελέητο και πονηρό. Μόνο για τρία χρόνια και έξι μήνες θα είναι ο δράστης τέτοιων πραγμάτων- και τότε θα καταστραφεί από τη λαμπρή δεύτερη έλευση από τον ουρανό του

μονογενούς Υιού του Θεού, του Κυρίου και Σωτήρα μας Ιησού, του αληθινού Χριστού, ο οποίος θα τον καταστρέψει με την πνοή του στόματός του [Β΄ Θεσ. 2:8] και θα τον παραδώσει στη φωτιά της Γέεννας.

Ιερός Αυγουστίνος Ιππώνος Η Πολιτεία Του Θεού 20:19

Ο Δανιήλ προφητεύει για την έσχατη κρίση με τέτοιο τρόπο ώστε να υποδεικνύει ότι ο Αντίχριστος θα έρθει πρώτα και θα συνεχίσει την καταστροφή του μέχρι την αιώνια βασιλεία των αγίων. Διότι όταν σε προφητικό όραμα είχε δει τέσσερα θηρία, που σήμαιναν τέσσερα βασίλεια, και το τέταρτο κατακτημένο από κάποιον βασιλιά, ο οποίος αναγνωρίζεται ως Αντίχριστος, και μετά από αυτό την αιώνια βασιλεία του Υιού του ανθρώπου, δηλαδή του Χριστού

Μοναχισμός

Οι Πατέρες της Εκκλησίας αναγνώρισαν το σπουδαίο ρόλο των μοναχών στη ζωή της Εκκλησίας. Οι μοναχές ονομάζονταν και παρθένες.

Άγιος Ιουστίνος Φιλόσοφος καὶ Μάρτυρας Απολογία Α' 15

[Η Γραφή λέει:] "Υπάρχουν μερικοί που έχουν γίνει ευνούχοι από τους ανθρώπους, και μερικοί που γεννήθηκαν ευνούχοι, και μερικοί που έκαναν τους εαυτούς τους

ευνούχους για χάρη της βασιλείας των ουρανών- αλλά όλοι δεν μπορούν να δεχτούν αυτό το λόγο" [Ματθ. 19:12, 11]. Και πολλοί [από εμάς], άνδρες και γυναίκες, που

υπήρξαν μαθητές του Χριστού από την παιδική ηλικία, παραμένουν αγνοί σε ηλικία εξήντα ή εβδομήντα ετών- και καυχιέμαι ότι θα μπορούσα να παράγω τέτοιους από κάθε φυλή ανθρώπων

Άγιος Ιππόλυτος Ρώμης

Περί Χριστού και Αντιχρίστου 7

[Στις έσχατες ημέρες οι] ναοί του Θεού θα είναι σαν σπίτια, και θα γίνουν ανατροπές των εκκλησιών παντού. Οι Γραφές θα περιφρονηθούν. Και, στο σύνολό τους, από

εκείνους που δηλώνουν χριστιανοί θα σηκωθούν τότε ψευδοπροφήτες,

ψευδοαπόστολοι Οι ποιμένες θα γίνουν σαν λύκοι- οι ιερείς θα ασπαστούν το

ψέμα- οι μοναχοί θα ποθούν τα πράγματα του κόσμου

Η αφήγηση του Ζώσιμου 21

Μετά από αυτό έζησα [ο Ζώσιμος] τριάντα έξι χρόνια και μετέδωσα τον τρόπο ζωής των ευλογημένων στους πατέρες στην έρημο. Και μετά τη συμπλήρωση των

τριάντα έξι ετών, οι άγγελοι του Θεού ήρθαν σε μένα όπως στους ευλογημένους. Και συγκεντρώθηκαν όλοι οι μοναχοί και όλοι όσοι το άκουσαν, και η διαθήκη αυτή

διαβάστηκε σε όλους, και σε μια τέτοια ζωή παρέδωσε την ψυχή του στον Θεό

Θεία Λειτουργία του Αγίου Μάρκου

Θυμηθείτε τους ορθόδοξους επισκόπους παντού, τους πρεσβυτέρους, τους

διακόνους, τους υποδιακόνους, τους αναγνώστες, τους ψάλτες, τους μοναχούς, τις παρθένες, τις χήρες και τους λαϊκούς

Άγιος Κυπριανός Καρχηδόνας Επιστολή 61:2

Αν όμως [οι αφιερωμένες παρθένες, μοναχές] έχουν αφιερώσει πιστά τον εαυτό τους στον Χριστό, ας επιμείνουν στη σεμνότητα και την αγνότητα, χωρίς να υποστούν κακή αναφορά, και έτσι με θάρρος και σταθερότητα να περιμένουν την ανταμοιβή της παρθενίας. Αν όμως δεν θέλουν ή δεν μπορούν να επιμείνουν, είναι προτιμότερο να παντρευτούν παρά να πέσουν με τα εγκλήματά τους στη φωτιά. Βεβαίως ας μην προκαλούν σκάνδαλο στους αδελφούς ή στις αδελφές.

Επιστολή 61:3

Αν ένας σύζυγος συναντήσει τη γυναίκα του και τη δει να ξαπλώνει με άλλον άνδρα, δεν θυμώνει και δεν οργίζεται, και από το πάθος της οργής του δεν παίρνει ίσως το σπαθί του στο χέρι του; Και τι θα σκεφτεί ο Χριστός, ο Κύριος και Κριτής μας, όταν δει την παρθένα του, αφιερωμένη σ' αυτόν και προορισμένη για την αγιότητά του, [απλώς] να βρίσκεται με άλλον; Πόσο αγανακτισμένος και θυμωμένος είναι, και τι ποινές απειλεί εναντίον τέτοιων άσεμνων σχέσεων!

Μέγας Αθανάσιος

περί ενανθρωπήσεως του Λόγου 48:1-2

Τώρα, αυτά τα επιχειρήματά μας δεν αποτελούν απλώς λόγια, αλλά έχουν στην πραγματική εμπειρία μια μαρτυρία για την αλήθεια τους. Διότι όποιος θέλει, ας ανέβει και ας δει την απόδειξη της αρετής στις παρθένες του Χριστού και στους νέους άνδρες που ασκούν την ιερή αγνότητα, και τη βεβαιότητα της αθανασίας σε μια τόσο μεγάλη ομάδα μαρτύρων Του.

Απολογία προς βασιλέα Κωνστάντιο 2-3

Μετά το θάνατο του πατέρα και της μητέρας του [Αντώνιου] ... έδωσε την περιουσία των προγόνων του στους κατοίκους του χωριού - ήταν τριακόσια στρέμματα, παραγωγικά και πολύ δίκαια... Και όλα τα υπόλοιπα που ήταν κινητά τα πούλησε, και αφού συγκέντρωσε πολλά χρήματα τα έδωσε στους φτωχούς, κρατώντας όμως λίγα... Και πάλι, καθώς έμπαινε στην εκκλησία, ακούγοντας τον Κύριο να λέει στο Ευαγγέλιο, "μην ανησυχείτε για την επόμενη ημέρα" [Ματθ. 6:34], δεν μπορούσε να μείνει άλλο, αλλά βγήκε έξω και έδωσε και αυτά τα πράγματα στους φτωχούς. Αφού παρέδωσε την αδελφή του σε γνωστές και πιστές παρθένες και την έβαλε σε

μοναστήρι για να την αναθρέψει, αφοσιώθηκε στο εξής έξω από το σπίτι του στην πειθαρχία, προσέχοντας τον εαυτό του και εκπαιδεύοντας τον εαυτό του με υπομονή.

Διότι δεν υπήρχαν ακόμη τόσα πολλά μοναστήρια στην Αίγυπτο, και κανένας μοναχός δεν γνώριζε καθόλου τη μακρινή έρημο- αλλά όλοι όσοι ήθελαν να

προσέχουν τον εαυτό τους ασκούσαν την πειθαρχία στη μοναξιά κοντά στο χωριό τους

Απολογία προς βασιλέα Κωνστάντιο 33

Ο Υιός του Θεού, ο Κύριος και Σωτήρας μας Ιησούς Χριστός, αφού έγινε άνθρωπος για χάρη μας... μας χάρισε και αυτό, να κατέχουμε στη γη, στην κατάσταση της παρθενίας, μια εικόνα της αγιότητας των αγγέλων. Κατά συνέπεια, όσες έχουν επιτύχει αυτή την αρετή, η Καθολική Εκκλησία έχει συνηθίσει να τις αποκαλεί νύφες του Χριστού. Οι ειδωλολάτρες που τις βλέπουν εκφράζουν τον θαυμασμό τους γι' αυτές ως ναούς του Λόγου. Διότι πράγματι αυτό το ιερό και ουράνιο επάγγελμα δεν έχει καθιερωθεί πουθενά, αλλά μόνο μεταξύ μας των Χριστιανών, και είναι ένα πολύ ισχυρό επιχείρημα ότι μαζί μας βρίσκεται η γνήσια και αληθινή θρησκεία. [Όμως τώρα οι Αρειανοί], αφού απέκτησαν τη συγκατάθεση και τη συνεργασία των δικαστών, πρώτα τους έγδυσαν και μετά τους έκαναν να αποβληθούν και τους μαστίγωσαν στα πλευρά τρεις φορές με τόση σκληρότητα, ώστε ούτε οι πραγματικοί κακοποιοί δεν έχουν υποστεί κάτι παρόμοιο. Όλοι οι άνθρωποι ανατριχιάζουν στο άκουσμα της γυμνής απαγγελίας πράξεων όπως αυτές

Βίος και Πολιτεία Πατρός Αντωνίου εισαγωγή

Αθανάσιος ο επίσκοπος προς τους αδελφούς στα ξένα μέρη: Με την αποφασιστικότητά σας είτε να τους εξισωθείτε είτε να τους ξεπεράσετε στην

εκπαίδευσή σας στην αρετή, ξεκινήσατε έναν ευγενή ανταγωνισμό με τους μοναχούς της Αιγύπτου. Διότι μέχρι τώρα υπάρχουν μοναστήρια ανάμεσά σας και το όνομα του μοναχού λαμβάνει δημόσια αναγνώριση. Με λόγο, λοιπόν, όλοι οι άνθρωποι θα

εγκρίνουν αυτή την αποφασιστικότητα, και σε απάντηση των προσευχών σας ο Θεός θα δώσει την εκπλήρωσή της

Ιερώνυμος Επιστολή 14:8

Μακριά από μένα να κατακρίνω τους διαδόχους των αποστόλων, οι οποίοι με ιερά λόγια καθαγιάζουν το σώμα του Χριστού και μας κάνουν χριστιανούς. Όμως,

όπως προανέφερα, η περίπτωση των μοναχών είναι διαφορετική από εκείνη του κλήρου. Οι κληρικοί τρέφουν τα πρόβατα του Χριστού- εγώ ως μοναχός τρέφομαι από αυτούς.

Επιστολή 17:2

Οι Αρειανοί έχουν δίκιο να με κατηγορούν, αλλά οι ορθόδοξοι χάνουν την ορθοδοξία τους όταν επιτίθενται σε μια πίστη όπως η δική μου. Μπορούν, αν θέλουν, να με καταδικάσουν ως αιρετικό- αλλά αν το κάνουν, πρέπει επίσης να καταδικάσουν την Αίγυπτο και τη Δύση, [τους πάπες] Δαμασό και Πέτρο. Γιατί επιρρίπτουν την ενοχή σε έναν και αφήνουν τους συντρόφους του ατιμώρητους; Ντρέπομαι να το πω, αλλά από τις σπηλιές που μας χρησιμεύουν για κελιά εμείς οι μοναχοί της ερήμου καταδικάζουμε τον κόσμο. Κυλιόμενοι σε σάκους και στάχτες, καταδικάζουμε τους επισκόπους...

Ιερός Αυγουστίνος Ιππώνος Περί Ιεράς Παρθενίας 1

Πρόσφατα εκδώσαμε ένα βιβλίο, Το αγαθό του γάμου, στο οποίο επίσης νουθετήσαμε και προτρέψαμε τις παρθένες του Χριστού, να μην περιφρονούν,

εξαιτίας αυτού του μεγαλύτερου δώρου που έλαβαν, σε σύγκριση με τους πατέρες και τις μητέρες του λαού του Θεού- και να μην θεωρούν εκείνους τους άνδρες που

έκαναν υπηρεσία στον Χριστό που πρόκειται να έρθει στο εξής, ακόμη και με τη γέννηση των παιδιών, εξαιτίας αυτού του λόγου λιγότερο ερημίτες

Εξηγήσεις για τους Ψαλμούς 133:3-4

[Κανείς δεν μπορεί να κατηγορήσει εσάς που είστε Καθολικοί λόγω του ονόματος ["μοναχός"]. Όταν εσείς με δικαιοσύνη κατηγορείτε τους αιρετικούς εξαιτίας των

Circumcelliones, για να σωθούν από την ντροπή, αυτοί σας κατηγορούν εξαιτίας των μοναχών. αυτοί είναι ψευδομοναχοί, και γνωρίζουμε ανθρώπους αυτού του είδους-

αλλά η ευσεβής αδελφότητα δεν ακυρώνεται, εξαιτίας αυτών που δηλώνουν ότι είναι κάτι που δεν είναι. Υπάρχουν ψεύτικοι μοναχοί, όπως υπάρχουν ψεύτικοι άνθρωποι μεταξύ του κλήρου και μεταξύ των πιστών

Επιστολή 60:1

Δεν είναι σωστό να δίνουμε στους υπηρέτες του Θεού την ευκαιρία να πιστεύουν ότι η προαγωγή σε μια καλύτερη θέση δίνεται πιο εύκολα σε εκείνους που έχουν γίνει χειρότεροι. Ένας τέτοιος κανόνας θα έκανε τους μοναχούς λιγότερο προσεκτικούς στην πτώση, και θα έκανε σοβαρότατη ζημιά στην τάξη του κλήρου, αν εκείνοι που

έχουν εγκαταλείψει το καθήκον τους ως μοναχοί επιλέγονταν για να υπηρετήσουν ως κληρικοί, βλέποντας ότι η συνήθειά μας είναι να επιλέγουμε για το αξίωμα αυτό μόνο τους πιο δοκιμασμένους και ανώτερους άνδρες από εκείνους που συνεχίζουν να

είναι πιστοί στην κλήση τους ως μοναχοί.

Άγιος Πατρίκιος Ιρλανδίας Εξομολόγηση του Πατρίκιου 41

Πώς, λοιπόν, ο λαός της Ιρλανδίας, ο οποίος δεν είχε ποτέ γνώση του Θεού, αλλά

μέχρι τώρα λάτρευε τα είδωλα και τα ακάθαρτα πράγματα, πώς έγινε πρόσφατα λαός του Κυρίου και αποκαλείται υιός του Θεού; Οι γιοι των Σκωτσέζων και οι κόρες των βασιλιάδων τους βλέπουν να γίνονται μοναχοί και παρθένες του Χριστού!

Εξομολόγηση του Πατρίκιου 42

Και ειδικά υπήρχε μια ευλογημένη κυρία σκωτσέζικης καταγωγής, ευγενούς τάξης και πολύ όμορφη, σε πλήρη ηλικία [δηλαδή ενήλικη], την οποία είχα βαφτίσει. Και μετά από λίγες ημέρες ήρθε σε μας για μια ειδική συμβουλή. Μας είπε εμπιστευτικά ότι

είχε λάβει ένα μήνυμα από τον Θεό, το οποίο την νουθετούσε να γίνει παρθένα του Χριστού και έτσι να έρθει πιο κοντά στον Θεό. Δόξα τω Θεώ, την έκτη ημέρα μετά, με τον πιο θαυμαστό τρόπο και την πιο πρόθυμη διάθεση αγκάλιασε αυτό που κάνουν όλες οι παρθένες του Χριστού. Όχι ότι έχουν τη σύμφωνη γνώμη των πατέρων τους. Όχι, μάλλον υπομένουν διώξεις και ψεύτικες μομφές από τους γονείς τους. Παρ' όλα αυτά, ο αριθμός τους αυξάνεται όλο και περισσότερο. Και δεν γνωρίζουμε τον αριθμό του γένους μας που αναγεννιέται έτσι [ως παρθένες], εκτός από τις χήρες και τους ηπειρώτες

Ιερά Παράδοση

Οι Πατέρες της Εκκλησίας, που ήταν κρίκοι αποστολικής διαδοχής, αναγνώρισαν την αναγκαιότητα των παραδόσεων που είχαν δοθεί από τους αποστόλους και τις φύλαγαν με ακρίβεια.

Παπίας Ιεραπόλεως

Εκκλησιαστική Ιστορία των Αγίων Ειρηναίου Λουγδούνου και Ευσέβιου Καισαρείας 3:39

Ο Παπίας [120 μ.Χ.], ο οποίος τώρα αναφέρεται από εμάς, βεβαιώνει ότι έλαβε τα λόγια των αποστόλων από εκείνους που τους συνόδευαν, και, επιπλέον, ισχυρίζεται ότι άκουσε αυτοπροσώπως τον Αρίστιο και τον πρεσβύτερο Ιωάννη. Κατά συνέπεια, τους αναφέρει συχνά ονομαστικά και στα γραπτά του παραδίδει τις παραδόσεις τους [σχετικά με τον Ιησού]. …. [Υπάρχουν] και άλλα χωρία του στα οποία αναφέρεται σε κάποιες θαυματουργικές πράξεις, δηλώνοντας ότι απέκτησε τη γνώση τους από την παράδοση

Ηγήσιππος

Εκκλησιαστική Ιστορία των Αγίων Ειρηναίου Λουγδούνου και Ευσέβιου Καισαρείας 4:21

Εκείνη την εποχή [150 μ.Χ.] άκμασε στην Εκκλησία ο Ηγήσιππος, τον οποίο γνωρίζουμε από όσα προηγήθηκαν, και ο Διονύσιος, επίσκοπος Κορίνθου, και ένας άλλος επίσκοπος, … από την Κρήτη, και εκτός από αυτούς, ο Φίλιππος, και ο Απολλινάριος, και ο Μελίτων, και ο Μουσανός, και ο Μόδεστος, και, τέλος, ο Ειρηναίος. Από αυτούς έφθασε σε μας γραπτώς η υγιής και ορθόδοξη πίστη που παραλήφθηκε από την παράδοση

Άγιος Ειρηναίος λουγδούνου

Έλεγχος και Ανατροπή της Ψευδωνύμου Γνώσεως 1:10:2

Όπως είπα προηγουμένως, η Εκκλησία, έχοντας λάβει αυτό το κήρυγμα και αυτή την πίστη, αν και έχει διαδοθεί σε ολόκληρο τον κόσμο, εντούτοις το φυλάττει, σαν να κατοικούσε σε ένα μόνο σπίτι. Ομοίως πιστεύει αυτά τα πράγματα, ακριβώς σαν να

είχε μόνο μία ψυχή και μία και την ίδια καρδιά- και αρμονικά τα διακηρύσσει και τα

διδάσκει και τα παραδίδει, σαν να κατείχε μόνο ένα στόμα. Διότι, ενώ οι γλώσσες του κόσμου είναι διαφορετικές, εντούτοις, η εξουσία της παράδοσης είναι μία και η ίδια

Έλεγχος και Ανατροπή της Ψευδωνύμου Γνώσεως 3:3:1-2

Είναι δυνατόν, λοιπόν, σε κάθε εκκλησία, ο καθένας που επιθυμεί να γνωρίσει την αλήθεια, να μελετήσει την παράδοση των αποστόλων που έχει γίνει γνωστή σε ολόκληρο τον κόσμο. Και είμαστε σε θέση να απαριθμήσουμε εκείνους που θεσμοθετήθηκαν επίσκοποι από τους αποστόλους και τους διαδόχους τους μέχρι τη δική μας εποχή -άνδρες που ούτε γνώριζαν ούτε δίδασκαν κάτι σαν αυτό για το οποίο παραληρούν αυτοί οι αιρετικοί.

"Επειδή όμως θα ήταν πολύ μακρύ να απαριθμήσουμε σε έναν τέτοιο τόμο όπως αυτός τις διαδοχές όλων των εκκλησιών, θα συγχέουμε όλους εκείνους που, με οποιονδήποτε τρόπο, είτε από αυταρέσκεια ή έπαρση, είτε από τύφλωση και κακή γνώμη, συγκεντρώνονται αλλού από εκεί που πρέπει, υποδεικνύοντας εδώ τις

διαδοχές των επισκόπων της μεγαλύτερης και αρχαιότερης εκκλησίας που είναι γνωστή σε όλους, που ιδρύθηκε και οργανώθηκε στη Ρώμη από τους δύο πιο

ένδοξους αποστόλους, τον Πέτρο και τον Παύλο, την εκκλησία αυτή που έχει την παράδοση και την πίστη που μας έρχεται αφού ανακοινώθηκε στους ανθρώπους από τους αποστόλους.

"Με αυτή την εκκλησία, λόγω της ανώτερης καταγωγής της, πρέπει να συμφωνούν όλες οι εκκλησίες -δηλαδή όλοι οι πιστοί σε ολόκληρο τον κόσμο- και σ' αυτήν οι πιστοί παντού έχουν διατηρήσει την αποστολική παράδοση

Έλεγχος και Ανατροπή της Ψευδωνύμου Γνώσεως 3:4:1

Γι' αυτό είναι ασφαλώς απαραίτητο να τους αποφεύγουμε [τους αιρετικούς], ενώ παράλληλα να φροντίζουμε με τη μεγαλύτερη δυνατή επιμέλεια τα πράγματα που αφορούν την Εκκλησία και να κρατάμε την παράδοση της αλήθειας. Τι θα γινόταν

αν οι απόστολοι δεν είχαν πράγματι αφήσει γραπτά σε εμάς; Δεν θα ήταν απαραίτητο να ακολουθήσουμε τη σειρά της παράδοσης, η οποία παραδόθηκε σε εκείνους στους οποίους εμπιστεύτηκαν τις εκκλησίες

Έλεγχος και Ανατροπή της Ψευδωνύμου Γνώσεως 4:26:2

Είναι απαραίτητο να υπακούει κανείς στους πρεσβυτέρους της Εκκλησίας, εκείνους που, όπως δείξαμε, έχουν τη διαδοχή από τους Αποστόλους· εκείνους που έχουν λάβει, με τη διαδοχή του επισκοπικού αξιώματος, το ασφαλές χάρισμα της αλήθειας σύμφωνα με την ευδοκία του Πατέρα. Αλλά οι υπόλοιποι, οι οποίοι δεν έχουν καμία συμμετοχή στην αρχέγονη διαδοχή και συγκεντρώνονται όπου θέλουν, πρέπει να αντιμετωπίζονται με καχυποψία

Κλήμης ο Αλεξανδρεύς Στρωματείς 1:1

Λοιπόν, διατηρώντας την παράδοση της ευλογημένης διδασκαλίας που προέρχεται απευθείας από τους αγίους αποστόλους, τον Πέτρο, τον Ιάκωβο, τον Ιωάννη και τον Παύλο, τους γιους που την έλαβαν από τον πατέρα (αλλά λίγοι ήταν σαν τους πατέρες), ήρθαν με τη θέληση του Θεού και σε μας για να καταθέσουν αυτούς τους προγονικούς και αποστολικούς σπόρους. Και ξέρω καλά ότι θα αγαλλιάσουν- δεν

εννοώ ότι θα χαρούν με αυτή την τιμή, αλλά αποκλειστικά και μόνο για τη διατήρηση της αλήθειας, σύμφωνα με το πώς την παρέδωσαν. Διότι ένα τέτοιο σχέδιο όπως αυτό, θα είναι, νομίζω, ευχάριστο σε μια ψυχή που επιθυμεί να διαφυλάξει από την απώλεια την ευλογημένη παράδοση

Ωριγένης

Περί των Πρώτων Αρχών 1:2

Παρόλο που υπάρχουν πολλοί που πιστεύουν ότι οι ίδιοι τηρούν τη διδασκαλία του Χριστού, υπάρχουν και κάποιοι ανάμεσά τους που σκέφτονται διαφορετικά από τους προκατόχους τους. Η διδασκαλία της Εκκλησίας έχει πράγματι μεταδοθεί μέσω μιας σειράς διαδοχής από τους αποστόλους και παραμένει στις εκκλησίες ακόμη και μέχρι σήμερα. Αυτή και μόνο πρέπει να πιστεύεται ως η αλήθεια, η οποία σε καμία περίπτωση δεν έρχεται σε αντίθεση με την εκκλησιαστική και αποστολική παράδοση

Άγιος Κυπριανός Καρχηδόνας Επιστολή 75:3

[Η] Εκκλησία είναι μία, και καθώς είναι μία, δεν μπορεί να είναι και εντός και εκτός. Διότι αν είναι με τον Νοβατιανό, δεν ήταν με τον [Πάπα] Κορνήλιο. Αν όμως ήταν με τον Κορνήλιο, ο οποίος διαδέχθηκε τον επίσκοπο Φαβιανό με νόμιμη χειροτονία, και τον οποίο, εκτός από την τιμή της ιερωσύνης, ο Κύριος δόξασε και με το μαρτύριο, ο

Νοβατιανός δεν είναι μέσα στην Εκκλησία- ούτε μπορεί να λογίζεται ως επίσκοπος, ο οποίος, μη διαδεχόμενος κανέναν και περιφρονώντας την ευαγγελική και αποστολική παράδοση, ξεπήδησε από τον εαυτό του. Διότι εκείνος που δεν έχει χειροτονηθεί στην Εκκλησία δεν μπορεί ούτε να έχει ούτε να κατέχει την Εκκλησία με οποιονδήποτε τρόπο

Μέγας Αθανάσιος Εορταστικές επιστολές 2:7

Πάλι γράφουμε, πάλι τηρώντας τις αποστολικές παραδόσεις, υπενθυμίζουμε ο ένας στον άλλον όταν συγκεντρωνόμαστε για προσευχή- και κρατώντας τη γιορτή από κοινού, με ένα στόμα ευχαριστούμε αληθινά τον Κύριο

Εορταστικές επιστολές 29

Εσείς όμως είστε ευλογημένοι, που με την πίστη βρίσκεστε στην Εκκλησία, κατοικείτε στα θεμέλια της πίστης και έχετε πλήρη ικανοποίηση, ακόμη και τον υψηλότερο βαθμό πίστης που παραμένει ανάμεσά σας ακλόνητος. Διότι έχει φτάσει σε σας από την αποστολική παράδοση, και συχνά ο καταραμένος φθόνος θέλησε να την αναστατώσει, αλλά δεν μπόρεσε

Μέγας Βασίλειος

Προς Αμφιλόχιον, περί του Αγίου Πνεύματος 27:66

Από τα δόγματα και τα μηνύματα που διασώζονται στην Εκκλησία, άλλα κατέχουμε από τη γραπτή διδασκαλία και άλλα λαμβάνουμε από την παράδοση των αποστόλων, που μας παραδόθηκε με μυστήριο. Όσον αφορά την ευσέβεια, και τα δύο έχουν την ίδια ισχύ. Κανείς δεν θα διαφωνήσει με κανένα από αυτά, κανείς, εν

πάση περιπτώσει, που είναι έστω και μέτρια γνώστης των εκκλησιαστικών θεμάτων.

Πράγματι, αν προσπαθούσαμε να απορρίψουμε τα άγραφα έθιμα ως μη έχοντα μεγάλο κύρος, θα τραυματίζαμε άθελά μας το ευαγγέλιο στα ζωτικά του σημεία- ή μάλλον, θα υποβαθμίζαμε το [χριστιανικό] μήνυμα σε έναν απλό όρο

Άγιος Επιφάνιος Κωνσταντίας Πανάριον 61:6

Είναι επίσης απαραίτητο να χρησιμοποιούμε την παράδοση, διότι δεν μπορούμε να πάρουμε τα πάντα από την Αγία Γραφή. Οι άγιοι απόστολοι παρέδωσαν κάποια πράγματα στις Γραφές, άλλα πράγματα στην παράδοση.

Ιερός Αυγουστίνος Ιππώνος κατα των Δονατιστών 5:23

[Το] έθιμο [της μη επαναβάπτισης των προσηλυτισμένων] .... μπορεί να υποτεθεί ότι έχει την προέλευσή του στην αποστολική παράδοση, όπως ακριβώς υπάρχουν πολλά πράγματα που τηρούνται από ολόκληρη την Εκκλησία και επομένως θεωρείται δίκαιο να έχουν επιβληθεί από τους αποστόλους, τα οποία όμως δεν αναφέρονται στα γραπτά τους.

κατα των Δονατιστών 5:26

Αλλά η προτροπή που μας δίνει [ο Κυπριανός], "να επιστρέψουμε στην πηγή, δηλαδή στην αποστολική παράδοση, και από εκεί να στρέψουμε τον δίαυλο της αλήθειας στην εποχή μας", είναι εξαιρετική και πρέπει να ακολουθηθεί χωρίς

δισταγμό.

Επιστολή προς Januarius

Όσον αφορά όμως εκείνες τις ακολουθίες τις οποίες παρακολουθούμε προσεκτικά και τις οποίες τηρεί όλος ο κόσμος, και οι οποίες δεν προέρχονται από την Αγία Γραφή αλλά από την Παράδοση, μας δίνεται να καταλάβουμε ότι συνιστώνται και διατάσσονται να τηρούνται, είτε από τους ίδιους τους αποστόλους είτε από

ολομέλειες [οικουμενικές] συνόδους, η εξουσία των οποίων είναι αρκετά ζωτικής σημασίας στην Εκκλησία.

Άγιος Ιωάννης ο Χρυσόστομος

Ομιλίες περί της προς θεσσαλονικεις β΄ επιστολή Παύλου

[Ο Παύλος προστάζει,] "Γι' αυτό λοιπόν, αδερφοί, να είστε σταθεροί και να μένετε πιστοί στις διδασκαλίες που σας παραδώσαμε είτε προφορικά είτε με επιστολή μας." [Β΄ Θεσ. 2:15]. Από αυτό είναι σαφές ότι δεν παρέδωσαν τα πάντα με επιστολή, αλλά υπάρχουν και πολλά που δεν γράφτηκαν. Όπως αυτά που γράφτηκαν, έτσι και τα άγραφα είναι άξια πίστης. Ας θεωρήσουμε λοιπόν και την παράδοση της Εκκλησίας άξια πίστης. Είναι παράδοση; Μην ψάχνετε περισσότερο

Άγιος Πάπας Αγάθων

Επιστολή που διαβάστηκε στο 4ο συμβούλιο της ΣΤ΄ Οικουμενικής Συνόδου

.... Όλος ο αριθμός των αρχόντων και των ιερέων, του κλήρου και του λαού, πρέπει ομόφωνα να ομολογήσει και να κηρύξει μαζί μας ως την αληθινή διακήρυξη της αποστολικής παράδοσης, προκειμένου να ευαρεστήσει τον Θεό και να σώσει τις

δικές του ψυχές

Τερτυλλιανός

κατά των αιρετικών 19

Διότι όπου θα είναι φανερό ότι υπάρχει ο αληθινός χριστιανικός κανόνας και η αληθινή χριστιανική πίστη, εκεί θα υπάρχουν επίσης οι αληθινές Γραφές και οι ερμηνείες τους, καθώς και όλες οι χριστιανικές παραδόσεις.

Άγιος Κλήμης Ρώμης΄

Α΄ Επιστολή προς Κορινθίους 44:1

Οι Απόστολοί μας γνώριζαν μέσω του Κυρίου μας Ιησού Χριστού ότι θα υπήρχαν

διαμάχες για το αξίωμα του επισκόπου. Γι' αυτό το λόγο, λοιπόν, έχοντας λάβει τέλεια πρόγνωση, διόρισαν αυτούς που ήδη αναφέρθηκαν, και στη συνέχεια πρόσθεσαν

την περαιτέρω πρόβλεψη ότι, αν αυτοί πεθάνουν, άλλοι εγκεκριμένοι άνδρες θα διαδεχθούν τη διακονία τους.

Άγιος Ιγνάτιος Αντιοχείας Προς Σμυρναίους 8:1

Πρέπει όλοι να ακολουθείτε τον επίσκοπο όπως ο Ιησούς Χριστός ακολουθεί τον

Πατέρα, και το πρεσβυτέριο όπως θα ακολουθούσατε τους Αποστόλους. Να σέβεστε τους διακόνους όπως θα κάνατε με την εντολή του Θεού. Μην αφήνετε κανέναν να κάνει κάτι που αφορά την Εκκλησία χωρίς τον επίσκοπο. Ας θεωρείται έγκυρη η Ευχαριστία που τελείται από τον επίσκοπο ή από κάποιον που αυτός ορίζει. Όπου

εμφανίζεται ο επίσκοπος, ας είναι εκεί και ο λαός- όπως ακριβώς όπου βρίσκεται ο Ιησούς Χριστός, εκεί είναι και η Καθολική Εκκλησία

Άγιος Φιρμιλιανός

Προς Κυπριανό 75:16

Αλλά ποιο είναι το λάθος του και πόσο μεγάλη είναι η τύφλωσή του, που λέει ότι η άφεση των αμαρτιών μπορεί να δοθεί στις συναγωγές των αιρετικών, και που δεν παραμένει στο θεμέλιο της μίας Εκκλησίας που ιδρύθηκε πάνω στο βράχο από τον Χριστό, μπορεί να μαθευτεί από αυτό, που ο Χριστός είπε μόνο στον Πέτρο: »Ό,τι δέσεις στη γη θα δεθεί και στον ουρανό. Και ό,τι λύσετε στη γη, θα λυθεί στον ουρανό." και με αυτό, πάλι στο ευαγγέλιο, όταν ο Χριστός εμφύσησε μόνο στους Αποστόλους, λέγοντάς τους· «Λάβετε το Άγιο Πνεύμα: αν συγχωρήσετε σε κάποιον τις αμαρτίες του, θα συγχωρεθούν. Και αν διατηρήσετε τις αμαρτίες των ανθρώπων, θα διατηρηθούν». Επομένως, η δύναμη της συγχώρεσης των αμαρτιών δόθηκε στους Αποστόλους και στις Εκκλησίες που αυτοί οι άνδρες, σταλμένοι από τον Χριστό, ίδρυσαν. και στους επισκόπους που τους διαδέχτηκαν χειροτονούμενοι στη θέση τους

Η Δημιουργία του Κόσμου

Οι Φονταμενταλιστές ισχυρίζονται οτι το να πιστεύει κανείς ότι ο κόσμος

δημιουργήθηκε σε έξι 24ωρες ημέρες είναι η μόνη δυνατή ερμηνεία του πρώτου κεφαλαίου της Γένεσης.

Τα παρακάτω αποσπάσματα δείχνουν τις διαφορές των πρωτοχριστιανικών απόψεων.

Άγιος Ἰουστίνος Φιλόσοφος καὶ Μάρτυρας Προς Τρύφωνα Διάλογος 81

Επειδή στον Αδάμ ειπώθηκε ότι την ημέρα που θα έτρωγε από το δέντρο θα πέθαινε, γνωρίζουμε ότι δεν συμπλήρωσε χίλια χρόνια [Γέν. 5:5]. Αντιληφθήκαμε, εξάλλου, ότι η έκφραση "Η ημέρα του Κυρίου είναι χίλια χρόνια" [Ψαλμ. 90:4] συνδέεται με αυτό το θέμα

Θεόφιλος ο Αντιοχεύς Προς Αυτόλυκον 2:15

Την τέταρτη ημέρα δημιουργήθηκαν τα φωτεινά σώματα. Εφόσον ο Θεός έχει πρόγνωση, κατάλαβε την ανοησία των ανόητων φιλοσόφων που επρόκειτο να πουν ότι τα πράγματα που παράγονται στη γη προέρχονται από τα αστέρια, ώστε να παραμερίσουν τον Θεό. Προκειμένου λοιπόν να αποδειχθεί η αλήθεια, τα φυτά και οι σπόροι δημιουργήθηκαν πριν από τα αστέρια. Διότι αυτό που έρχεται στην ύπαρξη αργότερα δεν μπορεί να προκαλέσει αυτό που προηγείται από αυτό

Άγιος Ειρηναίος Λουγδούνου

Έλεγχος και Ανατροπή της Ψευδωνύμου Γνώσεως 5:23:2

Και υπάρχουν, πάλι, μερικοί που μεταθέτουν τον θάνατο του Αδάμ στο χιλιοστό έτος· επειδή "μια ημέρα του Κυρίου είναι χίλια χρόνια", δεν ξεπέρασε τα χίλια χρόνια, αλλά πέθανε μέσα σε αυτά, εκτελώντας έτσι την ποινή της αμαρτίας του.

Έλεγχος και Ανατροπή της Ψευδωνύμου Γνώσεως 2:10:4

Οι άνθρωποι, πράγματι, δεν είναι σε θέση να φτιάξουν κάτι από το τίποτα, αλλά μόνο από το υπάρχον υλικό. Ο Θεός, ωστόσο, είναι μεγαλύτερος από τους ανθρώπους πρώτα απ' όλα σε αυτό: ότι, όταν τίποτα δεν υπήρχε εκ των προτέρων, κάλεσε σε ύπαρξη το ίδιο το υλικό για τη δημιουργία του

Κλήμης ο Αλεξανδρεύς Στρωματείς 6:16

Και πώς θα μπορούσε η δημιουργία να λάβει χώρα στο χρόνο, αφού ο χρόνος γεννήθηκε μαζί με τα πράγματα που υπάρχουν; Για να διδαχθούμε, λοιπόν, ότι ο

κόσμος δημιουργήθηκε και να μην υποθέσουμε ότι ο Θεός τον δημιούργησε στον χρόνο, η προφητεία προσθέτει: "Έτσι, λοιπόν, δημιουργήθηκαν σταδιακά ο ουρανός και η γη." [Γέν. 2:4]. Διότι η έκφραση "δημιουργήθηκαν" υποδηλώνει μια αόριστη και χωρίς ημερομηνία παραγωγή

Ωριγένης

Περί των Πρώτων Αρχών 1:0:4

Τα συγκεκριμένα σημεία που παραδίδονται με σαφήνεια μέσω του αποστολικού κηρύγματος είναι τα εξής: Πρώτον, ότι υπάρχει ένας Θεός, ο οποίος δημιούργησε και διευθέτησε όλα τα πράγματα και ο οποίος, όταν δεν υπήρχε τίποτα, κάλεσε όλα τα πράγματα σε ύπαρξη.

Περί των Πρώτων Αρχών 4:1:16

Διότι ποιος νοήμων θα υποθέσει ότι η πρώτη και η δεύτερη και η τρίτη ημέρα υπήρχαν χωρίς ήλιο και φεγγάρι και αστέρια και ότι η πρώτη ημέρα ήταν, κατά κάποιο τρόπο, επίσης χωρίς ουρανό; Δεν υποθέτω ότι κανείς αμφιβάλλει ότι αυτά

τα πράγματα υποδηλώνουν μεταφορικά ορισμένα μυστήρια, αφού η ιστορία έλαβε χώρα μεταφορικά και όχι κυριολεκτικά

Ομιλίες περί της Γένεσης

Το κείμενο έλεγε ότι "έγινε βράδυ και έγινε πρωί"- δεν έλεγε "την πρώτη ημέρα", αλλά έλεγε "μία ημέρα". Αυτό συμβαίνει επειδή δεν υπήρχε ακόμη χρόνος πριν από την ύπαρξη του κόσμου. Αλλά ο χρόνος αρχίζει να υπάρχει με τις επόμενες ημέρες

Κατά Κέλσου 6:60

Και όσον αφορά τη δημιουργία του φωτός κατά την πρώτη ημέρα και των

[μεγάλων] φώτων και αστέρων κατά την τέταρτη την έχουμε εξετάσει με τον καλύτερο δυνατό τρόπο στις παρατηρήσεις μας για τη Γένεση, καθώς και στις προηγούμενες σελίδες, όταν βρήκαμε σφάλμα σε εκείνους που, λαμβάνοντας τις λέξεις στην προφανή τους σημασία, είπαν ότι ο χρόνος των έξι ημερών καταλήφθηκε για τη δημιουργία του κόσμου

Άγιος Κυπριανός Καρχηδόνας Πραγματεία 11:11

Οι πρώτες επτά ημέρες της θείας διάταξης είναι επτά χιλιάδες χρόνια.

Άγιος Βικτωρίνος Πεταβίου

Περί της δημιουργίας του κόσμου

Ο Θεός παρήγαγε όλη τη μάζα για τον στολισμό της μεγαλειότητάς του σε έξι ημέρες. Την έβδομη ημέρα, την καθαγίασε με μια ευλογία

Μέγας Βασίλειος

Εις την Εξαήμερον 1:1-2

Και έγινε βράδυ και πρωί, μια μέρα. Γιατί είπε "μία" και όχι "πρώτη"; Είπε "μία"

επειδή καθόριζε το μέτρο της ημέρας και της νύχτας αφού είκοσι τέσσερις ώρες

συμπληρώνουν το διάστημα μιας ημέρας.

Άγιος Αμβρόσιος Μεδιολάνων Εξαήμερος

Η Αγία Γραφή καθιέρωσε έναν νόμο σύμφωνα με τον οποίο οι είκοσι τέσσερις ώρες, που περιλαμβάνουν τόσο την ημέρα όσο και τη νύχτα, θα πρέπει να ονομάζονται μόνο ημέρα, σαν να λέγαμε ότι η διάρκεια μιας ημέρας είναι είκοσι τέσσερις ώρες σε έκταση. Οι νύχτες σε αυτόν τον υπολογισμό θεωρούνται συστατικά μέρη των

ημερών που μετριούνται. Επομένως, όπως ακριβώς υπάρχει μία και μόνη περιστροφή του χρόνου, έτσι υπάρχει μόνο μία ημέρα. Υπάρχουν πολλοί που αποκαλούν ακόμη και μια εβδομάδα μία ημέρα, επειδή επιστρέφει στον εαυτό της, όπως ακριβώς και μια ημέρα, και θα μπορούσε κανείς να πει ότι επτά φορές περιστρέφεται γύρω από τον εαυτό της

Ιερός Αυγουστίνος Ιππώνος

Η κυριολεκτική ερμηνεία της Γένεσης 1:19-20

Όχι σπάνια συμβαίνει ότι κάτι για τη γη, για τον ουρανό, για άλλα στοιχεία αυτού του κόσμου, για την κίνηση και την περιστροφή ή ακόμη και για το μέγεθος και τις αποστάσεις των άστρων, για τις συγκεκριμένες εκλείψεις του ήλιου και της σελήνης, για το πέρασμα των ετών και των εποχών, για τη φύση των ζώων, των καρπών, των λίθων και άλλων τέτοιων πραγμάτων, μπορεί να γίνει γνωστό με τη μεγαλύτερη βεβαιότητα με τη λογική ή την εμπειρία, ακόμη και από κάποιον που δεν είναι χριστιανός. Είναι όμως πάρα πολύ ντροπιαστικό και καταστροφικό, και πρέπει να αποφευχθεί σε μεγάλο βαθμό, να ακούσει [ο μη χριστιανός] έναν χριστιανό να μιλάει τόσο ηλίθια για αυτά τα θέματα, και σαν να συμφωνεί με τα χριστιανικά γραπτά, ώστε θα μπορούσε να πει ότι δύσκολα θα μπορούσε να συγκρατήσει τα γέλια όταν θα

έβλεπε πόσο εντελώς λανθασμένα είναι. Λαμβάνοντας υπόψη αυτό και έχοντας το διαρκώς κατά νου κατά την ενασχόλησή μου με το βιβλίο της Γένεσης, έχω, στο μέτρο που μπορούσα, εξηγήσει λεπτομερώς και έχω εκθέσει προς εξέταση τις σημασίες των ασαφών χωρίων, φροντίζοντας να μην επιβεβαιώσω βιαστικά κάποια έννοια προς βλάβη μιας άλλης και ίσως καλύτερης εξήγησης

Η κυριολεκτική ερμηνεία της Γένεσης 2:9

Με τις γραφές είναι θέμα αντιμετώπισης της πίστης. Για τον λόγο αυτό, όπως έχω σημειώσει επανειλημμένα, αν κάποιος, που δεν κατανοεί τον τρόπο της θείας

ευγλωττίας, βρει κάτι για αυτά τα θέματα [για το φυσικό σύμπαν] στα βιβλία μας ή ακούσει γι' αυτά από αυτά τα βιβλία, τέτοιου είδους που φαίνεται να έρχεται σε αντίθεση με τις αντιλήψεις των δικών του λογικών ικανοτήτων, ας πιστέψει ότι αυτά τα άλλα πράγματα δεν είναι καθόλου απαραίτητα για τις παραινέσεις ή τις αφηγήσεις ή τις προβλέψεις των γραφών. Εν ολίγοις, πρέπει να πούμε ότι οι συγγραφείς μας γνώριζαν την αλήθεια για τη φύση των ουρανών, αλλά δεν ήταν πρόθεση του

Πνεύματος του Θεού, που μίλησε μέσω αυτών, να διδάξει στους ανθρώπους οτιδήποτε που δεν θα τους ήταν χρήσιμο για τη σωτηρία τους

Η κυριολεκτική ερμηνεία της Γένεσης 4:27

Επτά ημέρες κατά τον υπολογισμό μας, κατά το πρότυπο των ημερών της

δημιουργίας, αποτελούν μια εβδομάδα. Με το πέρασμα αυτών των εβδομάδων ο χρόνος κυλάει, και σε αυτές τις εβδομάδες μία ημέρα σχηματίζεται από την πορεία του ήλιου από την ανατολή έως τη δύση του· αλλά πρέπει να έχουμε κατά νου ότι αυτές οι ημέρες θυμίζουν πράγματι τις ημέρες της δημιουργίας, χωρίς όμως να είναι πραγματικά παρόμοιες με αυτές.

Η κυριολεκτική ερμηνεία της Γένεσης 5:2

Τουλάχιστον γνωρίζουμε ότι αυτή [η ημέρα δημιουργίας της Γένεσης] είναι

διαφορετική από τη συνηθισμένη ημέρα με την οποία είμαστε εξοικειωμένοι.

Η Πολιτεία Του Θεού 11:6

Διότι σε αυτές τις ημέρες [της δημιουργίας] μετριούνται το πρωί και το βράδυ μέχρις ότου, την έκτη ημέρα, τελειώσουν όλα όσα ο Θεός τότε δημιούργησε, και την έβδομη ημέρα η ανάπαυση του Θεού σηματοδοτήθηκε μυστηριωδώς και μεγαλειωδώς. Τι

είδους ημέρες ήταν αυτές οι ημέρες είναι εξαιρετικά δύσκολο ή ίσως αδύνατο να τις συλλάβουμε, και πόσο μάλλον να τις πούμε!

Η Πολιτεία Του Θεού 11:7

Βλέπουμε ότι οι συνηθισμένες ημέρες μας δεν έχουν απόγευμα παρά μόνο με τη δύση [του ήλιου] και πρωί παρά μόνο με την ανατολή του ήλιου, αλλά οι τρεις πρώτες ημέρες όλων πέρασαν χωρίς ήλιο, αφού αναφέρεται ότι έγινε την τέταρτη

ημέρα. Και πρώτα απ' όλα, πράγματι, το φως έγινε με τον λόγο του Θεού, και ο Θεός, διαβάζουμε, το χώρισε από το σκοτάδι και ονόμασε το φως "ημέρα" και το σκοτάδι "νύχτα"· αλλά τι είδους φως ήταν αυτό και με ποια περιοδική κίνηση έκανε το βράδυ και το πρωί, είναι πέρα από την εμβέλεια των αισθήσεών μας· ούτε μπορούμε να καταλάβουμε πώς έγινε και όμως πρέπει να το πιστέψουμε χωρίς δισταγμό

Η Πολιτεία Του Θεού 14:11

Αν και ο Θεός σχημάτισε τον άνθρωπο από το χώμα της γης, ωστόσο η ίδια η γη και κάθε γήινη ύλη είναι απολύτως δημιουργημένη από το τίποτα· και την ψυχή του ανθρώπου, επίσης, ο Θεός τη δημιούργησε από το τίποτα και την ένωσε με το σώμα, όταν δημιούργησε τον άνθρωπο.

Εξομολογήσεις 12:7

Ω Κύριε, που δεν είναι άλλο πράγμα σε ένα μέρος και άλλο σε ένα άλλο, αλλά το ίδιο και το ίδιο και το ίδιο και το ίδιο; Άγιος, άγιος, άγιος, Κύριε Παντοδύναμε Θεέ, στην αρχή, που είναι από σένα, με τη σοφία σου, που γεννήθηκε από την ουσία σου,

δημιούργησες κάτι, και μάλιστα από το τίποτα. Διότι εσύ δημιούργησες τον ουρανό και τη γη, όχι από τον εαυτό σου, διότι τότε θα ήταν ίσα με τον μονογενή σου [Υιό], και κατ' αυτόν τον τρόπο ακόμη και με σένα· και σε καμία περίπτωση δεν θα ήταν σωστό να είναι ίσα με σένα κάτι που δεν ήταν από σένα. Και τίποτε άλλο εκτός από σένα δεν υπήρχε, από όπου θα μπορούσες να δημιουργήσεις αυτά τα πράγματα, ω Θεέ, μία Τριάδα και τριαδική ενότητα· και, επομένως, από το τίποτα δημιούργησες τον ουρανό και τη γη

Ερμάς

Ποιμήν του Ερμά 1:1:1

Και καθώς προσευχόμουν, άνοιξαν οι ουρανοί και είδα τη γυναίκα που είχα επιθυμήσει να με χαιρετάει από τον ουρανό και να λέει: "Χαίρε, Ερμά!". Και κοιτάζοντάς την, της είπα: "Κυρία, τι κάνεις εδώ;". Και εκείνη μου απάντησε: "Με ανέβασαν εδώ πάνω για να σε κατηγορήσω για τις αμαρτίες σου ενώπιον του Κυρίου". "Κυρία", είπα, "θα γίνεις το αντικείμενο της κατηγορίας μου;" "Όχι", είπε, "αλλά άκουσε τα λόγια που θα σου πω. Ο Θεός, ο οποίος κατοικεί στους ουρανούς και δημιούργησε από το τίποτα τα υπάρχοντα και τα πολλαπλασίασε και τα αύξησε για χάρη της αγίας Εκκλησίας του, είναι θυμωμένος μαζί σου επειδή αμάρτησες εναντίον μου.

Ποιμήν του Ερμά 2:1:1

Πιστέψτε πρώτα απ' όλα ότι ο Θεός είναι ένας, ότι δημιούργησε όλα τα πράγματα και τα έβαλε σε τάξη και έφερε από την ανυπαρξία στην ύπαρξη κάθε τι που υπάρχει, και ότι περιέχει όλα τα πράγματα, ενώ ο ίδιος είναι ακέραιος.

Άγιος Αριστείδης ο Αθηναίος Απολογία 4

Ας προχωρήσουμε, λοιπόν, ω βασιλιά, στα ίδια τα στοιχεία, για να αποδείξουμε σχετικά με αυτά ότι δεν είναι θεοί, αλλά φθαρτά και ευμετάβλητα πράγματα, που παράγονται από το ανύπαρκτο από εκείνον που είναι αληθινά Θεός, ο οποίος είναι άφθαρτος και αμετάβλητος και αόρατος, αλλά που βλέπει τα πάντα και τα μεταβάλλει και τα αλλάζει όπως αυτός θέλει

Θεόφιλος ο Αντιοχεύς Προς Αυτόλυκον 2:4

Επιπλέον, εφόσον ο Θεός είναι άκτιστος, είναι και αμετάβλητος έτσι και η ύλη, αν ήταν άκτιστη, θα ήταν αμετάβλητη και ίση με τον Θεό. Αυτό που δημιουργείται είναι μεταβλητό και ευμετάβλητο, ενώ αυτό που είναι άκτιστο είναι αμετάβλητο και αναλλοίωτο. Τι σπουδαίο πράγμα θα ήταν, αν ο Θεός έφτιαχνε τον κόσμο από την υπάρχουσα ύλη; Ακόμα και ένας ανθρώπινος καλλιτέχνης, όταν παίρνει υλικό από κάποιον, το κάνει ό,τι θέλει. Αλλά η δύναμη του Θεού γίνεται φανερή σε αυτό, ότι κάνει ό,τι θέλει από ό,τι δεν υπάρχει, και το να δίνει ζωή και κίνηση δεν ανήκει σε κανέναν άλλον παρά μόνο στον Θεό

Προς Αυτόλυκον 2:10

Και πρώτον, αυτοί [οι προφήτες του Θεού] μας δίδαξαν με μία συναίνεση ότι ο Θεός δημιούργησε τα πάντα από το μηδέν· επειδή τίποτα δεν ήταν συν-αιώνιο με τον Θεό· αλλά αυτός, που ήταν ο δικός του τόπος και δεν ήθελε τίποτα, και υπήρχε πριν από τους αιώνες, θέλησε να κάνει τον άνθρωπο, από τον οποίο θα μπορούσε να γίνει γνωστός· γι' αυτόν [τον άνθρωπο], λοιπόν, ετοίμασε τον κόσμο. Διότι και ο

δημιουργημένος έχει ανάγκη· ο άκτιστος όμως δεν έχει ανάγκη από τίποτε

Τερτυλλιανός Απολογητικός 17:1

Το αντικείμενο της λατρείας μας είναι ο ένας Θεός, ο οποίος, με τον Λόγο της εντολής του, με τη λογική του σχεδίου του και με τη δύναμη της δύναμής του, ανέδειξε από το τίποτα για τη δόξα της μεγαλειότητάς του όλο αυτό το οικοδόμημα των στοιχείων, των σωμάτων και των πνευμάτων· γι' αυτό και οι Έλληνες έδωσαν στον κόσμο το όνομα Κόσμος.

Κατά Ερμογένη 17:1

Είναι ο μοναδικός Θεός γι' αυτόν και μόνο τον λόγο, ότι είναι ο μοναδικός Θεός, και είναι ο μοναδικός Θεός γι' αυτόν και μόνο τον λόγο, ότι τίποτα δεν υπήρξε μαζί του.

Έτσι, επίσης, πρέπει να είναι ο πρώτος, διότι όλα τα άλλα είναι μετά από αυτόν. Όλα τα άλλα είναι μετά από αυτόν, επειδή όλα τα άλλα είναι από αυτόν και από αυτόν, επειδή δημιουργήθηκαν από το τίποτα

Άγιος Ιππόλυτος Ρώμης

Περί το τέλος του κόσμου 43

Τότε θα απαντήσουν οι δίκαιοι... Εσύ είσαι ο πάντοτε ζωντανός. Είσαι χωρίς αρχή, όπως ο Πατέρας, και αιώνιος μαζί με το Πνεύμα. Είσαι αυτός που έκανε τα πάντα από το τίποτα...

Εξαήμερος

Την πρώτη ημέρα ο Θεός δημιούργησε ό,τι δημιούργησε από το τίποτα. Αλλά τις άλλες ημέρες δεν έκανε από το τίποτα, αλλά από αυτό που είχε κάνει την πρώτη ημέρα, διαμορφώνοντάς το σύμφωνα με την ευχαρίστησή του.

Μεθόδιος

Ομιλία για τον Συμεών και την Άννα 6

Όλα τα πράγματα τοποθετούνται κάτω από εσένα [τον Θεό] ως την αιτία και τον

δημιουργό τους, ως εκείνον που έφερε όλα τα πράγματα στην ύπαρξη από το τίποτα και έδωσε σε ό,τι ήταν ασταθές μια σταθερή συνοχή- ως ο συνδετικός κρίκος και ο συντηρητής αυτού που έχει έρθει στην ύπαρξη- ως ο διαμορφωτής των

διαφορετικών από τη φύση τους πραγμάτων- ως εκείνος που, με σοφό και σταθερό χέρι, κρατάει το τιμόνι του σύμπαντος- ως η ίδια η αρχή κάθε καλής τάξης- ως ο αδιαμφισβήτητος δεσμός της ομόνοιας και της ειρήνης.

Ομιλία για την Ανάσταση 1:14

Στην πραγματικότητα, από το τίποτα, ο άνθρωπος γεννιέται, [άρα] πόσο μάλλον ο άνθρωπος θα γεννηθεί ξανά από έναν ήδη υπάρχοντα άνθρωπο; Διότι δεν είναι τόσο δύσκολο να δημιουργηθεί κάτι εκ νέου, αφού έχει υπάρξει κάποτε και έχει περιπέσει σε αποσύνθεση, όσο να παραχθεί από το τίποτα αυτό που δεν υπήρξε ποτέ

Λακτάντιος

Περί θείων θεσμών 1:3

[Είναι ανόητο να πιστεύει κανείς] ότι ο ένας Θεός, ο οποίος είχε τη δύναμη να δημιουργήσει το σύμπαν, είναι επίσης ανίκανος να κυβερνήσει αυτό που

δημιούργησε. Αν όμως συλλάβει στο μυαλό του πόσο μεγάλη είναι η απεραντοσύνη αυτού του θεϊκού έργου, όταν πριν δεν ήταν τίποτε, αλλά ότι με τη δύναμη και τη σοφία του Θεού δημιουργήθηκε από το τίποτα ένα έργο που θα μπορούσε να

ξεκινήσει και να ολοκληρωθεί μόνο από έναν, θα καταλάβει τώρα ότι αυτό που έχει δημιουργηθεί από έναν κυβερνάται πολύ πιο εύκολα από έναν

Περί θείων θεσμών 2:8:8

Ας μη ρωτήσει κανείς από ποια υλικά ο Θεός έφτιαξε αυτά τα τόσο μεγάλα και θαυμαστά έργα, διότι τα έκανε όλα από το τίποτα. Χωρίς ξύλο, ένας ξυλουργός δεν θα κατασκευάσει τίποτα, διότι το ίδιο το ξύλο δεν είναι σε θέση να το φτιάξει. Το να

μην είναι ικανός είναι μια ιδιότητα της αδύναμης ανθρωπότητας. Αλλά ο ίδιος ο Θεός φτιάχνει το υλικό του, επειδή είναι ικανός. Το να είναι ικανός είναι μια ιδιότητα του Θεού, και, αν δεν ήταν ικανός, ούτε Θεός θα ήταν. Ο άνθρωπος φτιάχνει πράγματα από αυτό που ήδη υπάρχει, επειδή είναι περιορισμένης και μέτριας δύναμης. Ο

Θεός φτιάχνει πράγματα από αυτό που δεν υπάρχει, επειδή είναι δυνατός- λόγω της δύναμής του, η δύναμή του είναι απροσμέτρητη, δεν έχει ούτε τέλος ούτε περιορισμό, όπως η ίδια η ζωή του δημιουργού

Άγιος Αλέξανδρος Α΄ Αλεξανδρείας Επιστολές για την Αρειανή αίρεση 1:11

Ο Λόγος, με τον οποίο ο Πατέρας δημιούργησε τα πάντα από το τίποτα, γεννήθηκε από τον ίδιο τον αληθινό Πατέρα.

Ἀποστολικαὶ Διαταγαί Ἀποστολικαὶ Διαταγαί 5:1:7

Ανεβάζει όλους τους ανθρώπους με τη θέλησή του, σαν να μη χρειάζεται καμία βοήθεια. Διότι είναι έργο της ίδιας δύναμης να δημιουργεί τον κόσμο και να ανασταίνει τους νεκρούς. Και τότε έκανε τον άνθρωπο, που δεν ήταν άνθρωπος πριν, από διάφορα μέρη, δίνοντάς του ψυχή φτιαγμένη από το τίποτα. Τώρα όμως θα αποκαταστήσει τα σώματα, τα οποία έχουν διαλυθεί, στις ψυχές που

εξακολουθούν να υπάρχουν- διότι η ανάσταση ανήκει σε πράγματα που έχουν τεθεί, όχι σε πράγματα που δεν έχουν ύπαρξη. Εκείνος λοιπόν που δημιούργησε τα αρχικά σώματα από το τίποτα, και διαμόρφωσε διάφορες μορφές τους, θα αναστήσει και πάλι και θα αναστήσει τα νεκρά σώματα

Ἀποστολικαὶ Διαταγαί 8:2:12

Διότι εσύ [Πατέρα] είσαι η αιώνια γνώση, η αιώνια όραση, η αγέννητη ακοή, η αδιανόητη σοφία, ο πρώτος από τη φύση και το μέτρο της ύπαρξης και πέρα από κάθε αριθμό- ο οποίος έφερες τα πάντα από το μηδέν στο γίγνεσθαι με τον μονογενή σου Υιό, αλλά τον γέννησες πριν από όλους τους αιώνες με τη θέλησή σου, τη δύναμή σου και την καλοσύνη σου, χωρίς κανένα όργανο, τον μονογενή Υιό, τον Θεό Λόγο.

Τα Ιερά Μυστήρια

Βάπτισμα

Μια βασική αναφορά της Αγίας Γραφής για την «αναγέννηση» του βαπτίσματος είναι το Ιωάν. 3:5, όπου ο Ιησούς λέει: «Σε βεβαιώνω πως αν κανείς δε γεννηθεί απ' το νερό κι από το Πνεύμα, δεν μπορεί να μπει στη βασιλεία του Θεού.». Κανένας

Πατέρας της Εκκλησίας δεν αναφέρθηκε στο Ιωάν. 3:5 ως κάτι άλλο εκτός από το βάπτισμα με νερό.

Όπως δείχνουν τα παρακάτω αποσπάσματα από τα έργα των Πατέρων, οι Χριστιανοί πάντα πίστευαν στην αναγκαιότητα του βαπτίσματος με νερό, αναγνωρίζοντας παράλληλα το βάπτισμα της επιθυμίας ή του αίματος.

Αν και πολλές προτεσταντικές παραδόσεις βαφτίζουν τα νήπια, οι Βαπτιστές και οι Αναβαπτιστές επιμένουν ότι το βάπτισμα είναι μόνο για εκείνους που έχουν έρθει στην πίστη.

Δεν υπάρχει καμία αμφιβολία ότι η Πρωτοχριστιανική Εκκλησία εφάρμοζε τον νηπιοβαπτισμό και παρόλο που κάποιοι χριστιανοί συγγραφείς εξέφρασαν την ιδέα της καθυστέρησης του βαπτίσματος για τα παιδιά και για τους ενήλικες, δεν υπήρχε καμία αμφιβολία για τη εγκυρότητα του νηπιοβαπτισμού μέχρι τη Μεταρρύθμιση.

Άγιος Ιγνάτιος Αντιοχείας Προς τον Πολύκαρπον 6:2

Να γίνεστε αρεστοί σ' αυτόν που στρατευθήκατε, από τον οποίο αποκομίζετε και τα τρόφιμα. Κανένας από σας να μη βρεθεί λιποτάκτης. Το βάπτισμα σας να μένει σαν τα όπλα, η πίστη ως περικεφαλαία, η αγάπη ως δόρυ, η υπομονή ως πανοπλία, παρακαταθήκες σας να είναι τα έργα σας, ώστε να τα λάβετε πίσω επάξια, σαν

χρήματα κατατεθειμένα προς φύλαξη. Να δείχνετε λοιπόν μακροθυμία μεταξύ σας με πραότητα, όπως ο Θεός με σας. Θα ήθελα πολύ να σας φανώ ωφέλιμος για πάντα.

Άγιος Ιουστίνος Φιλόσοφος καὶ Μάρτυρας Απολογία 61

Όσοι έχουν πειστεί και πιστεύουν ότι αυτά που διδάσκουμε και λέμε [οι Χριστιανοί] είναι αληθινά, και αναλαμβάνουν την υποχρέωση να μπορούν να ζουν ανάλογα, και έχουν διδαχθεί να προσεύχονται και να παρακαλούν τον Θεό με νηστεία, για την

άφεση των αμαρτιών τους που έχουν περάσει, προσευχόμαστε και νηστεύουμε μαζί τους. Στη συνέχεια, τους φέρνουμε από εμάς εκεί όπου υπάρχει νερό και αναγεννώνται με τον ίδιο τρόπο με τον οποίο αναγεννηθήκαμε εμείς οι ίδιοι. Διότι, στο όνομα του Θεού, του Πατέρα ... και του Σωτήρα μας Ιησού Χριστού, και του Αγίου Πνεύματος [Ματθ. 28:19], δέχονται στη συνέχεια το πλύσιμο με νερό. Διότι και ο Χριστός είπε: "Αν δεν αναγεννηθείτε, δεν θα μπείτε στη βασιλεία των ουρανών" [Ιωάν. 3:3].

Άγιος Ειρηναίος Λουγδούνου

Έλεγχος και Ανατροπή της Ψευδωνύμου Γνώσεως 2:22:4

Αυτός [ο Ιησούς] ήρθε για να σώσει όλους μέσω του εαυτού του όλους, λέω, όσους μέσω αυτού αναγεννώνται στον Θεό: βρέφη, παιδιά, νέους και γέροντες. Γι' αυτό πέρασε από κάθε ηλικία, έγινε βρέφος για τα βρέφη, αγιάζοντας τα βρέφη- παιδί για τα παιδιά, αγιάζοντας εκείνους που βρίσκονται σε αυτή την ηλικία. [έτσι ώστε] να

είναι ο τέλειος δάσκαλος σε όλα τα πράγματα, τέλειος όχι μόνο ως προς τη διατύπωση της αλήθειας, τέλειος και ως προς τη σχετική ηλικία

Τερτυλλιανός

Περί του βαπτίσματος 1:1

Μια πραγματεία για το μυστήριο του νερού, με το οποίο ξεπλένονται οι αμαρτίες της προηγούμενης τύφλωσής μας και απελευθερωνόμαστε για την αιώνια ζωή, δεν θα είναι περιττή.

Περί του βαπτίσματος 5:6

Απομάκρυνση του θανάτου με το πλύσιμο των αμαρτιών. Αφού απομακρύνεται η ενοχή, απομακρύνετε φυσικά και η ποινή.

Περί του βαπτίσματος 7:2

Το ίδιο το βάπτισμα είναι μια σωματική πράξη με την οποία βυθιζόμαστε στο νερό, ενώ το αποτέλεσμά του είναι πνευματικό, καθώς απελευθερωνόμαστε από τις αμαρτίες μας.

Περί του βαπτίσματος 12:1

Κανείς δεν μπορεί να επιτύχει τη σωτηρία χωρίς το βάπτισμα, ιδίως ενόψει της δήλωσης του Κυρίου, ο οποίος λέει: "Αν κάποιος δεν αναγεννηθεί από το νερό, δεν θα έχει ζωή".

Περί του βαπτίσματος 16

Έχουμε, πράγματι, μια δεύτερη [βαπτιστική] κολυμβήθρα που είναι μία με την πρώτη [βάπτιση με νερό]: δηλαδή, εκείνη του αίματος, για την οποία ο Κύριος λέει: "Θα βαπτιστώ με βάπτισμα" [Λουκάς 12:50], ενώ είχε ήδη βαπτιστεί. Είχε έρθει μέσω νερού και αίματος, όπως έγραψε ο Ιωάννης [Α΄ Ιωάννη 5:6], για να βαπτιστεί με νερό και να δοξαστεί με αίμα. Αυτό είναι το βάπτισμα που αντικαθιστά εκείνο της πηγής, όταν δεν έχει ληφθεί

Άγιος Ιππόλυτος Ρώμης

Ομιλία περί των Αγίων Θεοφανείων 8

Ο Πατέρας της αθανασίας έστειλε στον κόσμο τον αθάνατο Υιό και Λόγο, ο οποίος ήρθε στον άνθρωπο για να τον πλύνει με νερό και Πνεύμα· και αυτός, γεννώντας μας ξανά στην αφθαρσία της ψυχής και του σώματος, εμφύσησε σε μας το Πνεύμα της ζωής και μας εξόπλισε με άφθαρτη περιβολή. Αν, λοιπόν, ο άνθρωπος έγινε αθάνατος, θα γίνει και Θεός. Και αν έχει γίνει Θεός δια του ύδατος και του Αγίου

Πνεύματος μετά την αναγέννηση από τον νάρθηκα, διαπιστώνεται ότι είναι επίσης συγκληρονόμος με τον Χριστό μετά την ανάσταση από τους νεκρούς. Γι' αυτό κηρύττω το εξής: Ελάτε, όλες οι φυλές των εθνών, στην αθανασία του βαπτίσματος Ομιλίες 11:26

Μπορεί κάποιος να ρωτήσει: "Τι ωφελεί στην ευσέβεια το βάπτισμα;". Πρώτον, για να κάνεις αυτό που φάνηκε καλό στον Θεό· δεύτερον, για να ξαναγεννηθείς δια του ύδατος στον Θεό, ώστε να αλλάξεις την πρώτη σου γέννηση, που ήταν από τη

ευαισθησία, και να μπορέσεις να φτάσεις στη σωτηρία, η οποία διαφορετικά θα ήταν αδύνατη. Διότι έτσι μας έχει ορκιστεί ο [προφήτης]: "Αμήν, σας λέω, αν δεν ξαναγεννηθείτε με νερό ζωντανό, στο όνομα του Πατρός, του Υιού και του Αγίου

Πνεύματος, δεν θα εισέλθετε στη βασιλεία των ουρανών.

Άγιος Κυπριανός Καρχηδόνας Επιστολή 64:2

Όσον αφορά την περίπτωση των βρεφών: ότι πρέπει να λαμβάνεται υπόψη ο παλαιός νόμος της περιτομής και ότι δεν πιστεύετε ότι κάποιος πρέπει να βαφτίζεται και να αγιάζεται μέσα στην όγδοη ημέρα από τη γέννησή του. Στο συμβούλιο μας

μας φάνηκε πολύ διαφορετικά. Κανείς δεν συμφώνησε με την πορεία που εσείς πιστεύατε ότι έπρεπε να ακολουθηθεί. Αντίθετα, όλοι κρίνουμε ότι το έλεος και η χάρη του Θεού δεν πρέπει να αρνηθούμε σε κανέναν άνθρωπο που γεννήθηκε

Επιστολή 64:5

Αν, στην περίπτωση των χειρότερων αμαρτωλών και εκείνων που προηγουμένως αμάρτησαν πολύ εναντίον του Θεού, όταν στη συνέχεια πιστεύουν, η άφεση των αμαρτιών τους χορηγείται και κανείς δεν εμποδίζεται από το βάπτισμα και τη χάρη, πόσο περισσότερο, τότε, δεν θα πρέπει να εμποδίζεται ένα βρέφος, το οποίο, αφού γεννήθηκε πρόσφατα, δεν έχει κάνει καμία αμαρτία, εκτός από το ότι, γεννημένο από τη σάρκα σύμφωνα με τον Αδάμ, έχει προσβληθεί από τη μόλυνση του παλαιού θανάτου από την πρώτη του γέννηση. Γι' αυτόν ακριβώς τον λόγο [το βρέφος] πλησιάζει ευκολότερα για να λάβει την άφεση των αμαρτιών: επειδή οι αμαρτίες που του συγχωρούνται δεν είναι δικές του, αλλά ενός άλλου.

Επιστολή 71:1

[Όταν] λάβουν επίσης το βάπτισμα της Εκκλησίας ... τότε επιτέλους μπορούν να αγιαστούν πλήρως και να γίνουν τέκνα του Θεού ... αφού είναι γραμμένο: "Αν κάποιος δεν γεννηθεί εκ νέου από το νερό και το Πνεύμα, δεν μπορεί να εισέλθει στη βασιλεία του Θεού".

Επιστολή 72:21

[Το] βάπτισμα της δημόσιας μαρτυρίας και του αίματος δεν μπορεί να ωφελήσει έναν αιρετικό στη σωτηρία, διότι δεν υπάρχει σωτηρία έξω από την Εκκλησία.

Επιστολή 72:22

[Οι κατηχούμενοι που υφίστανται μαρτυρικό θάνατο] δεν στερούνται το μυστήριο του βαπτίσματος. Αντίθετα, βαπτίζονται με το πιο ένδοξο και μεγαλύτερο βάπτισμα του αίματος, για το οποίο ο Κύριος είπε ότι είχε ένα άλλο βάπτισμα με το οποίο θα βαπτιζόταν ο ίδιος [Λουκ. 12:50].

Προς το Δονάτο

Στη συνέχεια, όμως, όταν η κηλίδα της προηγούμενης ζωής μου ξεπλύθηκε με το νερό της αναγέννησης, ένα φως από ψηλά χύθηκε πάνω στην τιμωρημένη και τώρα καθαρή καρδιά μου- στη συνέχεια, μέσω του Πνεύματος που εκπνέεται από τον ουρανό, μια δεύτερη γέννηση με έκανε νέο άνθρωπο.

Προς το Δονάτο 3-4

Ενώ ήμουν ξαπλωμένος στο σκοτάδι... Σκέφτηκα ότι ήταν πράγματι δύσκολο και δύσκολο να πιστέψω ... ότι το θείο έλεος είχε υποσχεθεί για τη σωτηρία μου, έτσι

ώστε ο καθένας να μπορεί να αναγεννηθεί και να ζωοποιηθεί σε μια νέα ζωή από την κολυμπήθρα του σωτήριου νερού, να μπορεί να αποβάλει αυτό που ήταν πριν, και, αν και η δομή του σώματος παρέμεινε, να αλλάξει τον εαυτό του στην ψυχή και το νου. Αλλά μετά, όταν η κηλίδα της προηγούμενης ζωής μου ξεπλύθηκε με το

νερό της αναγέννησης, ένα φως από ψηλά χύθηκε πάνω στην τιμωρημένη και τώρα καθαρή καρδιά μου μετά, μέσω του Πνεύματος που αναπνέεται από τον ουρανό, μια δεύτερη γέννηση με έκανε νέο άνθρωπο

Άγιος Κύριλλος Α΄ Ιεροσολύμων Κατηχήσεις 3:4

Δεδομένου ότι ο άνθρωπος έχει διττή φύση, αποτελούμενη από σώμα και ψυχή, η κάθαρση είναι επίσης διττή: η σωματική για τη σωματική και η ασώματη για την ασώματη. Το νερό καθαρίζει το σώμα και το Πνεύμα σφραγίζει την ψυχή. Όταν

κατεβαίνετε στο νερό, λοιπόν, μην εξετάζετε απλώς το νερό, αλλά αναζητήστε τη σωτηρία μέσω της δύναμης του Πνεύματος. Διότι χωρίς και τα δύο δεν μπορείτε να φθάσετε στην τελειότητα. Δεν είμαι εγώ που το λέω αυτό, αλλά ο Κύριος Ιησούς Χριστός, ο οποίος έχει τη δύναμη σε αυτό το θέμα. Και λέει: "Αν δεν αναγεννηθεί ο άνθρωπος", και προσθέτει τις λέξεις "από νερό και από Πνεύμα", "δεν μπορεί να εισέλθει στη βασιλεία του Θεού". Εκείνος που βαπτίζεται με νερό, αλλά δεν κρίνεται άξιος του Πνεύματος, δεν λαμβάνει τη χάρη στην τελειότητα. Ούτε, αν κάποιος είναι ενάρετος στις πράξεις του, αλλά δεν λαμβάνει τη σφραγίδα μέσω του ύδατος, θα

εισέλθει στη βασιλεία των ουρανών. Μια τολμηρή ρήση, αλλά όχι δική μου- διότι ο Ιησούς είναι αυτός που τη διακήρυξε.

Κατηχήσεις 3:10

Αν κάποιος δεν λάβει το βάπτισμα, δεν έχει σωτηρία. Η μόνη εξαίρεση είναι οι

μάρτυρες, οι οποίοι, ακόμη και χωρίς νερό, θα λάβουν το βάπτισμα, διότι ο Σωτήρας αποκαλεί το μαρτύριο βάπτισμα (Μάρκ. 10:38).

Κατηχήσεις 3:12

Κουβαλώντας τις αμαρτίες σας, κατεβαίνετε στο νερό- αλλά η κλήση της χάρης σφραγίζει την ψυχή σας και δεν επιτρέπει να σας καταπιεί στη συνέχεια ο φοβερός δράκος. Κατεβαίνετε νεκροί μέσα στις αμαρτίες σας και ανεβαίνετε ζωντανοί μέσα στη δικαιοσύνη.

Μέγας Αθανάσιος

4 λόγοι κατά Αρειανών

Όπως όλοι είμαστε από τη γη και πεθαίνουμε στον Αδάμ, έτσι και αναγεννημένοι από πάνω από το νερό και το Πνεύμα, εν Χριστώ όλοι ζωοποιούμαστε.

Μέγας Βασίλειος

Προς Αμφιλόχιον, περί του Αγίου Πνεύματος 15:35

Αυτό λοιπόν σημαίνει να 'ξαναγεννηθείς από νερό και Πνεύμα': Ακριβώς όπως ο θάνατός μας συντελείται στο νερό [Ρωμ. 6:3, Κολ. 2:12-13], η ζωή μας συντελείται μέσω του Πνεύματος. Με τρεις καταδύσεις και ισάριθμες επικλήσεις ολοκληρώνεται

το μεγάλο μυστήριο του βαπτίσματος με τέτοιο τρόπο, ώστε ο τύπος του θανάτου να παρουσιάζεται παραστατικά και με τη μεταβίβαση της θείας γνώσης να φωτίζονται οι ψυχές των βαπτισμένων. Αν, λοιπόν, υπάρχει κάποια χάρη στο νερό, αυτή δεν προέρχεται από τη φύση του νερού, αλλά από την παρουσία του Πνεύματος εκεί

Προς Αμφιλόχιον, περί του Αγίου Πνεύματος 13:5

Για τους φυλακισμένους, το βάπτισμα είναι λύτρα, συγχώρεση χρεών, θάνατος της αμαρτίας, αναγέννηση της ψυχής, λαμπρό ένδυμα, άθραυστη σφραγίδα, άρμα για τον ουρανό, βασιλικός προστάτης, δώρο υιοθεσίας.

Αμβρόσιος Μεδιολάνων

Περί Αγίου Πνεύματος 1:6(75-76)

Παρόλο που βαπτιζόμαστε με νερό και Πνεύμα, το δεύτερο είναι πολύ ανώτερο από το πρώτο, και επομένως δεν πρέπει να διαχωρίζεται από τον Πατέρα και τον Υιό.

Υπάρχουν, ωστόσο, πολλοί που, επειδή βαπτιζόμαστε με νερό και Πνεύμα, νομίζουν ότι δεν υπάρχει διαφορά στα αξιώματα του νερού και του Πνεύματος, και επομένως πιστεύουν ότι δεν διαφέρουν ως προς τη φύση. Ούτε παρατηρούν ότι ενταφιαζόμαστε στο στοιχείο του νερού για να αναστηθούμε ανανεωμένοι από το Πνεύμα. Διότι στο νερό είναι η αναπαράσταση του θανάτου, στο Πνεύμα είναι η υπόσχεση της ζωής, ώστε το σώμα της αμαρτίας να πεθάνει μέσω του νερού, το οποίο περικλείει το σώμα σαν σε ένα είδος τάφου, ώστε εμείς, με τη δύναμη του

Πνεύματος, να ανανεωθούμε από το θάνατο της αμαρτίας, γενόμενοι εκ νέου εν Θεώ Αβραάμ 2:11:79-84

Η Εκκλησία εξαγοράστηκε με το αίμα του Χριστού. Ιουδαίος ή Έλληνας, δεν έχει διαφορά· αλλά αν έχει πιστέψει, πρέπει να περιτμηθεί από τις αμαρτίες του [με το

βάπτισμα (Κολ. 2:11-12)] για να μπορέσει να σωθεί ... γιατί κανείς δεν ανεβαίνει στη βασιλεία των ουρανών παρά μόνο μέσω του μυστηρίου του βαπτίσματος. Αν

κάποιος δεν αναγεννηθεί από το νερό και το Άγιο Πνεύμα, δεν μπορεί να εισέλθει στη βασιλεία του Θεού

Ερμηνεία του κατά Λουκάν ευαγγελίου 2:83

Ο Κύριος βαπτίστηκε, όχι για να καθαριστεί ο ίδιος, αλλά για να καθαρίσει τα νερά, ώστε τα νερά αυτά, καθαρισμένα από τη σάρκα του Χριστού που δεν γνώρισε

αμαρτία, να έχουν τη δύναμη του βαπτίσματος. Όποιος, λοιπόν, έρχεται στο πλύσιμο του Χριστού, αφήνει στην άκρη τις αμαρτίες του

Συμπόνια για το θάνατο του Βαλεντινιανού

Σας ακούω όμως να θρηνείτε επειδή [ο αυτοκράτορας Βαλεντινιανός] δεν είχε λάβει τα μυστήρια του βαπτίσματος. Πείτε μου, τι άλλο θα μπορούσαμε να έχουμε, εκτός από τη θέληση γι' αυτό, τη ζήτηση γι' αυτό; Είχε κι αυτός μόλις τώρα αυτή την επιθυμία, και αφού ήρθε στην Ιταλία άρχισε, και πριν από λίγο καιρό έδειξε ότι

επιθυμούσε να βαπτιστεί από εμένα. Δεν είχε, λοιπόν, τη χάρη που επιθυμούσε; Μήπως δεν είχε αυτό που αναζητούσε με ζήλο; Σίγουρα, επειδή την επιδίωξε, την έλαβε.

Άγιος Γρηγόριος Νύσσης Κατά Ευνόμιο 2:8

[Στη] γέννηση δια του ύδατος και του Πνεύματος, [ο Ιησούς] ο ίδιος έδειξε το δρόμο σε αυτή τη γέννηση, κατεβάζοντας στο νερό, με το δικό του βάπτισμα, το Άγιο

Πνεύμα- έτσι ώστε σε όλα έγινε ο πρωτότοκος εκείνων που αναγεννώνται πνευματικά, και έδωσε το όνομα των αδελφών σε εκείνους που συμμετείχαν σε μια γέννηση όπως η δική του δια του ύδατος και του Πνεύματος.

Άγιος Γρηγόριος Ναζιανζηνός ο Θεολόγος Ομιλία περί του Αγίου Πνεύματος 7-8

Τέτοια είναι η χάρη και η δύναμη του βαπτίσματος- όχι μια συντριβή του κόσμου όπως παλιά, αλλά ένας εξαγνισμός των αμαρτιών κάθε ατόμου και μια πλήρης κάθαρση από όλες τις πληγές και τους λεκέδες της αμαρτίας. Και επειδή είμαστε

διπλά πλασμένοι, εννοώ από σώμα και ψυχή, και το ένα μέρος είναι ορατό, το άλλο αόρατο, έτσι και ο καθαρισμός είναι επίσης διπλός, με το νερό και το Πνεύμα- το ένα λαμβάνεται ορατά στο σώμα, το άλλο συμπορεύεται με αυτό αόρατα και εκτός του σώματος- το ένα τυπικό, το άλλο πραγματικό και καθαρίζει τα βάθη

Ομιλία περί του Αγίου Βαπτίσματος 40:7

Έχετε βρέφος; Μην αφήνετε την αμαρτία να σας δώσει καμιά ευκαιρία- μάλλον, αφήστε το βρέφος να αγιάζεται από την παιδική του ηλικία. Από την πιο τρυφερή του ηλικία ας είναι αφιερωμένο από το Πνεύμα. Φοβάστε τη σφραγίδα [του βαπτίσματος] λόγω της αδυναμίας της φύσης; Ω, τι μικρόψυχη μητέρα και πόσο λίγη πίστη!

Ομιλία περί του Αγίου Βαπτίσματος 40:28

Αρκετά καλά", θα πουν κάποιοι, "για εκείνους που ζητούν το βάπτισμα, αλλά τι έχετε να πείτε για εκείνους που είναι ακόμη παιδιά και δεν γνωρίζουν ούτε την απώλεια ούτε τη χάρη; Να τους βαφτίσουμε κι αυτούς; Βεβαίως [απαντώ], αν υπάρχει κάποιος πιεστικός κίνδυνος. Καλύτερα να αγιάζονται εν αγνοία τους, παρά να αναχωρούν

χωρίς σφραγίδα και χωρίς μύηση

Ἀποστολικαὶ Διαταγαί Ἀποστολικαὶ Διαταγαί 6:3:15

Ομοίως, αρκείστε σε ένα μόνο βάπτισμα, αυτό που είναι στο θάνατο του Κυρίου [Ρωμ. 6:3, Κολ. 2:12-13]. [Όποιος από περιφρόνηση δεν θέλει να βαπτιστεί, θα

καταδικαστεί ως άπιστος και θα κατηγορηθεί ως αχάριστος και ανόητος. Διότι ο Κύριος λέει: "Αν κάποιος δεν βαπτιστεί με νερό και Πνεύμα, δεν θα μπει με κανένα τρόπο στη βασιλεία των ουρανών". Και πάλι: "Όποιος πιστεύει και βαπτίζεται, θα σωθεί, όποιος όμως δεν πιστεύει, θα καταδικαστεί"...

Ιερός Αυγουστίνος Ιππώνος Επιστολή 98:2

Είναι αυτό το ένα Πνεύμα που καθιστά δυνατή την αναγέννηση ενός βρέφους. όταν

αυτό το βρέφος οδηγείται στο βάπτισμα· και είναι μέσω αυτού του ενός Πνεύματος που το βρέφος που παρουσιάζεται με αυτόν τον τρόπο αναγεννάται. Διότι δεν είναι γραμμένο: "Εκτός αν ο άνθρωπος αναγεννηθεί με τη θέληση των γονέων του" ή "με την πίστη εκείνων που τον παρουσιάζουν ή τον υπηρετούν", αλλά: "Εκτός αν ο άνθρωπος αναγεννηθεί από το νερό και το Άγιο Πνεύμα". Το νερό, λοιπόν, που φανερώνει εξωτερικά το μυστήριο της χάρης, και το Πνεύμα που επιφέρει εσωτερικά την ευεργεσία της χάρης, αναγεννούν και τα δύο σε έναν Χριστό τον άνθρωπο που γεννήθηκε στον Αδάμ.

Επιστολή 166:8:23

Ο Κυπριανός δεν εξέδιδε ένα νέο διάταγμα, αλλά κρατούσε την πιο σταθερή πίστη

της Εκκλησίας για να διορθώσει κάποιους που πίστευαν ότι τα βρέφη δεν έπρεπε να βαφτίζονται πριν από την όγδοη ημέρα μετά τη γέννησή τους. .. Συμφώνησε με ορισμένους συναδέλφους του επισκόπους ότι ένα παιδί είναι σε θέση να βαπτιστεί

δεόντως μόλις γεννηθεί

Η Πολιτεία Του Θεού 13:7

Εκείνοι που, αν και δεν έχουν λάβει το πλύσιμο της αναγέννησης, πεθαίνουν για την ομολογία του Χριστού - αυτό τους ωφελεί εξίσου για τη συγχώρεση των αμαρτιών τους, όπως αν είχαν πλυθεί στην ιερή κολυμβήθρα του βαπτίσματος. Γιατί εκείνος που είπε: "Αν κάποιος δεν αναγεννηθεί από νερό και Πνεύμα, δεν θα μπει στη βασιλεία των ουρανών", έκανε μια εξαίρεση γι' αυτούς στην άλλη εκείνη δήλωση στην οποία λέει όχι λιγότερο γενικά: "Όποιος με ομολογήσει μπροστά στους ανθρώπους, θα τον ομολογήσω κι εγώ μπροστά στον Πατέρα μου, που είναι στους ουρανούς"" [Ματθ. 10:32].

Κηρύγματα προς Κατηχουμένους για το Σύμβολο της Πίστεως 7:15

Υπάρχουν τρεις τρόποι με τους οποίους συγχωρούνται οι αμαρτίες: με το βάπτισμα, με την προσευχή και με τη μεγαλύτερη ταπείνωση της μετάνοιας- ωστόσο ο Θεός δεν συγχωρεί τις αμαρτίες παρά μόνο στους βαπτισμένους. Περί Βαπτίσματος 4:21:28

Δεν διστάζω να βάλω τον καθολικό (ορθόδοξο) κατηχητή, που καίγεται από τη θεία αγάπη, μπροστά από έναν βαπτισμένο αιρετικό. Ακόμη και μέσα στην ίδια την Καθολική (Ορθόδοξη) Εκκλησία βάζουμε τον καλό κατηχητή μπροστά από τον κακό βαπτισμένο άνθρωπο

Περί Βαπτίσματος 4:22:29

Το ότι η θέση του βαπτίσματος μερικές φορές καλύπτεται από το μαρτύριο υποστηρίζεται από ένα ουσιαστικό επιχείρημα που ο ίδιος ευλογημένος Κυπριανός αντλεί από την περίπτωση του ληστή, στον οποίο, αν και δεν είχε βαπτιστεί,

ειπώθηκε: "Σήμερα θα είσαι μαζί μου στον παράδεισο" [Λουκ. 23:43]. Εξετάζοντας αυτό ξανά και ξανά, διαπιστώνω ότι όχι μόνο ο πόνος για το όνομα του Χριστού

μπορεί να καλύψει αυτό που λείπει από το βάπτισμα, αλλά ακόμη και η πίστη και η μεταστροφή της καρδιάς [δηλαδή το βάπτισμα της επιθυμίας], αν, ίσως, λόγω των περιστάσεων της εποχής, δεν μπορεί να γίνει προσφυγή στην τέλεση του μυστηρίου του βαπτίσματος

Περί Βαπτίσματος 5:28:39

Όταν μιλάμε για μέσα και έξω σε σχέση με την Εκκλησία, πρέπει να εξετάζουμε τη θέση της καρδιάς και όχι του σώματος. . . Όλοι όσοι είναι εντός [της Εκκλησίας] στην καρδιά σώζονται στην ενότητα της κιβωτού [με το βάπτισμα της επιθυμίας]

Το βάπτισμα των νηπίων 1:24:34

[Σύμφωνα με] την αποστολική παράδοση ... οι εκκλησίες του Χριστού θεωρούν εγγενώς ότι χωρίς το βάπτισμα και τη συμμετοχή στο τραπέζι του Κυρίου είναι

αδύνατο για οποιονδήποτε άνθρωπο να φθάσει είτε στη βασιλεία του Θεού είτε στη σωτηρία και την αιώνια ζωή. Αυτή είναι και η μαρτυρία της Αγίας Γραφής Εγχειρίδιο για την πίστη, την ελπίδα και την αγάπη

Αυτό είναι το νόημα του μεγάλου μυστηρίου του βαπτίσματος, το οποίο τελείται ανάμεσά μας: όλοι όσοι φθάνουν σε αυτή τη χάρη πεθαίνουν έτσι για την αμαρτία

-όπως ο ίδιος [ο Ιησούς] λέγεται ότι πέθανε για την αμαρτία, επειδή πέθανε με σάρκα (δηλαδή, "κατ' ομοίωση της αμαρτίας")- και έτσι ζωντανεύουν αναγεννώμενοι στην κολυμβήθρα του βαπτίσματος, όπως ακριβώς αναστήθηκε από τον τάφο. Τα

βρέφη πεθαίνουν μόνο για το προπατορικό αμάρτημα- οι ενήλικες, για όλες εκείνες τις αμαρτίες που έχουν προσθέσει, μέσω του κακού βίου τους, στο βάρος που

έφεραν μαζί τους κατά τη γέννησή τους Κατά δύο επιστολών των Πελαγιανών 3:3:5

Το βάπτισμα ξεπλένει όλες, απολύτως όλες τις αμαρτίες μας, είτε πρόκειται για πράξεις, είτε για λόγια, είτε για σκέψεις, είτε πρόκειται για αμαρτίες αρχικές ή προστιθέμενες, είτε πρόκειται για αμαρτίες που έγιναν εν γνώσει ή εν αγνοία μας. Η κυριολεκτική ερμηνεία της Γένεσης 10:23:39

Το έθιμο της Μητέρας Εκκλησίας για τη βάπτιση των νηπίων δεν πρέπει βεβαίως να περιφρονηθεί, ούτε να θεωρηθεί καθ' οιονδήποτε τρόπο περιττό, ούτε να πιστέψουμε ότι η παράδοσή της είναι οτιδήποτε άλλο εκτός από αποστολική.

Κατά των Δονατιστών 4:24:31

Αυτό που η παγκόσμια Εκκλησία πιστεύει, όχι ως θεσμοθετημένο [επινοημένο] από τις συνόδους, αλλά ως κάτι που πάντα κρατούσε, πιστεύεται ορθότερα ότι έχει παραδοθεί από την αποστολική εξουσία. Εφόσον άλλοι ανταποκρίνονται για τα

παιδιά, ώστε η τέλεση του μυστηρίου να είναι ολοκληρωμένη γι' αυτά, είναι βέβαιο ότι τους ωφελεί για την αφιέρωσή τους, επειδή τα ίδια δεν είναι σε θέση να ανταποκριθούν

Επιστολή Βαρνάβα Επιστολή Βαρνάβα 11:1-10

Τώρα ας δούμε αν ο Κύριος έχει καταβάλει κάποιο κόπο να μας δώσει μια πρόγευση των υδάτων του βαπτίσματος και του σταυρού. Όσον αφορά το πρώτο, έχουμε την απόδειξη της Γραφής ότι ο Ισραήλ θα αρνιόταν να δεχτεί το πλύσιμο που παρέχει την άφεση των αμαρτιών και θα έθετε στη θέση του μια δική του αντικατάσταση [Ιερ.

22:13- Ησ. 16:1-2, 33:16-18- Ψαλμ. 1:3-6]. Παρατηρήστε εκεί πώς περιγράφει τόσο το νερό όσο και τον σταυρό στο ίδιο σχήμα. Το νόημά του είναι: `Μακάριοι είναι

εκείνοι που κατεβαίνουν στο νερό με τις ελπίδες τους στραμμένες στο σταυρό. Εδώ λέει ότι αφού κατεβήκαμε στο νερό, φορτωμένοι με την αμαρτία και τον μολυσμό, βγαίνουμε από αυτό φέροντας καρπούς, με ευλάβεια στην καρδιά μας και την ελπίδα του Ιησού στην ψυχή μας

Ερμάς

Ποιμήν του Ερμά 4:3:1-2

῎Εχω ακούσει, κύριε', είπα, 'από κάποιον δάσκαλο, ότι δεν υπάρχει άλλη μετάνοια εκτός από εκείνη που έγινε όταν κατεβήκαμε στο νερό και λάβαμε την άφεση των προηγούμενων αμαρτιών μας'. Εκείνος μου είπε: "Σωστά άκουσες, γιατί έτσι είναι". Ποιμήν του Ερμά 9:16:2-4

Είχαν ανάγκη [είπε ο Ποιμένας] να ανέβουν μέσα από το νερό, ώστε να γίνουν ζωντανοί, διότι δεν μπορούσαν διαφορετικά να εισέλθουν στη βασιλεία του Θεού,

παρά μόνο αν αποβάλουν τη θνητότητα της προηγούμενης ζωής τους. Αυτοί, λοιπόν, που είχαν κοιμηθεί, έλαβαν τη σφραγίδα του Υιού του Θεού και εισήλθαν στη βασιλεία του Θεού. Διότι", είπε, "προτού κάποιος φέρει το όνομα του Υιού του Θεού, είναι νεκρός. Όταν όμως λάβει τη σφραγίδα, παραμερίζει τη θνητότητα και λαμβάνει και πάλι τη ζωή. Η σφραγίδα, λοιπόν, είναι το νερό. Κατεβαίνουν στο νερό νεκροί [στην αμαρτία] και βγαίνουν από αυτό ζωντανοί

Θεόφιλος ο Αντιοχεύς Προς Αυτόλυκον 12:16

Επιπλέον, όσα δημιουργήθηκαν από τα νερά ευλογήθηκαν από τον Θεό, έτσι ώστε αυτό να είναι επίσης ένα σημάδι ότι οι άνθρωποι θα λάβουν σε μελλοντικό χρόνο

μετάνοια και άφεση αμαρτιών μέσω του νερού και του λουτρού της αναγέννησης - όλοι όσοι προχωρούν στην αλήθεια και αναγεννώνται και λαμβάνουν ευλογία από τον Θεό.

Κλήμης ο Αλεξανδρεύς Παιδαγωγός 1:6:26:1

Όταν βαπτιζόμαστε φωτιζόμαστε. Όντας φωτισμένοι, υιοθετούμαστε ως παιδιά.

Υιοθετημένοι ως γιοι, γινόμαστε τέλειοι. Γινόμαστε τέλειοι, γινόμαστε αθάνατοι... "και τέκνα του Υψίστου" [Ψαλμ. 81:6]. Αυτό το έργο ονομάζεται ποικιλοτρόπως χάρη, φωτισμός, τελείωση και κάθαρση. Είναι ένα πλύσιμο με το οποίο καθαριζόμαστε από τις αμαρτίες, ένα δώρο χάριτος με το οποίο διαγράφονται οι τιμωρίες που οφείλονται στις αμαρτίες μας, ένας φωτισμός με τον οποίο βλέπουμε εκείνο το άγιο φως της σωτηρίας δηλαδή, με το οποίο βλέπουμε καθαρά τον Θεό και ονομάζουμε εκείνη την τελειότητα που δεν αφήνει τίποτα να λείπει. Πράγματι, αν ένας άνθρωπος γνωρίζει τον Θεό, τι άλλο χρειάζεται; Βεβαίως, θα ήταν παράταιρο να ονομάσουμε αληθινό

δώρο της χάρης του Θεού αυτό που δεν είναι πλήρες. Επειδή ο Θεός είναι τέλειος, τα δώρα που χαρίζει είναι τέλεια

Ωριγένης

Ομιλίες περί των αριθμών 7:2

Παλαιότερα υπήρχε βάπτισμα με ασαφή τρόπο... τώρα, όμως, σε πλήρη θέα, υπάρχει αναγέννηση εν ύδατι και εν Αγίω Πνεύματι. Παλαιότερα, με σκοτεινό τρόπο, υπήρχε το μάννα για τροφή τώρα, όμως, σε πλήρη θέα, υπάρχει η αληθινή τροφή, η σάρκα του Λόγου του Θεού, όπως λέει ο ίδιος: "Η σάρκα μου είναι αληθινή τροφή, και το αίμα μου είναι αληθινό ποτό" (Ιωάν. 6:56).

Ομιλίες περί το Λευιτικόν 8:3

Κάθε ψυχή που γεννιέται στη σάρκα είναι λερωμένη από τη βρωμιά της κακίας και της αμαρτίας. . . Στην Εκκλησία, το βάπτισμα δίνεται για την άφεση των αμαρτιών και, σύμφωνα με τη συνήθεια της Εκκλησίας, το βάπτισμα δίνεται ακόμη και στα βρέφη. Εάν δεν υπήρχε τίποτα στα βρέφη που να απαιτεί την άφεση αμαρτιών και τίποτα σχετικό με τη συγχώρεση, η χάρη του βαπτίσματος θα φαινόταν περιττή.

Ερμηνεία της προς Ρωμαίους επιστολής Παύλου 5:9

Η Εκκλησία παρέλαβε από τους αποστόλους την παράδοση να βαπτίζει ακόμη και τα βρέφη. Διότι οι απόστολοι, στους οποίους είχαν ανατεθεί τα μυστικά των θείων

μυστηρίων, γνώριζαν ότι υπάρχουν σε όλους οι έμφυτοι λεκέδες της αμαρτίας, οι οποίοι ξεπλένονται με το νερό και το Πνεύμα.

Ὅσιος Ἀφραάτης Πραγματεία 6:14:4

Από το βάπτισμα λαμβάνουμε το πνεύμα του Χριστού. Την ίδια στιγμή κατά την οποία οι ιερείς επικαλούνται το Πνεύμα, ανοίγει ο ουρανός, κατεβαίνει και αναπαύεται πάνω στα νερά και όσοι βαπτίζονται ντύνονται με αυτό. Το Πνεύμα απουσιάζει από όλους εκείνους που έχουν γεννηθεί από τη σάρκα, μέχρι να φτάσουν στο νερό της αναγέννησης, και τότε λαμβάνουν το Άγιο Πνεύμα. Τη δεύτερη γέννηση, που μέσω

του βαπτίσματος, λαμβάνουν το Άγιο Πνεύμα

Άγιος Ιερώνυμος

Διάλογος Κατά Πελαγιανών 3:1

Αυτό που πρέπει να ξέρετε είναι ότι το βάπτισμα συγχωρεί τις αμαρτίες του παρελθόντος, αλλά δεν διασφαλίζει τη μελλοντική δικαιοσύνη, η οποία διατηρείται με κόπο και εργατικότητα και επιμέλεια και εξαρτάται πάντα και πάνω απ' όλα από το έλεος του Θεού.

ΠάπαςΣιρίκιος

Επιστολή προς Ἱμέριο 3

Θα έτεινε στην καταστροφή των ψυχών μας αν, από την άρνησή μας να δώσουμε τη σωτήρια κολυμπήθρα του βαπτίσματος σε όσους το ζητούν, κάποιος από αυτούς θα έφευγε από αυτή τη ζωή και θα έχανε τη βασιλεία και την αιώνια ζωή.

Άγιος Πάπας Λέων Α΄ Επιστολή 15:10

Και εξαιτίας της παράβασης του πρώτου ανθρώπου, όλο το απόθεμα του ανθρώπινου γένους μολύνθηκε- κανείς δεν μπορεί να απαλλαγεί από την κατάσταση του παλαιού Αδάμ παρά μόνο μέσω του μυστηρίου του βαπτίσματος του Χριστού, στο οποίο δεν υπάρχουν διακρίσεις μεταξύ των αναγεννημένων, όπως λέει ο απόστολος [Παύλος]: "Κι αυτό, γιατί όσοι βαφτιστήκατε στο όνομα του Χριστού, έχετε ντυθεί το Χριστό. Δεν υπάρχει πια Ιουδαίος και Έλληνας. [Γαλ. 3:27-28]

Φουλγέντιος του Ρούσπε Ο Κανόνας της Πίστεως 43

Από τότε που ο Σωτήρας μας είπε: "Αν κάποιος δεν αναγεννηθεί από το νερό και το Πνεύμα, δεν μπορεί να εισέλθει στη βασιλεία των ουρανών" [Ιωάν. 3:5], κανείς δεν

μπορεί, χωρίς το μυστήριο του βαπτίσματος, εκτός από εκείνους που, στην Καθολική Εκκλησία, χωρίς βάπτισμα, χύνουν το αίμα τους για τον Χριστό, να λάβουν τη βασιλεία των ουρανών και την αιώνια ζωή.

Άγιος Ιωάννης ο Χρυσόστομος Κατά του Ιουλιανού 1:6:21

Βλέπετε πόσα είναι τα οφέλη του βαπτίσματος, και μερικοί νομίζουν ότι η ουράνια χάρη του συνίσταται μόνο στην άφεση αμαρτιών, αλλά εμείς έχουμε απαριθμήσει

δέκα τιμές [που χαρίζει]! Γι' αυτό το λόγο βαφτίζουμε ακόμη και βρέφη, παρόλο που δεν έχουν μολυνθεί από [προσωπικές] αμαρτίες, ώστε να τους δοθεί αγιότητα,

δικαιοσύνη, υιοθεσία, κληρονομιά, αδελφοσύνη με τον Χριστό και να γίνουν μέλη του [του Χριστού]

Ευχέλαιο

Το Μυστήριο του Ιερού Ευχελαίου εδράζεται σε ένα χωρίο της Καινής Διαθήκης. Είναι το Ιακ.5.14 «Είναι κάποιος από σας άρρωστος; Να προσκαλέσει τους πρεσβυτέρους της εκκλησίας να προσευχηθούν γι' αυτόν και να τον αλείψουν με λάδι,

επικαλούμενοι το όνομα του Κυρίου.» Οι Προτεσταντικές 'Εκκλησίες' το έχουν απορρίψει ενώ ο Μαρτίνος Λούθηρος το είχε "ανεχθεί" ως "καλή παραμυθητική τελετή" για τους βαριά ασθενείς.

Άγιος Ιωάννης ο Χρυσόστομος Λόγοι περί Ιερωσύνης 3:6:190

Οι ιερείς του Ιουδαϊσμού είχαν την εξουσία να καθαρίζουν το σώμα από τη λέπρα - ή μάλλον, όχι να το καθαρίζουν καθόλου, αλλά να δηλώνουν ότι ένα άτομο είχε καθαριστεί. Οι ιερείς μας έλαβαν την εξουσία όχι να αντιμετωπίζουν τη λέπρα του σώματος, αλλά την πνευματική ακαθαρσία- όχι να δηλώνουν ότι καθαρίστηκαν, αλλά να καθαρίζουν πραγματικά. Οι ιερείς το επιτυγχάνουν αυτό όχι μόνο με τη διδασκαλία και την παραίνεση, αλλά και με τη βοήθεια της προσευχής. Όχι μόνο κατά τη στιγμή της αναγέννησής μας [στο βάπτισμα], αλλά ακόμη και μετά, έχουν την εξουσία να συγχωρούν αμαρτίες: "Υπάρχει κανείς ανάμεσά σας άρρωστος; Ας καλέσει τους ιερείς της εκκλησίας και ας προσευχηθούν πάνω του, αλείφοντάς τον με λάδι στο όνομα του Κυρίου. Και η προσευχή της πίστης θα σώσει τον άρρωστο, και ο Κύριος θα τον αναστήσει, και αν έχει διαπράξει αμαρτίες, θα του συγχωρεθούν

Καισάριος της Αρλ

13:3

Όσες φορές κάποια ασθένεια προσβάλλει κάποιον, ας λαμβάνει ο άρρωστος το σώμα και το αίμα του Χριστού- ας ζητά ταπεινά και με πίστη από τους πρεσβυτέρους ευλογημένο λάδι, για να αλείψει το σώμα του, ώστε να εκπληρωθεί σ' αυτόν αυτό που γράφτηκε: "Είναι κανείς ανάμεσά σας άρρωστος;". Ας φέρει τους πρεσβυτέρους, και ας προσευχηθούν πάνω του, χρίοντάς τον με λάδι- και η προσευχή της πίστης θα σώσει τον άρρωστο, και ο Κύριος θα τον αναστήσει- και αν έχει αμαρτίες, θα του συγχωρεθούν. . . Φροντίστε, αδελφοί, όποιος είναι άρρωστος να σπεύδει στην

εκκλησία, τόσο για να λάβει την υγεία του σώματος όσο και για να αξιωθεί να λάβει τη συγχώρεση των αμαρτιών του

Ωριγένης

Ομιλίες περί το Λευιτικόν 2:4

[Ο μετανοημένος χριστιανός] δεν διστάζει να δηλώσει την αμαρτία του σε έναν ιερέα του Κυρίου και να ζητήσει φάρμακο. [για το οποίο] ο απόστολος Ιάκωβος λέει: "Αν

λοιπόν υπάρχει κάποιος άρρωστος, ας καλέσει τους πρεσβυτέρους της Εκκλησίας και ας του επιθέσουν τα χέρια, χρίοντάς τον με λάδι στο όνομα του Κυρίου- και η προσευχή της πίστης θα σώσει τον άρρωστο, και αν έχει αμαρτίες, θα του

συγχωρεθούν.

Εξομολόγηση

Είναι όλες οι αμαρτίες μας συγχωρεμένες μια για πάντα όταν γινόμαστε Χριστιανοί; Όχι σύμφωνα με τη Αγία Γραφή και τους Πατέρες της Εκκλησίας. Η Αγία Γραφή δεν αναφέρει πουθενά ότι οι μελλοντικές μας αμαρτίες συγχωρούνται αντίθετα, μας

διδάσκει να προσευχόμαστε: «καὶ ἄφες ἡμῖν τὰ ὀφειλήματα ἡμῶν, ὡς καὶ ἡμεῖς ἀφίεμεν τοῖς ὀφειλέταις ἡμῶν·» (Ματθ. 6:12).

Το μέσο με το οποίο ο Θεός συγχωρεί τις αμαρτίες μετά το βάπτισμα είναι η εξομολόγηση: «Αν ομολογούμε τις αμαρτίες μας, ο Θεός είναι πιστός και δίκαιος

ώστε να συγχωρήσει σε μας τις αμαρτίες, και να μας καθαρίσει από κάθε αδικία.» (Α΄ Ιωάνν. 1:9).

Διδαχή των Δώδεκα Αποστόλων

Διδαχή των Δώδεκα Αποστόλων 4:14

Εξομολογηθείτε τις αμαρτίες σας στην εκκλησία και μην ανεβαίνετε στην προσευχή σας με κακή συνείδηση. Αυτός είναι ο τρόπος ζωής

Διδαχή των Δώδεκα Αποστόλων 14:1

Την ημέρα του Κυρίου συναθροιστείτε, σπάστε το ψωμί και ευχαριστήστε, αφού εξομολογηθείτε τις αμαρτίες σας, ώστε η θυσία σας να είναι καθαρή.

Επιστολή Βαρνάβα Επιστολή Βαρνάβα 19

Θα κρίνετε δίκαια. Δεν θα κάνεις σχίσμα, αλλά θα ειρηνεύσεις αυτούς που

διαφωνούν, φέρνοντάς τους κοντά. Θα εξομολογείστε τις αμαρτίες σας. Δεν θα πηγαίνετε στην προσευχή με κακή συνείδηση. Αυτός είναι ο δρόμος του φωτός

Άγιος Ιγνάτιος Αντιοχείας Προς Φιλαδελφείς 3

... Διότι όσοι είναι του Θεού και του Ιησού Χριστού, αυτοί βρίσκονται μαζί με τον

επίσκοπο, και όσοι πάλι μετανοήσουν και επιστρέψουν στην ενότητα της Εκκλησίας, και αυτοί θα γίνουν του Θεού, για να ζήσουν σύμφωνα με το θέλημα του Ιησού Χριστού. ...

Προς Φιλαδελφείς 8:1

Και εγώ έκανα το ίδιο, σαν άνθρωπος εκπαιδευμένος για ενότητα. Γιατί εκεί που υπάρχει διαίρεση και οργή, δεν κατοικεί ο Θεός. Όλους λοιπόν όσοι μετανοούν τους συγχωρεί ο Κύριος εφόσον μετανοήσουν για να ενωθούν με τον Θεό και να ακολουθούν τον επίσκοπο. Πιστεύω στη χάρη του Ιησού Χριστού, ο οποίος θα

διαλύσει από εσάς κάθε δεσμό.

Άγιος Ειρηναίος Λουγδούνου

Έλεγχος και Ανατροπή της Ψευδωνύμου Γνώσεως 1:22

[Οι Γνωστικοί μαθητές του Μάρκου] έχουν παραπλανήσει πολλές γυναίκες. . . Οι συνειδήσεις τους έχουν στιγματιστεί σαν με καυτό σίδερο. Κάποιες από αυτές τις γυναίκες κάνουν δημόσια εξομολόγηση, άλλες όμως ντρέπονται να το κάνουν αυτό, και σιωπηλές, σαν να αποσύρουν από τον εαυτό τους την ελπίδα της ζωής του Θεού, είτε αποστατούν τελείως είτε διστάζουν ανάμεσα στις δύο κατευθύνσεις

Τερτυλλιανός

Περί Μετανοίας 10:1

[Όσον αφορά την εξομολόγηση, κάποιοι] αποφεύγουν αυτό το έργο ως μια έκθεση του εαυτού τους, ή το αναβάλλουν από μέρα σε μέρα. Υποθέτω ότι φροντίζουν περισσότερο για τη σεμνότητα παρά για τη σωτηρία, όπως εκείνοι που προσβάλλονται από μια ασθένεια στα πιο ντροπιαστικά μέρη του σώματος και αποφεύγουν να γίνουν γνωστοί στους γιατρούς- και έτσι χάνονται μαζί με τη ντροπαλότητά τους.

Άγιος Κυπριανός Καρχηδόνας Επιστολή 9:2

[Οι] αμαρτωλοί μπορούν να κάνουν μετάνοια για ορισμένο χρονικό διάστημα και σύμφωνα με τους κανόνες της πειθαρχίας να έρχονται σε δημόσια εξομολόγηση και με την επίθεση του χεριού του επισκόπου και του κλήρου να λαμβάνουν το δικαίωμα της Θείας Κοινωνίας. [Αλλά τώρα κάποιοι] με τον χρόνο [της μετάνοιας] ακόμη ανεκπλήρωτο... γίνονται δεκτοί στη Θεία Κοινωνία και παρουσιάζεται το όνομά τους- και ενώ η μετάνοια δεν έχει ακόμη πραγματοποιηθεί, η εξομολόγηση δεν έχει ακόμη γίνει, τα χέρια του επισκόπου και του κλήρου δεν έχουν ακόμη τεθεί επάνω τους, η Θεία Ευχαριστία τους δίνεται- παρόλο που είναι γραμμένο: "Όποιος φάει το ψωμί και πιει το ποτήρι του Κυρίου ανάξια, θα είναι ένοχος του σώματος και του αίματος του Κυρίου" [Α΄ Κορ. 11:27].

Επιστολή 51:20

Και μη νομίζεις, αγαπημένε μου αδελφέ, ότι είτε το θάρρος των αδελφών θα μειωθεί, είτε ότι τα μαρτύρια θα αποτύχουν για τον λόγο αυτό, ότι η μετάνοια χαλαρώνει στους παραστρατημένους και ότι η ελπίδα της ειρήνης [δηλαδή η άφεση αμαρτιών] προσφέρεται στους μετανοούντες. Διότι στους μοιχούς παρέχεται από εμάς

ακόμη και χρόνος μετάνοιας και δίνεται ειρήνη

Επιστολή 51:22

Αλλά απορώ πώς κάποιοι είναι τόσο πεισματάρηδες ώστε να νομίζουν ότι η μετάνοια δεν πρέπει να χορηγείται στους παραστρατημένους, ή να υποθέτουν ότι η

συγχώρεση πρέπει να αρνείται στους μετανοούντες, όταν είναι γραμμένο: "Θυμήσου από πού έπεσες, και μετανόησου, και κάνε τα πρώτα έργα" [Αποκ. 2:5], το οποίο βεβαίως λέγεται σ' αυτόν που προφανώς έχει πέσει, και τον οποίο ο Κύριος

προτρέπει να αναστηθεί με τα έργα [της μετάνοιας], διότι είναι γραμμένο: "Η ελεημοσύνη ελευθερώνει από τον θάνατο" [Τοβ. 12:9].

Οι Πεπτωκότες 15-16

Επιπλέον, απειλεί [ο Παύλος] τους πεισματάρηδες και προθύμους και τους καταγγέλλει, λέγοντας: «Όποιος τρώει το ψωμί ή πίνει το ποτήρι του Κυρίου ανάξια, είναι ένοχος του σώματος και του αίματος του Κυρίου» [Α' Κορ. 11:27]. Όλες αυτές οι προειδοποιήσεις περιφρονούνται και αγνοούνται - [οι πεπτωκότες συχνά κοινωνούν] πριν εξιλεωθεί η αμαρτία τους, πριν εξομολογηθούν για το έγκλημά τους, πριν καθαριστεί η συνείδησή τους με τη θυσία και το χέρι του ιερέα, πριν κατευναστεί το αδίκημα ενός οργισμένου και απειλητικού Κυρίου, [και έτσι] ασκείται βία στο σώμα και το αίμα του- και αμαρτάνουν τώρα εναντίον του Κυρίου τους περισσότερο με το χέρι και το στόμα τους απ' ό,τι όταν αρνήθηκαν τον Κύριό τους

Όσιος Άφραάτης Πραγματεία 7:3

Εσείς [οι ιερείς], λοιπόν, που είστε μαθητές του ένδοξου ιατρού μας [του Χριστού], δεν θα έπρεπε να αρνείστε μια θεραπευτική αγωγή σε όσους έχουν ανάγκη θεραπείας. Και αν κάποιος αποκαλύψει την πληγή του μπροστά σας, δώστε του το φάρμακο της μετάνοιας. Και όποιος ντρέπεται να φανερώσει την αδυναμία του,

ενθαρρύνετέ τον, ώστε να μην την κρύβει από εσάς. Και όταν σας την αποκαλύψει, μη τη δημοσιοποιήσετε, για να μη θεωρηθούν εξαιτίας της οι αθώοι ως ένοχοι από τους εχθρούς μας και από εκείνους που μας μισούν.

Άγιος Ιωάννης ο Χρυσόστομος Λόγοι περί Ιερωσύνης 3:5

Οι ιερείς έχουν λάβει μια δύναμη που ο Θεός δεν έχει δώσει ούτε στους αγγέλους ούτε στους αρχαγγέλους. Τους ειπώθηκε: Και ό,τι θα λύσετε, θα λυθεί". Οι κοσμικοί άρχοντες έχουν πράγματι τη δύναμη να δεσμεύουν- αλλά μπορούν να δεσμεύουν

μόνο το σώμα. Οι ιερείς, αντίθετα, μπορούν να δεσμεύουν με έναν δεσμό που αφορά την ίδια την ψυχή και υπερβαίνει τους ίδιους τους ουρανούς. Δεν τους έδωσε [ο Θεός] όλες τις εξουσίες του ουρανού; "Οποιων τις αμαρτίες θα συγχωρήσετε, λέει,

'τους συγχωρούνται- όσων τις αμαρτίες θα κρατήσετε, αυτές κρατούνται. Ποια

μεγαλύτερη δύναμη υπάρχει από αυτή; Ο Πατέρας έχει δώσει όλη την κρίση στον Υιό. Και τώρα βλέπω τον Υιό να τοποθετεί όλη αυτή τη δύναμη στα χέρια των ανθρώπων [Ματθ. 10:40- Ιωάν. 20:21-23]. Αυτοί ανυψώνονται σε αυτή την αξιοπρέπεια σαν να είχαν ήδη συγκεντρωθεί στον ουρανό

Ερμηνεία του κατά Ιωάννην Ευαγγελίου 86:4

...Ό,τι κάνουν οι ιερείς εδώ στη γη, ο Θεός θα το επικυρώσει στον ουρανό, όπως ακριβώς ο κύριος επικυρώνει την απόφαση των δούλων του. Δεν τους έδωσε όλες τις εξουσίες του ουρανού; "Όποιων τις αμαρτίες συγχωρήσετε", λέει, "τους συγχωρούνται· όσων τις αμαρτίες κρατήσετε, κρατούνται" [Ιωάννης 20:23]. Ερμηνεία του κατά Ιωάννην Ευαγγελίου. Ποια μεγαλύτερη δύναμη υπάρχει από αυτή; ...Ο Πατέρας έδωσε όλη την κρίση στον Υιό. Και τώρα βλέπω τον Υιό να θέτει όλη αυτή τη δύναμη στα χέρια των ανθρώπων. Αυτοί ανυψώνονται σε αυτή την αξιοπρέπεια σαν να ήταν ήδη συγκεντρωμένοι στον ουρανό, ανυψωμένοι πάνω από την ανθρώπινη φύση και απαλλαγμένοι από τους περιορισμούς της. Οι ιερείς του Ιουδαϊσμού είχαν εξουσία να καθαρίζουν το σώμα από τη λέπρα - ή μάλλον, όχι να το καθαρίζουν καθόλου, αλλά να δηλώνουν ότι ένα άτομο έχει καθαριστεί. Και ξέρετε πόσο μεγάλη διαμάχη υπήρχε ακόμη και σε εκείνες τις εποχές για την απόκτηση του ιερατικού αξιώματος. Οι ιερείς μας έλαβαν την εξουσία όχι να αντιμετωπίζουν τη λέπρα του σώματος, αλλά την πνευματική ακαθαρσία· όχι να δηλώνουν ότι καθαρίστηκαν, αλλά να καθαρίζουν πραγματικά...

Ποιος κακόψυχος φουκαράς υπάρχει που θα περιφρονούσε ένα τόσο μεγάλο αγαθό; Κανένας, τολμώ να πω, εκτός αν τον ωθεί μια διαβολική παρόρμηση. Ο Θεός έχει

δώσει στους ιερείς εξουσίες μεγαλύτερες από εκείνες που έδωσε στους γονείς μας· και οι διαφορές μεταξύ των εξουσιών αυτών των δύο είναι τόσο μεγάλες όσο και η διαφορά μεταξύ της μελλοντικής ζωής και της παρούσας. Οι γονείς μας μας γέννησαν για την πρόσκαιρη ύπαρξη· οι ιερείς μας γέννησαν για την αιώνια. Οι πρώτοι δεν είναι σε θέση να απομακρύνουν από τα παιδιά τους το κεντρί του θανάτου ούτε να αποτρέψουν την επίθεση της ασθένειας· ωστόσο οι δεύτεροι συχνά σώζουν την άρρωστη και χαίνουσα ψυχή - άλλοτε επιβάλλοντας μια ελαφρύτερη μετάνοια, άλλοτε αποτρέποντας την πτώση. Οι ιερείς το πετυχαίνουν αυτό όχι μόνο με τη διδασκαλία και την επίπληξη, αλλά και με τη βοήθεια της προσευχής. Όχι μόνο κατά τη στιγμή της αναγέννησής μας [κατά το Βάπτισμα], αλλά και μετά έχουν την εξουσία να συγχωρούν τις αμαρτίες.....

Άγιος Αμβρόσιος Μεδιολάνων Περί μετανοίας 1:1

Για εκείνους στους οποίους έχει δοθεί [το δικαίωμα της δέσμευσης και της λύσης], είναι σαφές ότι είτε επιτρέπονται και τα δύο, είτε είναι σαφές ότι κανένα από τα δύο δεν επιτρέπεται. Και τα δύο επιτρέπονται στην Εκκλησία, κανένα δεν επιτρέπεται στην αίρεση. Διότι το δικαίωμα αυτό έχει παραχωρηθεί μόνο στους ιερείς

Άγιος Ιερώνυμος

Ερμηνεία για τον Εκκλησιαστή 10:11

Αν το φίδι, ο διάβολος, δαγκώσει κάποιον κρυφά, μολύνει αυτό το άτομο με το δηλητήριο της αμαρτίας. Και αν αυτός που έχει δαγκωθεί σιωπά και δεν κάνει

μετάνοια και δεν θέλει να εξομολογηθεί την πληγή του. τότε ο αδελφός του και ο

δάσκαλός του, που έχουν τον λόγο [της άφεσης αμαρτιών] που θα τον θεραπεύσει, δεν μπορούν πολύ καλά να τον βοηθήσουν

Ιερός Αυγουστίνος Ιππώνος

Κήρυγμα προς τους Κατηχουμένους για το Σύμβολο της Πίστεως 7:15, 8:16 Όταν βαπτιστείτε, να τηρείτε μια καλή ζωή στις εντολές του Θεού, ώστε να

διατηρήσετε το βάπτισμά σας μέχρι τέλους. Δεν σας λέω ότι θα ζήσετε εδώ χωρίς αμαρτίες, αλλά πρόκειται για ελαφρές αμαρτίες που ποτέ δεν είναι χωρίς αυτή τη ζωή. Το βάπτισμα θεσμοθετήθηκε για όλες τις αμαρτίες. Για τις ελαφρές αμαρτίες, χωρίς τις οποίες δεν μπορούμε να ζήσουμε, θεσμοθετήθηκε η προσευχή. Αλλά

μη διαπράττετε εκείνες τις αμαρτίες, εξαιτίας των οποίων θα έπρεπε να χωριστείτε από το σώμα του Χριστού. Μακριά από τη σκέψη! Διότι εκείνοι που βλέπετε να

μετανοούν έχουν διαπράξει εγκλήματα, είτε μοιχεία είτε κάποια άλλα φρικτά πράγματα. Αυτός είναι ο λόγος για τον οποίο κάνουν μετάνοια. Αν οι αμαρτίες τους ήταν ελαφρές, η καθημερινή προσευχή θα αρκούσε για να τις εξαλείψει. Στην

Εκκλησία, λοιπόν, υπάρχουν τρεις τρόποι με τους οποίους συγχωρούνται οι αμαρτίες: με το βάπτισμα, με την προσευχή και με τη μεγαλύτερη ταπείνωση της μετάνοιας

Μέγας Αθανάσιος

Περί του κατά Λουκά Ευαγγελίου 19

Όπως ο άνθρωπος φωτίζεται από το Άγιο Πνεύμα όταν βαπτίζεται από τον ιερέα, έτσι και εκείνος που εξομολογείται τις αμαρτίες του με μετανοημένη καρδιά αποκτά την άφεσή τους από τον ιερέα.

Θεόδωρος Μοψουεστίας Κατηχητικά κηρύγματα 16

Αυτό είναι το φάρμακο για τις αμαρτίες, που θεσπίστηκε από τον Θεό και παραδόθηκε στους ιερείς της Εκκλησίας, οι οποίοι το χρησιμοποιούν επιμελώς για να θεραπεύουν τα βάσανα των ανθρώπων. Γνωρίζετε αυτά τα πράγματα, όπως επίσης και το γεγονός ότι ο Θεός, επειδή μας νοιάζεται πολύ, μας έδωσε τη μετάνοια και μας έδειξε το φάρμακο της μετάνοιας· και καθιέρωσε κάποιους ανθρώπους, αυτούς που

είναι ιερείς, ως γιατρούς των αμαρτιών. Εάν σε αυτόν τον κόσμο λάβουμε μέσω αυτών θεραπεία και συγχώρεση αμαρτιών, θα απαλλαγούμε από την κρίση που πρόκειται να έρθει. Οφείλουμε, λοιπόν, να πλησιάζουμε τους ιερείς με μεγάλη

εμπιστοσύνη και να τους αποκαλύπτουμε τις αμαρτίες μας· και αυτοί οι ιερείς, με όλη την επιμέλεια, τη φροντίδα και την αγάπη και σύμφωνα με τους κανόνες που αναφέρθηκαν παραπάνω, θα χορηγήσουν θεραπεία στους αμαρτωλούς. [Οι ιερείς]

δεν θα αποκαλύψουν τα πράγματα που δεν θα έπρεπε να αποκαλυφθούν· αντίθετα, θα σιωπήσουν για τα πράγματα που έχουν συμβεί, όπως αρμόζει σε αληθινούς και στοργικούς πατέρες [Α΄ Θεσ. 2:11, Α΄ Κορ. 4:15], οι οποίοι είναι υποχρεωμένοι να

διαφυλάττουν τη ντροπή των παιδιών τους, ενώ προσπαθούν να θεραπεύσουν το σώμα τους.

Άγιος Πάπας Λέων Α΄

Προς τους Επισκόπους της Καμπανίας

Διατάσσω επίσης ότι η κατά παράβαση του αποστολικού κανονισμού αλαζονεία, την οποία, όπως έμαθα πρόσφατα, κάποιοι διαπράττουν με παράνομο σφετερισμό, πρέπει οπωσδήποτε να σταματήσει. Όσον αφορά τη μετάνοια, ασφαλώς αυτό που απαιτείται από τους πιστούς δεν είναι να γράφεται η φύση των επιμέρους αμαρτιών σε ένα έγγραφο και να απαγγέλλεται σε μια δημόσια εξομολόγηση, αφού αρκεί η

ενοχή των συνειδήσεων να υποδεικνύεται στους ιερείς και μόνο σε μια μυστική

εξομολόγηση. Διότι, μολονότι μπορεί να φαίνεται αξιέπαινη εκείνη η πληρότητα της πίστης που, από φόβο Θεού, δεν φοβάται να κοκκινίσει μπροστά στους ανθρώπους, εντούτοις, επειδή οι αμαρτίες όλων δεν είναι τέτοιου είδους ώστε όσοι ζητούν

μετάνοια να μη φοβούνται να τις δημοσιοποιήσουν, πρέπει να σταματήσει μια τέτοια μη εγκεκριμένη συνήθεια.

Θεία Κοινωνία

Το δόγμα της πραγματικής θεϊκής παρουσίας υποστηρίζει ότι στην Θεία Κοινωνία ο Χριστός είναι κυριολεκτικά παρών σώμα αίμα, ψυχή και θεότητα με την εμφάνιση του ψωμιού και του κρασιού. Πολλοί Προτεστάντες επιτίθενται σε αυτό το δόγμα ως

«αντιβιβλικό», αλλά η Αγία Γραφή το διακηρύσσει ευθέως (Α΄ Κοριν. 10:16-17, 11:23-29 και Ιωάνν. 6:50-59). Οι πρώτοι Πατέρες της Εκκλησίας ερμήνευσαν τα χωρία αυτά κυριολεκτικά.

Άγιος Ιγνάτιος Αντιοχείας Προς Ρωμαίους 7:3

Δεν ευχαριστιέμαι με τροφή θανάτου, ούτε με τις ηδονές της ζωής αυτής. Θέλω τον άρτο του Θεού, δηλαδή το σώμα το Ιησού Χριστού, που κατάγεται από τη γενιά του Δαβίδ, και πιοτό θέλω το αίμα του, που είναι αγάπη αθάνατη.

Προς Σμυρναίους 6:2-7:1

Προσέξτε αυτούς που πιστεύουν διαφορετικά για τη χάρη του Ιησού Χριστού που ήρθε σε μας, πόσο αντίθετοι είναι με τη γνώμη του Θεού. Δεν τους μέλει για την αγάπη, ούτε για τη χήρα, ούτε το ορφανό, ούτε για εκείνον που είναι λυπημένος, ούτε για τον δεμένο ή λυμένο, ούτε γι αυτόν που πεινάει ή διψάει.

Αποφεύγει τη Θεία Ευχαριστία και την προσευχή επειδή δεν πιστεύει ότι η Ευχαριστία είναι σώμα του Σωτήρα μας Ιησού Χριστού, που έπαθε για τι αμαρτίες μας, και το οποίο ανάστησε ο Πατέρας με την αγαθότητα του. Αυτοί λοιπόν που αντιλέγουν στη δωρεά του Θεού πεθαίνουν συζητώντας, ενώ τους συνέφερε να αγαπούν για να αναστηθούν.

Άγιος Ιουστίνος Φιλόσοφος καὶ Μάρτυρας Απολογία Α' 66

Διότι δεν τα λαμβάνουμε ως κοινό ψωμί ούτε ως κοινό ποτό, αλλά επειδή ο Ιησούς Χριστός, ο Σωτήρας μας, ενσαρκώθηκε με τον λόγο του Θεού και είχε και σάρκα και αίμα για τη σωτηρία μας, έτσι και η τροφή, όπως έχουμε διδαχθεί, η οποία έχει

μετατραπεί στην Ευχαριστία με την ευχαριστιακή προσευχή που ο ίδιος καθόρισε και με την αλλαγή της οποίας τρέφεται το αίμα και η σάρκα μας, είναι και η σάρκα και το αίμα αυτού του ενσαρκωμένου Ιησού.

Άγιος Ειρηναίος Λουγδούνου

Έλεγχος και Ανατροπή της Ψευδωνύμου Γνώσεως 4:32:33

Αν ο Κύριος ήταν άλλος από τον Πατέρα, πώς θα μπορούσε δικαίως να πάρει το

ψωμί, το οποίο είναι της ίδιας δημιουργίας με τη δική μας, και να ομολογήσει ότι είναι το σώμα του και να βεβαιώσει ότι το μείγμα στο ποτήρι είναι το αίμα του;

Έλεγχος και Ανατροπή της Ψευδωνύμου Γνώσεως 5:2

Ανακήρυξε το ποτήρι, ένα μέρος της δημιουργίας, ως το δικό του αίμα, από το οποίο κάνει το αίμα μας να ρέει- και το ψωμί, ένα μέρος της δημιουργίας, το καθιέρωσε ως το δικό του σώμα, από το οποίο δίνει αύξηση στο σώμα μας. Όταν, λοιπόν, το αναμεμειγμένο ποτήρι [κρασί και νερό] και το ψημένο ψωμί δέχονται τον λόγο του Θεού και γίνονται η Θεία Ευχαριστία, το σώμα του Χριστού, και από αυτά αυξάνεται και στηρίζεται η ουσία της σάρκας μας, πώς μπορούν να πουν ότι η σάρκα δεν είναι ικανή να δεχτεί το δώρο του Θεού, που είναι η αιώνια ζωή-σάρκα που τρέφεται από το σώμα και το αίμα του Κυρίου και είναι στην πραγματικότητα μέλος του;

Άγιος Ιππόλυτος Ρώμης Ερμηνεία των Παροιμιών

Και αυτή [η Σοφία] έχει στρώσει το τραπέζι της» [Παροιμ. 9:2]. . αναφέρεται στο τιμημένο και αμόλυντο σώμα και αίμα του [του Χριστού], τα οποία μέρα με τη μέρα χορηγούνται και προσφέρονται θυσιαστικά στο πνευματικό θείο τραπέζι, ως ανάμνηση εκείνου του πρώτου και πάντοτε αξέχαστου τραπεζιού του πνευματικού θείου δείπνου [δηλ. του Μυστικού Δείπνου].

Ωριγένης

Ομιλίες περί των Αριθμών 7:2

Παλαιότερα, με σκοτεινό τρόπο, υπήρχε το μάννα για τροφή- τώρα, όμως, σε πλήρη θέα, υπάρχει η αληθινή τροφή, η σάρκα του Λόγου του Θεού, όπως λέει ο ίδιος: «Η σάρκα μου είναι αληθινή τροφή, και το αίμα μου είναι αληθινό ποτό» [Ιωάν. 6:55].

Άγιος Κυπριανός Καρχηδόνας Οι Πεπτωκότες 15-16

Επιπλέον, απειλεί [ο Παύλος] τους πεισματάρηδες και προθύμους και τους καταγγέλλει, λέγοντας: «Όποιος τρώει το ψωμί ή πίνει το ποτήρι του Κυρίου ανάξια, είναι ένοχος του σώματος και του αίματος του Κυρίου» [Α΄ Κορ. 11:27]. Όλες αυτές οι προειδοποιήσεις περιφρονούνται και αγνοούνται - [οι πεπτωκότες συχνά κοινωνούν] πριν εξιλεωθεί η αμαρτία τους, πριν εξομολογηθούν για το έγκλημά τους, πριν καθαριστεί η συνείδησή τους με τη θυσία και το χέρι του ιερέα, πριν κατευναστεί το αδίκημα ενός οργισμένου και απειλητικού Κυρίου, [και έτσι] ασκείται βία στο σώμα και το αίμα του- και αμαρτάνουν τώρα εναντίον του Κυρίου τους περισσότερο με το χέρι και το στόμα τους απ' ό,τι όταν αρνήθηκαν τον Κύριό τους

Όσιος Αφραάτης Πραγματείες 12:6

Αφού μίλησε έτσι [στο Μυστικό Δείπνο], ο Κύριος σηκώθηκε από τον τόπο όπου είχε κάνει το Πάσχα και είχε δώσει το σώμα του ως τροφή και το αίμα του ως ποτό, και πήγε με τους μαθητές του στον τόπο όπου επρόκειτο να συλληφθεί. Έφαγε όμως από το σώμα του και ήπιε από το αίμα του, ενώ συλλογιζόταν τους νεκρούς. Με τα

ίδια του τα χέρια ο Κύριος παρουσίασε το ίδιο του το σώμα για να το φάει, και πριν σταυρωθεί έδωσε το αίμα του ως ποτό

Άγιος Κύριλλος Α΄ Ιεροσολύμων Κατηχήσεις 19:7

Το ψωμί και ο οίνος της Ευχαριστίας πριν από την ιερή επίκληση της αξιολάτρευτης Τριάδας ήταν απλό ψωμί και οίνος, αλλά αφού έγινε η επίκληση, το ψωμί γίνεται το σώμα του Χριστού και ο οίνος το αίμα του Χριστού.

Κατηχήσεις 22,6,9

Μην θεωρείτε, λοιπόν, τον άρτο και τον οίνο ως κάτι τέτοιο, διότι είναι, σύμφωνα με τη δήλωση του Διδασκάλου, το σώμα και το αίμα του Χριστού. Ακόμα κι αν οι αισθήσεις σας υποδεικνύουν το άλλο, η πίστη ας σας κάνει σταθερούς. Μην κρίνετε σε αυτό το θέμα με βάση τη γεύση, αλλά να είστε απόλυτα σίγουροι με την πίστη,

χωρίς να αμφιβάλλετε ότι έχετε κριθεί άξιοι του σώματος και του αίματος του Χριστού.

. . . [Εφόσον είστε] πλήρως πεπεισμένοι ότι το φαινομενικό ψωμί δεν είναι ψωμί,

έστω και αν το αισθάνεται η γεύση, αλλά το σώμα του Χριστού, και ότι το φαινομενικό κρασί δεν είναι κρασί, έστω και αν η γεύση το θέλει έτσι, να μετέχετε αυτού του ψωμιού ως κάτι πνευματικό, και να βάζετε ένα χαρούμενο πρόσωπο στην ψυχή σας

Άγιος Αμβρόσιος Μεδιολάνων Περί μυστηρίων 9:50

Ίσως να λέτε: «Βλέπω κάτι άλλο- πώς μπορείτε να με διαβεβαιώσετε ότι λαμβάνω το σώμα του Χριστού;» Δεν μένει παρά να το αποδείξουμε εμείς. Και πόσα είναι τα παραδείγματα που θα μπορούσαμε να χρησιμοποιήσουμε!

Περί μυστηρίων 9:58

Ο Χριστός είναι σε αυτό το μυστήριο, επειδή είναι το σώμα του Χριστού.

Θεόδωρος Μοψουεστίας Κατηχητικά κηρύγματα 5:1

Όταν [ο Χριστός] έδωσε το ψωμί, δεν είπε: «Αυτό είναι το σύμβολο του σώματός

μου», αλλά: «Αυτό είναι το σώμα μου». Κατά τον ίδιο τρόπο, όταν έδωσε το ποτήρι

με το αίμα του, δεν είπε: «Αυτό είναι το σύμβολο του αίματός μου», αλλά: «Αυτό είναι το αίμα μου»- γιατί ήθελε να βλέπουμε τα [ευχαριστιακά στοιχεία] μετά τη λήψη της χάρης και την έλευση του Αγίου Πνεύματος όχι σύμφωνα με τη φύση τους, αλλά να τα λαμβάνουμε όπως είναι, το σώμα και το αίμα του Κυρίου μας. Οφείλουμε να

μη θεωρούμε [τα στοιχεία] απλώς ως ψωμί και ποτήρι, αλλά ως σώμα και αίμα του Κυρίου, στα οποία μεταμορφώθηκαν με την κάθοδο του Αγίου Πνεύματος

Ιερός Αυγουστίνος Ιππώνος Κηρύγματα 227

υποσχέθηκα σε εσάς [τους νέους χριστιανούς], που έχετε πλέον βαπτιστεί, ένα κήρυγμα στο οποίο θα εξηγούσα το μυστήριο της Τραπέζης του Κυρίου. Αυτός ο

άρτος που βλέπετε στην Αγία Τράπεζα, αφού καθαγιάστηκε με τον λόγο του Θεού, είναι το σώμα του Χριστού. Αυτό το δισκοπότηρο, ή μάλλον, αυτό που βρίσκεται σε αυτό το δισκοπότηρο, αφού έχει αγιασθεί από τον λόγο του Θεού, είναι το αίμα του Χριστού.

Κηρύγματα 272

Αυτό που βλέπετε είναι το ψωμί και το δισκοπότηρο- αυτό σας εξηγούν τα ίδια σας τα μάτια. Αλλά αυτό που η πίστη σας υποχρεώνει να δεχτείτε είναι ότι ο άρτος είναι το σώμα του Χριστού και το δισκοπότηρο είναι το αίμα του Χριστού.

Ερμηνείες των Ψαλμών 33:1:10

Ο Χριστός μεταφέρθηκε με τα ίδια του τα χέρια όταν, αναφερόμενος στο σώμα του, είπε: «Αυτό είναι το σώμα μου» [Ματθ. 26:26]. Γιατί μετέφερε αυτό το σώμα στα χέρια του

Χρίσμα

Όπως δείχνουν τα παρακάτω αποσπάσματα, οι Πατέρες της Εκκλησίας και οι πρώτοι χριστιανοί συγγραφείς αναγνώριζαν επίσης το χρίσμα ως ένα μυστήριο

ξεχωριστό από το βάπτισμα, παρόλο που συνήθως γίνονται ταυτόχρονα. Τα λόγια τους μιλούν δυναμικά για το χρίσμα και την επίθεση των χεριών για τη λήψη του Αγίου Πνεύματος και τον ρόλο που έχει στη χριστιανική μύηση.

Θεόφιλος ο Αντιοχεύς Πρός Αὐτόλυκο 1:12

Είστε απρόθυμοι να χριστείτε με το λάδι του Θεού; Γι' αυτό το λόγο αποκαλούμαστε χριστιανοί: επειδή χριστήκαμε με το λάδι του Θεού.

Τερτυλλιανός

Περί του βαπτίσματος 7:1-2, 8:1

Αφού βγούμε από τον τόπο του πλυσίματος, χριζόμαστε πλήρως με ένα ευλογημένο χρίσμα, από την αρχαία πειθαρχία με την οποία [οι] ιερείς συνήθιζαν να χρίονται

με ένα κέρας λαδιού, από τότε που ο Ααρών χρίστηκε από τον Μωυσή. Έτσι και

σε μας, το χρίσμα τρέχει στο σώμα και μας ωφελεί πνευματικά, με τον ίδιο τρόπο που το ίδιο το βάπτισμα είναι μια σωματική πράξη με την οποία βυθιζόμαστε στο νερό, ενώ το αποτέλεσμά του είναι πνευματικό, καθώς απελευθερωνόμαστε από τις αμαρτίες. Μετά από αυτό, το χέρι επιβάλλεται για μια ευλογία, επικαλούμενο και προσκαλώντας το Άγιο Πνεύμα.

Άγιος Κυπριανός Καρχηδόνας Επιστολή 7:2

Είναι απαραίτητο να χριστεί και αυτός που έχει βαπτιστεί, ώστε με το να έχει λάβει το χρίσμα, είναι χρισμένος του Θεού και να έχει μέσα του τη χάρη του Χριστού.

Επιστολή 73:9

Κάποιοι λένε σχετικά με εκείνους που βαπτίστηκαν στη Σαμάρεια ότι όταν οι απόστολοι Πέτρος και Ιωάννης ήρθαν εκεί, τους επέβαλαν μόνο τα χέρια για να λάβουν το Άγιο Πνεύμα και ότι δεν βαπτίστηκαν ξανά. Βλέπουμε όμως, αγαπητέ αδελφέ, ότι αυτή η κατάσταση δεν αφορά σε καμία περίπτωση την παρούσα περίπτωση. Εκείνοι στη Σαμάρεια που είχαν πιστέψει είχαν πιστέψει στην αληθινή πίστη και βαπτίστηκαν από τον διάκονο Φίλιππο, τον οποίο είχαν στείλει εκεί οι ίδιοι απόστολοι, μέσα στην Εκκλησία. . . Εφόσον, λοιπόν, είχαν ήδη λάβει ένα νόμιμο και εκκλησιαστικό βάπτισμα, δεν ήταν απαραίτητο να βαπτιστούν ξανά. Αντίθετα, το

μόνο που έλειπε έγινε από τον Πέτρο και τον Ιωάννη. Αφού έγινε η προσευχή επάνω τους και τους επιβλήθηκαν τα χέρια, επικλήθηκε το Άγιο Πνεύμα και εκχύθηκε επάνω τους. Αυτή είναι ακόμη και τώρα η πρακτική ανάμεσά μας, έτσι ώστε όσοι βαπτίζονται στην Εκκλησία τότε να οδηγούνται στους ιεράρχες της Εκκλησίας- μέσω της προσευχής μας και της επιβολής των χεριών, λαμβάνουν το Άγιο Πνεύμα και

τελειοποιούνται με τη σφραγίδα του Κυρίου Επιστολή 74:5

Δεν τίθενται τα χέρια, στο όνομα του ίδιου Χριστού, πάνω στους βαπτισμένους ανάμεσά τους, για την υποδοχή του Αγίου Πνεύματος;

Επιστολή 74:7

[Ο]ποιος δεν γεννιέται με την τοποθέτηση των χεριών, όταν λαμβάνει το Άγιο

Πνεύμα, αλλά με το βάπτισμα, για να μπορεί έτσι, αφού έχει ήδη γεννηθεί, να λάβει το Άγιο Πνεύμα, όπως συνέβη στον πρώτο άνθρωπο Αδάμ. Διότι πρώτα ο Θεός τον έπλασε, και στη συνέχεια εμφύσησε στα ρουθούνια του την πνοή της ζωής. Διότι το Πνεύμα δεν μπορεί να ληφθεί, αν αυτός που λαμβάνει πρώτος δεν έχει ύπαρξη.

Αλλά η γέννηση των Χριστιανών γίνεται με το βάπτισμα...

Άγιος Κύριλλος Α΄ Ιεροσολύμων Κατηχήσεις 21:1, 3-4

Αφού βγήκατε από την κολυμβήθρα των ιερών ρευμάτων, σας δόθηκε το χρίσμα, το αντίγραφο εκείνου με το οποίο χρίστηκε ο Χριστός, και αυτό είναι το Άγιο Πνεύμα.

Αλλά προσέξτε να μην υποθέσετε ότι πρόκειται για συνηθισμένο μύρο. Διότι, όπως ακριβώς ο άρτος της Θείας Ευχαριστίας μετά την επίκληση του Αγίου Πνεύματος δεν είναι πια απλός άρτος, αλλά το σώμα του Χριστού, έτσι και αυτό το μύρο δεν είναι πια απλό μύρο, ούτε, τρόπον τινά, κοινό, μετά την επίκληση. Περαιτέρω, είναι το αγαθό δώρο του Χριστού και καθίσταται κατάλληλο για τη μετάδοση της θεότητάς του με την έλευση του Αγίου Πνεύματος. Αυτό το μύρο εφαρμόζεται συμβολικά στο

μέτωπό σας και στις άλλες αισθήσεις σας- ενώ το σώμα σας χρίεται με το ορατό

μύρο, η ψυχή σας αγιάζεται από το άγιο και ζωοποιό Πνεύμα. Όπως ο Χριστός, μετά το βάπτισμά του και την έλευση επάνω του του Αγίου Πνεύματος, βγήκε και νίκησε τον αντίπαλο, έτσι και με εσάς, μετά το άγιο βάπτισμα και το μυστικό χρίσμα, αφού φορέσετε την πανοπλία του Αγίου Πνεύματος, πρέπει να αντισταθείτε στη δύναμη του αντιπάλου και να τον νικήσετε, λέγοντας: «Είμαι ικανός να κάνω τα πάντα εν Χριστώ, ο οποίος με ενισχύει».

Κατηχήσεις 22:7

«[Ο Δαβίδ λέει,] «Έχρισες το κεφάλι μου με λάδι. Με λάδι άλειψε το κεφάλι σου, το μέτωπό σου, με το θεόσταλτο σημείο του σταυρού, ώστε να γίνεις αυτό που είναι χαραγμένο στη σφραγίδα, «ένα ιερό πράγμα του Κυρίου».

Σεραπίων

Το Μυστήριο του Σεραπίωνα 25:1

[Προσευχή για την ευλογία του αγίου χρίσματος:] «Θεέ των δυνάμεων, βοήθησε κάθε ψυχή που στρέφεται προς εσένα και έρχεται κάτω από το ισχυρό σου χέρι στον

μονογενή σου. Σε ικετεύουμε, ώστε μέσω της θείας και αόρατης δύναμής σου του Κυρίου και Σωτήρα μας Ιησού Χριστού, να επιφέρεις σε αυτό το χρίσμα μια θεία και ουράνια λειτουργία, έτσι ώστε όσοι βαπτίζονται και χρίονται κατά την παρακολούθηση με αυτό του σημείου του σωτήριου σταυρού του Μονογενούς ... σαν να αναγεννώνται και να ανανεώνονται μέσω του λουτρού της αναγέννησης, να γίνονται κοινωνοί της δωρεάς του Αγίου Πνεύματος και, επιβεβαιωμένοι από αυτή τη σφραγίδα, να παραμένουν σταθεροί και αμετακίνητοι, ακέραιοι και απαραβίαστοι....

Ἀποστολικαὶ Διαταγαί 2:4:32

Πώς τολμά κανείς να μιλήσει εναντίον του επισκόπου του, από τον οποίο ο Κύριος έδωσε το Άγιο Πνεύμα ανάμεσά σας με την επίθεση των χεριών του, από τον οποίο μάθατε τα ιερά δόγματα και γνωρίσατε τον Θεό και πιστέψατε στον Χριστό, από τον οποίο γνωριστήκατε από τον Θεό, από τον οποίο σφραγιστήκατε με το λάδι της χαράς και το μύρο της κατανόησης, από τον οποίο ανακηρυχθήκατε τέκνα του φωτός, από τον οποίο ο Κύριος κατά τον φωτισμό σας μαρτύρησε με την επίθεση των χεριών του επισκόπου

Ιερός Αυγουστίνος Ιππώνος

Ομιλία 3 στην Α΄ Επιστολή του Ιωάννη 12

Αυτά σας έγραψα γι᾽ αυτούς που σας παρασύρουν, για να ξέρετε ότι έχετε ένα χρίσμα, και το χρίσμα που λάβαμε απ᾽ Αυτόν να μένει μέσα σας». Στο χρίσμα έχουμε το μυστηριακό σημείο [ενός αόρατου πράγματος], η ίδια η αρετή είναι αόρατη· το αόρατο χρίσμα είναι το Άγιο Πνεύμα

Γάμος

Όταν ήρθε ο Χριστός, ανύψωσε τον γάμο στο ίδιο καθεστώς που είχε αρχικά μεταξύ του Αδάμ και της Εύας - το καθεστώς του μυστηρίου. Έτσι, κάθε γάμος μεταξύ δύο βαπτισμένων ανθρώπων είναι ένας μυστηριακός γάμος και, αφού ολοκληρωθεί, δεν μπορεί να διαλυθεί. Ο Ιησούς, επομένως, δίδαξε ότι αν κάποιος που έχει παντρευτεί με αυτόν τον τρόπο χωρίζει και ξαναπαντρεύεται, το άτομο αυτό διαπράττει μοιχεία Οι χριστιανοί πάντα καταδίκαζαν το σεξ χωρίς σκοπό την γονιμοποίηση. Και οι δύο μορφές που αναφέρονται στη Βίβλο, η διακοπή της συνουσίας και η στείρωση, καταδικάζονται χωρίς εξαίρεση (Γέν. 38:9-10, Δευτ. 23:1). Οι Πατέρες αναγνώρισαν ότι ο σκοπός της σεξουαλικής επαφής κατά το Δίκαιο της Φύσης είναι η τεκνοποίηση.

Το σεξ, το οποίο εμποδίζει σκόπιμα αυτόν τον σκοπό, αποτελεί παραβίαση του Δίκαιου της Φύσης.

Ορισμένοι υποστηρίζουν ότι ούτε η Αγία Γραφή ούτε η αποστολική παράδοση καταδικάζουν την ομοφυλοφιλία. Αποσπάσματα όπως το Λευιτ. 18:22-30, το Ρωμ. 1:26-27, το Α΄ Κοριν. 6:9 και ο Ιούδ. 7 χρησιμεύουν ως επαρκείς αποδείξεις ότι η Αγία Γραφή πράγματι καταδικάζει την ομοφυλοφιλία. Παρακάτω παρατίθενται άφθονες αποδείξεις από την παράδοση. Οι Πατέρες είναι ιδιαίτερα σκληροί κατά της παιδεραστίας, της ομοφυλοφιλικής διαφθοράς αγοριών από άνδρες.

Η Ορθόδοξη Εκκλησία καταδίκαζε πάντοτε την έκτρωση. Οι χριστιανοί συγγραφείς έχουν υποστηρίξει ότι η Αγία Γραφή απαγορεύει τις εκτρώσεις, όπως ακριβώς απαγορεύει τους φόνους. Τι έχουν να πουν οι πρώτοι χριστιανοί συγγραφείς για το θέμα της έκτρωσης:

Ερμάς

Ποιμήν του Ερμά 4:1:6

Τι πρέπει να κάνει λοιπόν ο σύζυγος, αν η γυναίκα συνεχίζει σε αυτή τη διάθεση [μοιχεία]; Ας τη χωρίσει, και ο σύζυγος ας παραμείνει ανύπαντρος. Αν όμως χωρίσει τη γυναίκα του και παντρευτεί άλλη, διαπράττει και αυτός μοιχεία

Άγιος Ιουστίνος Φιλόσοφος καὶ Μάρτυρας Απολογία Α΄ 15

Όσον αφορά την αγνότητα, [ο Ιησούς] έχει να πει το εξής: «Αν κάποιος κοιτάξει με πόθο μια γυναίκα, έχει ήδη διαπράξει ενώπιον του Θεού μοιχεία στην καρδιά του». Και: ''Οποιος παντρεύεται γυναίκα που έχει χωρίσει, διαπράττει μοιχεία'. Σύμφωνα με τον Δάσκαλό μας, όπως ακριβώς είναι αμαρτωλοί όσοι συνάπτουν δεύτερο γάμο,

έστω και αν αυτός είναι σύμφωνος με το ανθρώπινο δίκαιο, έτσι είναι αμαρτωλοί και όσοι κοιτάζουν με πόθο μια γυναίκα. Απορρίπτει όχι μόνο αυτόν που πράγματι

διαπράττει μοιχεία, αλλά ακόμη και αυτόν που επιθυμεί να το κάνει διότι όχι μόνο οι πράξεις μας είναι φανερές στον Θεό, αλλά ακόμη και οι σκέψεις μας

Απολογία Α' 27

[Μ]ας έχουν διδάξει ότι το να εκθέτουν τα νεογέννητα παιδιά είναι μέρος των κακών ανθρώπων και αυτό μας το έχουν διδάξει για να μην κάνουμε κακό σε κανέναν και για να μην αμαρτάνουμε εναντίον του Θεού, πρώτον, επειδή βλέπουμε ότι σχεδόν όλα τα παιδιά που εκτίθενται έτσι (όχι μόνο τα κορίτσια, αλλά και τα αρσενικά) ανατρέφονται στην πορνεία. Και γι' αυτή τη μόλυνση υπάρχει σε κάθε έθνος ένα πλήθος θηλυκών και ερμαφρόδιτων και εκείνων που διαπράττουν ανείπωτες ανομίες. Και λαμβάνετε τη μίσθωση αυτών, καθώς και δασμούς και φόρους από αυτές, τις οποίες θα έπρεπε να εξολοθρεύσετε από το βασίλειό σας. Και υπάρχουν μερικοί

που εκπορνεύουν ακόμη και τα ίδια τους τα παιδιά και τις συζύγους, και μερικοί ακρωτηριάζονται ανοιχτά με σκοπό τον σοδομισμό· και παραπέμπουν αυτά τα μυστήρια στη μητέρα των θεών

Κλήμης ο Αλεξανδρεύς Στρωματείς 2:23:145:3

Το ότι η Γραφή συμβουλεύει το γάμο, ωστόσο, και δεν επιτρέπει ποτέ την αποδέσμευση από την ένωση, περιέχεται ρητά στο νόμο: «Δεν θα χωρίσεις τη γυναίκα σου, εκτός αν πρόκειται για μοιχεία». Και θεωρεί ως μοιχεία τον γάμο ενός συζύγου, ενώ αυτός από τον οποίο έγινε ο χωρισμός είναι ακόμη εν ζωή. Όποιος παίρνει διαζευγμένη γυναίκα για σύζυγο, διαπράττει μοιχεία, λέει- διότι 'αν κάποιος χωρίσει τη γυναίκα του, την διαφθείρει', δηλαδή την εξαναγκάζει να διαπράξει

μοιχεία. Και όχι μόνο αυτός που τη χωρίζει γίνεται η αιτία γι' αυτό, αλλά και αυτός που παίρνει τη γυναίκα και της δίνει την ευκαιρία να αμαρτήσει- γιατί αν δεν την

έπαιρνε, αυτή θα επέστρεφε στον άντρα της Παιδαγωγός 2:10:91:2

Λόγω της θείας θέσπισής του για τον πολλαπλασιασμό του ανθρώπου, ο σπόρος

δεν πρέπει να εκσπερματώνεται μάταια, ούτε να καταστρέφεται, ούτε να σπαταλιέται. Στρωματείς 2:10:95:3

Το να έχεις συνουσία εκτός από το να τεκνοποιείς είναι σαν να κάνεις ζημιά στη φύση.

Παιδαγωγός 6

Σύμφωνα με αυτές τις παρατηρήσεις, η συζήτηση για πράξεις κακίας χαρακτηρίζεται κατάλληλα ως βρώμικη [επαίσχυντη] ομιλία, όπως η συζήτηση για τη μοιχεία και την παιδεραστία και τα παρόμοια.

Παιδαγωγός 8

Η μοίρα των Σοδομιτών ήταν κρίση για εκείνους που έκαναν λάθος, διδασκαλία για εκείνους που άκουσαν. Οι Σοδομίτες, αφού, λόγω της μεγάλης πολυτέλειας, έπεσαν στην ακαθαρσία, ασκώντας ξεδιάντροπα τη μοιχεία και φλεγόμενοι από παράφορο

έρωτα για τα αγόρια- ο Παντογνώστης Λόγος, του οποίου την προσοχή δεν μπορούν να ξεφύγουν όσοι διαπράττουν ασεβείς πράξεις, έριξε το βλέμμα του πάνω τους.

Ούτε ο άγρυπνος φύλακας της ανθρωπότητας παρατηρούσε σιωπηλά την ακολασία τους- αλλά αποτρέποντας μας από τη μίμησή τους και εκπαιδεύοντάς μας στη δική του εγκράτεια, και πέφτοντας πάνω σε μερικούς αμαρτωλούς, μήπως η λαγνεία, που δεν είχε αποτραβηχτεί, ξεφύγει από όλους τους περιορισμούς του φόβου, διέταξε να καούν τα Σόδομα,

ρίχνοντας λίγο από τη σοφή φωτιά στην ακολασία, για να μην ανοίξει η λαγνεία, λόγω της έλλειψης τιμωρίας, τις πύλες σε εκείνους που έτρεχαν στην ακολασία. Κατά συνέπεια, η δίκαιη τιμωρία των Σοδομιτών έγινε για τους ανθρώπους εικόνα της

σωτηρίας που είναι καλά υπολογισμένη για τους ανθρώπους. Διότι όσοι δεν έχουν διαπράξει όμοιες αμαρτίες με εκείνους που τιμωρούνται, δεν θα λάβουν ποτέ παρόμοια τιμωρία

Προτρεπτικός προς Έλληνας 2

Όλη η τιμή σε εκείνον τον βασιλιά των Σκυθών, όποιος και αν ήταν ο Ανάχαρσις, ο οποίος σκότωσε με ένα βέλος έναν από τους υπηκόους του που μιμούνταν μεταξύ των Σκυθών το μυστήριο της μητέρας των θεών ... καταδικάζοντάς τον ως θηλυπρεπή μεταξύ των Ελλήνων, και δάσκαλο της ασθένειας της θηλυπρέπειας στους υπόλοιπους Σκύθες

Ωριγένης

Ερμηνεία στο Κατά Ματθαίον Ευαγγέλιο 14:24

Όπως μια γυναίκα είναι μοιχαλίδα, παρόλο που φαίνεται να είναι παντρεμένη με έναν άνδρα, ενώ ο πρώην σύζυγός της ζει ακόμη, έτσι και ο άνδρας που φαίνεται να την παντρεύεται που έχει πάρει διαζύγιο δεν την παντρεύεται, αλλά, σύμφωνα με τη

δήλωση του Σωτήρα μας, διαπράττει μοιχεία μαζί της.

Άγιος Αμβρόσιος Μεδιολάνων Αβραάμ 1:7:59

Κανείς δεν επιτρέπεται να γνωρίζει άλλη γυναίκα εκτός από τη σύζυγό του. Το συζυγικό δικαίωμα σας δίνεται γι' αυτόν τον λόγο: για να μην πέσετε στην παγίδα και αμαρτάνετε με ξένη γυναίκα. Αν είσαι δεμένος με μια γυναίκα, μην ζητάς διαζύγιο, γιατί δεν επιτρέπεται, όσο ζει η γυναίκα σου, να παντρευτείς άλλη.

Ερμηνεία στο Κατά Λουκάν Ευαγγέλιο 8:5

Απολύετε, λοιπόν, τη σύζυγό σας, σαν να ήταν δικαίωμά σας και χωρίς να κατηγορείστε για αδίκημα- και υποθέτετε ότι είναι σωστό να το κάνετε, επειδή κανένας ανθρώπινος νόμος δεν το απαγορεύει- αλλά ο θείος νόμος το απαγορεύει. Όποιος υπακούει στους ανθρώπους οφείλει να στέκεται με δέος απέναντι στον Θεό. Ακούστε τον νόμο του Κυρίου, τον οποίο πρέπει να υπακούουν ακόμη και αυτοί που προτείνουν τους νόμους μας: «Ό,τι συνέδεσε ο Θεός, ας μην το χωρίσει κανείς...

Άγιος Ιερώνυμος Κατά Ιοβινιανό 1:19

Απορώ όμως γιατί [ο αιρετικός Ιοβινιάνιος] έθεσε τον Ιούδα και την Ταμάρ μπροστά μας για παράδειγμα, εκτός κι αν του δίνουν ευχαρίστηση ακόμη και οι πόρνες- ή ο Ονάν, ο οποίος θανατώθηκε επειδή φθόνησε το σπέρμα του αδελφού του. Μήπως φαντάζεται ότι εγκρίνουμε οποιαδήποτε σεξουαλική συνεύρεση εκτός από την αναπαραγωγή παιδιών;

Επιστολή 22:13

Μπορεί να δείτε πολλές γυναίκες που είναι χήρες πριν γίνουν σύζυγοι. Άλλες,

μάλιστα, θα πιουν στειρότητα και θα δολοφονήσουν έναν άνδρα που δεν έχει ακόμη γεννηθεί,

Επιστολή 55:3

Όσο ζει ένας σύζυγος, είτε αυτός είναι μοιχός, είτε σοδομιστής, είτε εθισμένος σε κάθε είδους βίτσιο, αν τον εγκατέλειψε εξαιτίας των εγκλημάτων του, αυτός είναι ακόμα ο σύζυγός της και δεν μπορεί να πάρει άλλον

Ερμηνεία στο Κατά Ματθαίον Ευαγγέλιο 3:19:9

Όπου υπάρχει πορνεία και υποψία πορνείας, η σύζυγος απολύεται ελεύθερα. Επειδή είναι πάντοτε πιθανό κάποιος να συκοφαντήσει τον αθώο και, για χάρη μιας δεύτερης συζυγικής σχέσης, να ενεργήσει εγκληματικά εναντίον του πρώτου, διατάσσεται ότι, όταν η πρώτη σύζυγος απολύεται, δεν επιτρέπεται να ληφθεί δεύτερη όσο ζει η

πρώτη.

Πάπας Ιννοκέντιος Α΄ Επιστολή 2:13:15

Η πρακτική τηρείται από όλους να θεωρούν ως μοιχαλίδα μια γυναίκα που παντρεύεται για δεύτερη φορά ενώ ο σύζυγός της ζει ακόμα, και η άδεια να κάνει μετάνοια δεν της δίνεται μέχρι να πεθάνει ένας από τους δύο.

Ιερός Αυγουστίνος Ιππώνος Γάμος και ευαισθησία 1:10:11

Αναμφίβολα, η ουσία του μυστηρίου είναι αυτός ο δεσμός, έτσι ώστε όταν ο άνδρας και η γυναίκα έχουν ενωθεί με γάμο, πρέπει να συνεχίσουν να είναι αχώριστοι όσο ζουν, και δεν επιτρέπεται ο ένας σύζυγος να χωρίσει από τον άλλο, εκτός από αιτία πορνείας. Διότι αυτό διατηρείται στην περίπτωση του Χριστού και της Εκκλησίας, έτσι ώστε, όπως ένας ζωντανός με έναν ζωντανό, δεν υπάρχει διαζύγιο, ούτε χωρισμός για πάντα

Γάμος και ευαισθησία 1:15:17

Υποθέτω, λοιπόν, ότι παρόλο που δεν ξαπλώνετε [με τη σύζυγό σας] για χάρη της αναπαραγωγής απογόνων, δεν παρεμποδίζετε για χάρη της λαγνείας την αναπαραγωγή τους με μια κακή προσευχή ή μια κακή πράξη. Εκείνοι που το κάνουν αυτό, παρόλο που ονομάζονται σύζυγοι, δεν είναι- ούτε διατηρούν κάποια πραγματικότητα γάμου, αλλά με ένα αξιοσέβαστο όνομα καλύπτουν μια ντροπή.

Μερικές φορές αυτή η λάγνα σκληρότητα ή η σκληρή λαγνεία φτάνει στο σημείο να προμηθεύονται ακόμη και δηλητήρια στειρότητας. Βεβαίως, αν και ο σύζυγος και η σύζυγος είναι έτσι, δεν είναι παντρεμένοι, και αν ήταν έτσι από την αρχή, έρχονται μαζί όχι ενωμένοι με γάμο, αλλά σε αποπλάνηση. Αν και οι δύο δεν είναι έτσι, τολμώ να πω ότι είτε η σύζυγος είναι κατά κάποιο τρόπο η πόρνη του συζύγου της είτε αυτός είναι μοιχός με την ίδια του τη γυναίκα

Γάμος και ευαισθησία 1:17:19

Στο γάμο, ωστόσο, ας αγαπήσετε τις ευλογίες του γάμου: τους απογόνους, την πίστη και τον μυστηριακό δεσμό. Οι απόγονοι, όχι τόσο επειδή μπορούν να γεννηθούν, αλλά επειδή μπορούν να ξαναγεννηθούν- διότι γεννιούνται για τιμωρία αν δεν ξαναγεννηθούν για ζωή. Η πίστη, αλλά όχι τέτοια που έχουν ακόμη και οι άπιστοι

μεταξύ τους, όσο φλογεροί και αν είναι για τη σάρκα. Τον μυστηριακό δεσμό, τον

οποίο δεν χάνουν ούτε από χωρισμό ούτε από μοιχεία, αυτόν οι σύζυγοι πρέπει να διαφυλάττουν αγνά και αρμονικά

Κατά Φαύστο 15:7

Εσείς [οι μανιχαϊστές] κάνετε τους ακροατές σας μοιχούς των συζύγων τους, όταν φροντίζουν να μη συλλάβουν οι γυναίκες με τις οποίες συνουσιάζονται. Παίρνουν συζύγους σύμφωνα με τους νόμους του γάμου με ταμπλέτες που ανακοινώνουν ότι ο γάμος συνάπτεται για την τεκνοποίηση- και στη συνέχεια, φοβούμενοι εξαιτίας του νόμου σας [κατά της τεκνοποίησης] . . συνευρίσκονται σε μια επαίσχυντη ένωση

μόνο και μόνο για να ικανοποιήσουν τη λαγνεία για τις γυναίκες τους. Δεν επιθυμούν να αποκτήσουν παιδιά, για λογαριασμό των οποίων και μόνο γίνονται οι γάμοι. Πώς γίνεται, λοιπόν, να μην είστε εσείς εκείνοι που απαγορεύουν τον γάμο, όπως προέβλεψε ο απόστολος για εσάς πριν από τόσο καιρό [Α΄ Τιμ. 4:1-4], όταν προσπαθείτε να αφαιρέσετε από τον γάμο αυτό που είναι ο γάμος; Όταν αυτό αφαιρείται, οι σύζυγοι είναι αισχροί εραστές, οι γυναίκες είναι πόρνες, οι νυφικοί θάλαμοι είναι οίκοι ανοχής, οι πεθεροί είναι νταβατζήδες

Κατά Φαύστο 22:30

Διότι έτσι ο αιώνιος νόμος, δηλαδή η βούληση του Θεού δημιουργού όλων των πλασμάτων, που παίρνει συμβουλές για τη διατήρηση της φυσικής τάξης, όχι για να υπηρετήσει τη λαγνεία, αλλά για να φροντίσει για τη διατήρηση του γένους, επιτρέπει την απόλαυση της θνητής σάρκας να απελευθερωθεί από τον έλεγχο της λογικής στη συνουσία μόνο για τη διάδοση των απογόνων.

Περί της ηθικής των Μανιχαίων 18:65

Αυτό αποδεικνύει ότι εσείς [οι μανιχαίοι] εγκρίνετε το να έχετε γυναίκα, όχι για την τεκνοποίηση παιδιών, αλλά για την ικανοποίηση του πάθους. Στο γάμο, όπως

δηλώνει ο νόμος περί γάμου, ο άνδρας και η γυναίκα έρχονται μαζί για την

τεκνοποίηση παιδιών. Επομένως, όποιος καθιστά την τεκνοποίηση μεγαλύτερη αμαρτία από τη συνουσία, απαγορεύει το γάμο και καθιστά τη γυναίκα όχι σύζυγο, αλλά ερωμένη, η οποία για κάποια δώρα που της προσφέρονται συνδέεται με τον άνδρα για να ικανοποιήσει το πάθος του

Εξομολογήσεις 3:8:15

[Τ]α αισχρά εγκλήματα κατά της φύσης, όπως αυτά που διαπράχθηκαν στα Σόδομα, θα έπρεπε παντού και πάντοτε να αποστρέφονται και να τιμωρούνται. Αν όλα τα έθνη έκαναν τέτοια πράγματα, θα θεωρούνταν ένοχα για το ίδιο έγκλημα από τον νόμο του Θεού, ο οποίος δεν έχει φτιάξει τους ανθρώπους έτσι ώστε να χρησιμοποιούν ο ένας τον άλλον με αυτόν τον τρόπο

Η Διδαχή των Δώδεκα Αποστόλων

Η Διδαχή των Δώδεκα Αποστόλων 2:2

Δεν θα διαπράξεις φόνο, δεν θα διαπράξεις μοιχεία, δεν θα διαπράξεις παιδεραστία, δεν θα διαπράξεις πορνεία, δεν θα κλέψεις, δεν θα ασκήσεις μαγεία,δεν θα

δολοφονήσεις παιδί με έκτρωση ούτε θα σκοτώσεις παιδί που έχει γεννηθεί.

Επιστολή Βαρνάβα Επιστολή Βαρνάβα 10:8

Εξάλλου, αυτός [ο Μωυσής] δικαίως απεχθανόταν τη νυφίτσα [Λευιτ. 11:29]. Διότι εννοεί: «Δεν πρέπει να μοιάσεις με εκείνους για τους οποίους ακούμε ότι

διαπράττουν ανομία με το στόμα με το σώμα μέσω ακαθαρσίας ούτε πρέπει να

ενωθείς με εκείνες τις ακάθαρτες γυναίκες που διαπράττουν ανομία με το στόμα με το σώμα μέσω ακαθαρσίας

Επιστολή Βαρνάβα 19

Ο δρόμος του φωτός, λοιπόν, έχει ως εξής. Αν κάποιος επιθυμεί να ταξιδέψει στον καθορισμένο τόπο, πρέπει να είναι ζηλωτής στα έργα του. Η γνώση, λοιπόν, που μας δίνεται με σκοπό να βαδίσουμε σε αυτόν τον δρόμο, είναι η εξής. Δεν πρέπει να θανατώσεις το παιδί με έκτρωση ούτε, πάλι, πρέπει να το καταστρέψεις αφού γεννηθεί

Άγιος Ιππόλυτος Ρώμης

Κατά πασών αιρέσεων έλεγχος 9:12

[οι χριστιανές γυναίκες με αρσενικές συντρόφους], λόγω της εξέχουσας καταγωγής τους και της μεγάλης περιουσίας τους, οι λεγόμενες πιστές δεν θέλουν παιδιά από σκλάβους ή χαμηλόσωμους κοινούς θνητούς, [έτσι] χρησιμοποιούν φάρμακα

στειρότητας ή δένουν σφιχτά τον εαυτό τους προκειμένου να αποβάλουν ένα έμβρυο που έχει ήδη γεννηθεί

Λακτάντιος

Περί θείων θεσμών 6:20

[Κάποιοι] παραπονιούνται για την πενιχρότητα των μέσων τους και ισχυρίζονται ότι δεν έχουν αρκετά για να μεγαλώσουν περισσότερα παιδιά, λες και, στην πραγματικότητα, τα μέσα τους ήταν στη δύναμή τους... ή ο Θεός δεν έκανε καθημερινά τους πλούσιους φτωχούς και τους φτωχούς πλούσιους. Γι' αυτό, αν κάποιος εξαιτίας της φτώχειας δεν μπορεί να αναθρέψει παιδιά, είναι καλύτερα να απέχει από τις σχέσεις με τη γυναίκα του

Περί θείων θεσμών 6:23:18

Ο Θεός μάς έδωσε τα μάτια όχι για να βλέπουμε και να επιθυμούμε την ηδονή, αλλά για να βλέπουμε πράξεις που πρέπει να εκτελούνται για τις ανάγκες της ζωής· έτσι και το γεννητικό μέρος του σώματος, όπως διδάσκει και το ίδιο το όνομα, δεν το παραλάβαμε για κανέναν άλλο σκοπό εκτός από τη δημιουργία απογόνων.

Άγιος Επιφάνιος Κωνσταντίας Πανάριον 26:5:2

Αυτοί [ορισμένοι Αιγύπτιοι αιρετικοί] ασκούν γενετήσιες πράξεις, αλλά εμποδίζουν τη σύλληψη παιδιών. Όχι για να παράγουν απογόνους, αλλά για να ικανοποιήσουν τη λαγνεία, είναι πρόθυμοι για διαφθορά

Άγιος Ιωάννης ο Χρυσόστομος

Ερμηνεία στο Κατά Ματθαίον Ευαγγέλιο 3:3

[Ορισμένοι άνδρες στην εκκλησία] έρχονται και ατενίζουν την ομορφιά των γυναικών- άλλοι είναι περίεργοι για τα ανθισμένα νιάτα των αγοριών. Ύστερα από αυτά, δεν απορείτε που δεν εκτοξεύονται [από τον ουρανό] [κεραυνοί] και όλα αυτά τα πράγματα δεν ξεριζώνονται από τα θεμέλιά τους; Διότι άξια τόσο των κεραυνών όσο και της κόλασης είναι τα πράγματα που γίνονται- ο Θεός όμως, που είναι

μακρόθυμος και με μεγάλο έλεος, αναβάλλει για λίγο την οργή του, καλώντας σας σε μετάνοια και διόρθωση

Ερμηνεία στο Κατά Ματθαίον Ευαγγέλιο 28:5

Αλήθεια, όλοι οι άνθρωποι γνωρίζουν ότι όσοι βρίσκονται υπό την εξουσία αυτής της ασθένειας [της αμαρτίας της πλεονεξίας] κουράζονται ακόμη και από τα γηρατειά του πατέρα τους [επιθυμώντας να πεθάνει για να μπορέσουν να κληρονομήσουν] και αυτό που είναι γλυκό και καθολικά επιθυμητό, το να αποκτήσουν παιδιά, το θεωρούν οδυνηρό και ανεπιθύμητο. Πολλοί τουλάχιστον με αυτή την άποψη έχουν πληρώσει ακόμη και χρήματα για να μείνουν άτεκνοι, και έχουν ακρωτηριάσει τη φύση, όχι μόνο σκοτώνοντας τα νεογέννητα, αλλά ενεργώντας ακόμη και για να εμποδίσουν την έναρξη της ζωής τους

Ομιλίες στην προς Ρωμαίους Επιστολή 4

Όλες αυτές οι επιθυμίες [στο Ρωμαίους 1:26-27] . . ήταν άθλιες, αλλά κυρίως η τρελή επιθυμία για τα αρσενικά- διότι η ψυχή είναι περισσότερο η παθούσα στις αμαρτίες και περισσότερο ατιμασμένη από το σώμα στις ασθένειες

Ομιλίες στην προς Ρωμαίους Επιστολή 24

Γιατί σπέρνετε εκεί όπου το χωράφι είναι πρόθυμο να καταστρέψει τον καρπό, όπου υπάρχουν φάρμακα στειρότητας [αντισυλληπτικά από το στόμα], όπου υπάρχει φόνος πριν από τη γέννηση; Δεν αφήνετε καν μια πόρνη να παραμείνει μόνο πόρνη, αλλά την κάνετε και δολοφόνο. Πράγματι, είναι κάτι χειρότερο από φόνο, και δεν ξέρω πώς να το ονομάσω- διότι δεν σκοτώνει αυτό που σχηματίζεται, αλλά εμποδίζει τον σχηματισμό του. Τότε τι; Καταδικάζετε το δώρο του Θεού και πολεμάτε τους [φυσικούς] νόμους του; . . Ωστόσο, μια τέτοια αθλιότητα το θέμα εξακολουθεί να φαίνεται αδιάφορο σε πολλούς άνδρες -ακόμη και σε πολλούς άνδρες που έχουν συζύγους. Σε αυτή την αδιαφορία των παντρεμένων ανδρών υπάρχει μεγαλύτερη κακή βρωμιά

Ομιλίες περί της προς Τίτον Επιστολή 5

[Οι ειδωλολάτρες] ήταν εθισμένοι στην αγάπη για τα αγόρια, και ένας από τους σοφούς τους έβγαλε νόμο ότι η παιδεραστία δεν έπρεπε να επιτρέπεται στους σκλάβους, σαν να ήταν κάτι τιμητικό- και είχαν σπίτια για το σκοπό αυτό, στα οποία ασκούνταν ανοιχτά. Και αν όλα όσα γίνονταν ανάμεσά τους διηγούνταν, θα γινόταν αντιληπτό ότι εξύβριζαν ανοιχτά τη φύση, και δεν υπήρχε κανένας να τους συγκρατήσει. Όσο για το πάθος τους για τα αγόρια, τα οποία ονόμαζαν παιδάκια τους, δεν είναι σωστό να αναφέρονται

Ο Καισάριος της Αρλ Κηρύγματα 1:12

Ποιος είναι εκείνος που δεν μπορεί να προειδοποιήσει ότι καμία γυναίκα δεν μπορεί να πάρει ένα φίλτρο ώστε να μην είναι σε θέση να συλλάβει ή να καταδικάσει στον

εαυτό της τη φύση που ο Θεός θέλησε να είναι γόνιμη; Όσες φορές θα μπορούσε να συλλάβει ή να γεννήσει, για τόσες ανθρωποκτονίες θα θεωρηθεί ένοχη και, αν δεν υποβληθεί στην κατάλληλη μετάνοια, θα καταδικαστεί με αιώνιο θάνατο στην κόλαση. Εάν μια γυναίκα δεν επιθυμεί να αποκτήσει παιδιά, ας συνάψει θρησκευτική συμφωνία με τον σύζυγό της· διότι η αγνότητα είναι η μόνη στειρότητα της χριστιανής γυναίκας

Αντίπαπας Νοβατιανός Τα εβραϊκά φαγητά 3

[Ο Θεός απαγόρευσε στους Εβραίους να τρώνε ορισμένα φαγητά για συμβολικούς λόγους:] Επειδή στα ψάρια η τραχύτητα των λεπιών θεωρείται ότι συνιστά την καθαριότητά τους, οι τραχείς και άγριοι, και ατίθασοι, και ουσιαστικοί, και σοβαροί τρόποι είναι εγκεκριμένοι στους ανθρώπους, ενώ εκείνοι που δεν έχουν λέπια είναι ακάθαρτοι, επειδή οι ασήμαντοι, και άστατοι, και άπιστοι, και θηλυπρεπείς τρόποι αποδοκιμάζονται. Εξάλλου, τι εννοεί ο νόμος όταν ... απαγορεύει να παίρνουν τα γουρούνια για τροφή; Σίγουρα αποδοκιμάζει μια ζωή βρώμικη και ρυπαρή και απολαυστική στα σκουπίδια της κακίας. Ή όταν απαγορεύει τον λαγό; Επιπλήττει τους άνδρες που έχουν παραμορφωθεί σε γυναίκες...

Άγιος Κυπριανός Καρχηδόνας Επιστολή 1:8

Στρέψτε τα βλέμματά σας προς τα βδελύγματα, όχι λιγότερο λυπηρά, ενός άλλου

είδους θεάματος. Οι άνδρες ευνουχίζονται, και όλη η υπερηφάνεια και το σθένος

του φύλου τους θηλυκοποιείται μέσα στην ατίμωση του απονευρωμένου σώματός τους και εκείνος είναι πιο ευχάριστος εκεί που έχει διαλύσει πιο ολοκληρωτικά τον άνδρα σε γυναίκα. Μεγαλώνει σε έπαινο λόγω του εγκλήματός του και όσο περισσότερο υποβαθμίζεται, τόσο πιο επιδέξιος θεωρείται. Ένας τέτοιος κοιτάζεται - ω, ντροπή! - και κοιτάζεται με ευχαρίστηση. Ούτε λείπει η εξουσία για το

δελεαστικό βδέλυγμα ότι ο Δίας τους [δεν] είναι ανώτερος στην κυριαρχία από ό,τι

στην κακία, φλεγόμενος από επίγειο έρωτα εν μέσω των δικών του βροντών τώρα

ξεσπά με τη βοήθεια των πουλιών για να παραβιάσει την αγνότητα των αγοριών. Και τώρα θέστε το ερώτημα: Μπορεί αυτός που βλέπει τέτοια πράγματα να είναι υγιώς σκεπτόμενος ή σεμνός; Οι άνθρωποι μιμούνται τους θεούς τους οποίους λατρεύουν, και για τέτοια άθλια όντα τα εγκλήματά τους γίνονται θρησκεία τους

Επιστολή 1:9

Ω, αν βρισκόσασταν σε αυτό το ψηλό παρατηρητήριο, θα μπορούσατε να κοιτάξετε στα μυστικά μέρη - αν μπορούσατε να ανοίξετε τις κλειστές πόρτες των κοιμισμένων θαλάμων και να ανακαλέσετε τις σκοτεινές εσοχές τους στην αντίληψη της όρασης - θα βλέπατε πράγματα που γίνονται από άσεμνα άτομα και που κανένα αγνό μάτι δεν θα μπορούσε να δει, θα έβλεπες αυτό που ακόμη και το να το βλέπεις είναι έγκλημα- θα έβλεπες αυτό που οι άνθρωποι που κατακλύζονται από την τρέλα της ακολασίας αρνούνται ότι έχουν κάνει, και όμως σπεύδουν να το κάνουν - άνδρες με μανιώδεις

επιθυμίες που ορμούν πάνω σε ανθρώπους, κάνοντας πράγματα που δεν προσφέρουν καμία ικανοποίηση ούτε σε εκείνους που τα κάνουν

Αρνόβιος

Κατά εθνικών 5:6-7

[Η] μητέρα των θεών αγαπούσε [το αγόρι Άττις] υπερβολικά, επειδή είχε την πιο

εκπληκτική ομορφιά- και ο Άγδιστις [ο γιος του Δία] που ήταν σύντροφός του, καθώς μεγάλωνε τον χάιδευε και τον έδενε μαζί του με την κακή συμμόρφωση στη λαγνεία του. . . Στη συνέχεια, υπό την επήρεια του κρασιού, παραδέχεται [ο Άττις] ότι ... αγαπήθηκε από τον Άγδιστι. Τότε ο Μίδας, ο βασιλιάς της Πεσσηνής, θέλοντας να

αποσύρει τον νεαρό από μια τόσο επαίσχυντη οικειότητα, αποφασίζει να του δώσει την κόρη του σε γάμο. Ο Άγδιστις, ξεσπώντας από οργή εξαιτίας του ότι το αγόρι

ξεριζώθηκε από τον εαυτό του και οδηγήθηκε να αναζητήσει γυναίκα, γεμίζει όλους τους καλεσμένους με φρενήρη τρέλα- οι Φρύγες ουρλιάζουν, πανικόβλητοι από την εμφάνιση των θεών. [Ο Άττις] επίσης, γεμάτος τώρα από μανιώδες πάθος, παραληρώντας μανιωδώς και πεταμένος, πέφτει στο τέλος κάτω και κάτω από ένα πεύκο αυτοακρωτηριάζεται, λέγοντας: «Πάρε αυτά, Άγδιστι, για τα οποία ξεσήκωσες τόσο μεγάλες και τρομερά επικίνδυνες ταραχές

Μέγας Βασίλειος

Η απάρνηση του κόσμου

Αν [ω, μοναχέ] είσαι νέος είτε στο σώμα είτε στο πνεύμα, απέφυγε τη συντροφιά άλλων νέων ανδρών και απέφυγε τους όπως θα απέφευγες μια φλόγα. Γιατί μέσω αυτών ο εχθρός έχει ανάψει τις επιθυμίες πολλών και στη συνέχεια τους έχει παραδώσει στην αιώνια φωτιά, ρίχνοντάς τους στον άθλιο λάκκο των πέντε πόλεων με το πρόσχημα της πνευματικής αγάπης. Στα γεύματα να παίρνετε θέση μακριά από τους άλλους νέους. Όταν ξαπλώνετε για να κοιμηθείτε μην αφήνετε τα ρούχα τους να είναι κοντά στα δικά σας, αλλά μάλλον να έχετε έναν γέροντα ανάμεσά σας. Όταν ένας νέος άνδρας συζητά μαζί σας ή ψάλλει ψαλμούς απέναντί σας, να του απαντάτε με τα μάτια στραμμένα προς τα κάτω, μήπως και κοιτάζοντας το πρόσωπό του λάβετε ίσως σπόρο επιθυμίας που έσπειρε ο εχθρός και θερίσετε θεριά διαφθοράς και καταστροφής. Είτε στο σπίτι είτε σε κάποιο μέρος όπου δεν υπάρχει κανείς να βλέπει τις ενέργειές σας, μη βρεθείτε στην παρέα του με το πρόσχημα είτε της μελέτης των θείων χρησμών είτε οποιασδήποτε άλλης δουλειάς, όσο αναγκαία κι αν είναι αυτή

Επιστολή 217:62

Όποιος είναι ένοχος για ανάρμοστη συμπεριφορά στα αρσενικά, θα είναι υπό πειθαρχία για το ίδιο χρονικό διάστημα με τους μοιχούς.

Κανόνας 2

Εκείνη που προβαίνει σε έκτρωση ας υποβληθεί σε δεκαετή τιμωρία, είτε το έμβρυο ήταν τέλεια σχηματισμένο είτε όχι.

Κανόνας 8

Όποιος σκοτώνει κάποιον άλλον με σπαθί ή ρίχνει τσεκούρι στη γυναίκα του και τη σκοτώνει, είναι ένοχος ανθρωποκτονίας εκ προθέσεως- όχι όμως αυτός που πετάει πέτρα σε σκύλο και σκοτώνει ακούσια κάποιον, ή που διορθώνει κάποιον με ράβδο ή μαστίγιο για να τον αναμορφώσει, ή που σκοτώνει κάποιον για να υπερασπιστεί τον εαυτό του, ενώ το μόνο που ήθελε ήταν να τον πληγώσει. Αλλά ο άντρας ή η γυναίκα είναι δολοφόνος που δίνει ένα φίλτρο, αν ο άνθρωπος που το παίρνει πεθάνει πάνω σ' αυτό- το ίδιο και όσοι παίρνουν φάρμακα για να προκαλέσουν έκτρωση ...

Η Αποκάλυψη του Πέτρου

Η Αποκάλυψη του Πέτρου 25

Και κοντά σε εκείνο το μέρος είδα ένα άλλο στενό μέρος. και εκεί κάθονταν

γυναίκες. Και απέναντί τους κάθονταν πολλά παιδιά, που είχαν γεννηθεί από

αυτές σε λάθος χρόνο, και έκλαιγαν. Και βγήκαν από αυτές ακτίνες φωτιάς και χτύπησαν τις γυναίκες στα μάτια. Και αυτές ήταν οι καταραμένες που συνέλαβαν και προκάλεσαν την έκτρωση...

Άγιος Αθηναγόρας ὁ Ἀθηναῖος

Πρεσβεία περί των Χριστιανών 35

Ποιος άνθρωπος με σώας τας φρένας, λοιπόν, θα ισχυριστεί, ενώ τέτοιος είναι ο χαρακτήρας μας, ότι είμαστε δολοφόνοι; . . . Όταν λέμε ότι οι γυναίκες που χρησιμοποιούν φάρμακα για να προκαλέσουν έκτρωση διαπράττουν φόνο και θα πρέπει να δώσουν λογαριασμό στον Θεό για την έκτρωση, με βάση ποια αρχή θα πρέπει να διαπράξουμε φόνο; Διότι δεν ανήκει στο ίδιο πρόσωπο να θεωρούμε το ίδιο το έμβρυο στη μήτρα ως δημιουργημένο ον, και επομένως ως αντικείμενο της φροντίδας του Θεού, και όταν έχει περάσει στη ζωή να το σκοτώνουμε- και να μην εκθέτουμε ένα βρέφος, διότι όσοι το εκθέτουν κατηγορούνται για παιδοκτονία, και από την άλλη πλευρά, όταν έχει μεγαλώσει να το καταστρέφουμε

Τερτυλλιανός Απολογία 9:8

Στην περίπτωσή μας, αφού ο φόνος απαγορεύεται μια για πάντα, δεν μπορούμε να καταστρέψουμε ούτε το έμβρυο στη μήτρα, ενώ το ανθρώπινο ον αντλεί αίμα από τα άλλα μέρη του σώματος για τη διατροφή του. Η παρεμπόδιση μιας γέννησης είναι απλώς μια ταχύτερη ανθρωποκτονία- ούτε έχει σημασία αν αφαιρείς μια ζωή που

έχει γεννηθεί ή αν καταστρέφεις μια ζωή που πρόκειται να γεννηθεί. Αυτός είναι ένας άνθρωπος που πρόκειται να γίνει- έχετε ήδη τον καρπό στον σπόρο του

Περί της μαρτυρίας της ψυχής 25

Μεταξύ των εργαλείων των χειρουργών υπάρχει ένα συγκεκριμένο όργανο, το οποίο έχει ένα καλά προσαρμοσμένο εύκαμπτο πλαίσιο για να ανοίγει πρώτα απ' όλα τη μήτρα και να την κρατάει ανοιχτή· είναι επιπλέον εφοδιασμένο με μια δακτυλιοειδή λεπίδα, με την οποία τα άκρα [του παιδιού] μέσα στη μήτρα τεμαχίζονται με ανήσυχη αλλά αδιάλλακτη προσοχή· το τελευταίο του εξάρτημα είναι ένας αμβλύς ή καλυμμένος γάντζος, με τον οποίο εξάγεται ολόκληρο το έμβρυο με βίαιο τοκετό.

«Υπάρχει επίσης [ένα άλλο όργανο με τη μορφή] μιας χάλκινης βελόνας ή ακίδας, με την οποία επιτυγχάνεται ο πραγματικός θάνατος σε αυτή τη δόλια ληστεία της ζωής: Του δίνουν, από την παιδοκτόνο λειτουργία του, το όνομα εμβρυοσφάκτης, [που σημαίνει] «ο φονιάς του βρέφους», το οποίο φυσικά ήταν ζωντανό. . . .

«[Οι γιατροί που εκτελούσαν αμβλώσεις] όλοι γνώριζαν αρκετά καλά ότι είχε συλληφθεί ένα ζωντανό ον, και [λυπούνταν] αυτή την πιο άτυχη βρεφική κατάσταση, η οποία έπρεπε πρώτα να θανατωθεί, για να αποφύγει να βασανιστεί ζωντανή

Περί της μαρτυρίας της ψυχής 27

Τώρα επιτρέπουμε ότι η ζωή αρχίζει με τη σύλληψη, επειδή υποστηρίζουμε ότι και η ψυχή αρχίζει από τη σύλληψη· η ζωή αρχίζει την ίδια στιγμή και στον ίδιο τόπο που αρχίζει και η ψυχή.

Περί της μαρτυρίας της ψυχής 37

Ο νόμος του Μωυσή, πράγματι, τιμωρεί με τις δέουσες ποινές τον άνθρωπο που προκαλεί έκτρωση [Έξ. 21:22-24].

Μινούκιος Φήλιξ Οκτάβιος 30

Υπάρχουν κάποιες [ειδωλολατρικές] γυναίκες που, πίνοντας ιατρικά σκευάσματα, σβήνουν την πηγή του μελλοντικού άνδρα στα ίδια τους τα σπλάχνα και έτσι διαπράττουν μια ανθρωποκτονία πριν γεννήσουν. Και αυτά τα πράγματα προέρχονται σίγουρα από τη διδασκαλία των [ψευδών] θεών σας. . . Για εμάς [τους Χριστιανούς] δεν είναι νόμιμο ούτε να βλέπουμε ούτε να ακούμε ανθρωποκτονία

Ἀποστολικαὶ Διαταγαί 7:3

Δεν πρέπει να χρησιμοποιείς μαγικά. Δεν πρέπει να χρησιμοποιείς μαγεία- διότι λέει:

«Δεν πρέπει να αφήσεις μάγισσα να ζήσει» [Ἐξ. 22:18]. Δεν θα σκοτώσεις το παιδί σου προκαλώντας έκτρωση, ούτε θα σκοτώσεις αυτό που γεννήθηκε ...

Η Ιερωσύνη

Το μυστήριο της χειροτονίας απονέμεται σε τρεις βαθμίδες του κλήρου: Επισκόπους,

Ιερείς και Διακόνους. Οι καλβινιστές δέχονται μόνο τους Ιερείς και τους Διακόνους ενώ λένε πως Πρεσβύτερος και Επίσκοπος είναι το ίδιο. Οι Πατέρες της Εκκλησίας δεν συμφωνούν σίγουρα μαζί τους.

Μπορούν οι γυναίκες να χειροτονηθούν στην ιεροσύνη; Αυτό είναι ένα ερώτημα που προκαλεί πολλές συζητήσεις στον σύγχρονο κόσμο μας, αλλά είναι ένα ερώτημα στο οποίο η Εκκλησία απαντούσε πάντα «Ὄχι». Η βάση για τη διδασκαλία της Εκκλησίας σχετικά με τη χειροτονία βρίσκεται στην Καινή Διαθήκη καθώς και στα γραπτά των

Πατέρων της Εκκλησίας.

Ἅγιος Ιγνάτιος Αντιοχείας Προς Μαγνησιείς 2

Επειδή λοιπόν αξιώθηκα να σας δω μέσω του αξιόθεου Επισκόπου σας Δαμά και των άξιων Πρεσβυτέρων Βάσσου και Απολλώνιου και του συνδούλου μου διακόνου Ζωτίωνα, τον οποίο εγώ εκτιμώ, επειδή πειθαρχεί στον Επίσκοπο, σαν να πειθαρχεί στη χάρη του Θεού, και στο πρεσβυτέριο, σαν να πειθαρχεί στον νόμο του Ιησού Χριστού.

Προς Μαγνησιείς 6

Επειδή λοιπόν στα προαναφερθέντα πρόσωπα, σας είδα όλους με πίστη και σας αγάπησα, σας προτρέπω να φροντίζετε να τα κάνετε όλα με ομόνοια Θεού· να προΐσταται δηλαδή ο Επίσκοπος συμβολίζοντας τον Θεό και οι Πρεσβύτεροι συμβολίζοντας τους Αποστίλους, και οι Διάκονοι, οι ιδιαίτερα αγαπητοί σε μένα, να είναι επιφορτισμένοι με τη διακονία του Ιησού Χριστού, ο οποίος ήταν κοντά στον Πατέρα προαιώνια και στο τέλος φανερώθηκε.

Αφού λοιπόν όλοι έχετε λάβει τον ίδιο χαρακτήρα του Θεού, να σέβεσθε ο ένας τον άλλο, και κανένας να μη βλέπει τον πλησίον του σαρκικά, αλλά να αγαπάτε παντοτινά ο ένας τον άλλο ενωμένοι με τον Χριστό. Να μην υπάρχει τίποτε μεταξύ σας, που θα μπορέσει να σας διχάσει, άλλα ενωθείτε με τον Επίσκοπο και τους προκαθήμενους, ως υπόδειγμα διδασκαλίας και αθανασίας.

Προς Μαγνησιείς 13

Να φροντίζετε λοιπόν να πεισθείτε απόλυτα για τα δόγματα του Κυρίου και των Απόστολων· για να «ευοδωθούν όλα όσα κάνετε», σαρκικά και πνευματικά, στην αρχή και στο τέλος, μαζί με τον πολύ αξιοπρεπή Επίσκοπό σας και τον αξιόπλοκο πνευματικό στεφάνι του Πρεσβυτερίου σας και των κατά Θεόν Διακόνων.

Πειθαρχήσετε στον Επίσκοπο και μεταξύ σας, όπως πειθάρχησε ο Χριστός στον Πατέρα και οι Απόστολοι στον Χριστό και στον Πατέρα, για να υπάρξει ένωση σαρκική και πνευματική.

Προς Τραλλιανούς 2

Διότι, όταν πειθαρχείτε στον επίσκοπο, σαν να είναι ο Ιησούς Χριστός, μου φαίνεται ότι δεν ζείτε όπως οι άνθρωποι, αλλά σύμφωνα με το θέλημα του Ιησού Χριστού, ο οποίος πέθανε για μας, ώστε πιστεύοντας στον θάνατο του, να αποφύγετε τον θάνατο. Διότι, είναι αναγκαίο, όπως και κάνετε, χωρίς την άδεια του επισκόπου να μην κάνετε τίποτε, αλλά να πειθαρχείτε και στο πρεσβυτέριο, σαν να είναι οι απόστολοι του Ιησού Χριστού, της ελπίδας μας, μέσα στον οποίο θα βρεθούμε να

ζούμε. Αλλά πρέπει και αυτοί που είναι υπηρέτες των μυστηρίων του Ιησού Χριστού να αρέσουν σε όλους με κάθε τρόπο. Διότι δεν είναι υπηρέτες φαγητών και πιοτών, αλλά υπηρέτες της Εκκλησίας του Θεού. Πρέπει λοιπόν και αυτοί να φυλάγονται από τις παρανομίες, όπως από τη φωτιά.

Προς Τραλλιανούς 3

Επίσης όλοι να σέβονται τους διακόνους, σαν τον Ιησού Χριστό, όπως και τον

επίσκοπο, που είναι σύμβολο του Πατέρα, και τους πρεσβύτερους, σαν το συνέδριο του Θεού και σύνδεσμο των αποστόλων. Χωρίς αυτούς Εκκλησία δεν υπάρχει.

Γι' αυτά είμαι πεπεισμένος ότι σεις έτσι φέρεστε. Διότι το δείγμα της αγάπης σας το έλαβα και το έχω μαζί μου, στο πρόσωπο του επισκόπου σας, του οποίου η έκφραση αποτελεί μεγάλη διδασκαλία, και η πραότητά του δύναμη, τον οποίο σκέπτομαι ότι σέβονται ακόμα και οι άθεοι. Επειδή σας αγαπώ, αποφεύγω, αν και μπορώ, να γράψω γι' αυτόν περισσότερα· δεν ήταν τέτοια η πρόθεση μου, ώστε, ενώ είμαι αξιοκατάκριτος, να σας διατάζω σαν να είμαι απόστολος.

Προς Τραλλιανούς 7

Να φυλάγεσθε λοιπόν από αυτούς. Και αυτό θα γίνει αν δεν υπερηφανεύεστε και μένετε αχώριστοι από τον Θεό Ιησού Χριστό και από τον επίσκοπο και τις

αποστολικές διατάξεις. Εκείνος που βρίσκεται μέσα στο θυσιαστήριο είναι καθαρός, ενώ εκείνος που κάνει κάτι χωρίς την άδεια του επισκόπου και του πρεσβυτερίου και του διακόνου, αυτός δεν έχει καθαρή τη συνείδηση του.

Προς Φιλαδελφείς 7

Διότι, αν και μερικοί θέλησαν σαν άνθρωπο να με παραπλανήσουν, αλλά το πνεύμα που είναι από το Θεό δεν παραπλανιέται. «Γιατί γνωρίζει από πού έρχεται και που πηγαίνει», και ελέγχει τα κρυφά. Φώναξα δυνατά μεταξύ εκείνων που μιλούσα, με

δυνατή φωνή, με φωνή Θεού· να είτε αφοσιωμένοι στον επίσκοπο και στο πρεσβυτέριο και στους διακόνους. Εάν όμως κάποιοι υποπτευτήκαν ότι τα λέω αυτά, επειδή γνωρίζω την απόσχιση ορισμένων, μάρτυρας μου αυτός για τον οποίο είμαι

δέσμιος, ότι δεν το έμαθα από άνθρωπο, αλλά το πνεύμα κήρυξε λέγοντας τα εξής· χωρίς τον επίσκοπο να μην κάνετε τίποτε· να διατηρείτε το σώμα σας σαν ναό του Θεού· αγαπάτε την ενότητα, αποφεύγετε τις διαιρέσεις· γίνετε μιμητές του Χριστού, όπως και αυτός είναι μιμητής του Πατέρα του.

Κλήμης ο Αλεξανδρεύς

Παιδαγωγός 3:12:97:2

Ένα πλήθος άλλων συμβουλών προς συγκεκριμένα πρόσωπα είναι γραμμένες στα ιερά βιβλία: άλλες για πρεσβυτέρους, άλλες για επισκόπους και διακόνους και άλλες για χήρες, για τις οποίες θα έχουμε την ευκαιρία να μιλήσουμε αλλού.

Στρωματείς 6:13:107:2

Ακόμη και εδώ στην Εκκλησία οι διαβαθμίσεις των επισκόπων, των πρεσβυτέρων και των διακόνων τυχαίνει να είναι απομιμήσεις, κατά τη γνώμη μου, της αγγελικής δόξας και εκείνης της διάταξης που, όπως λένε οι γραφές, περιμένει εκείνους που ακολούθησαν τα βήματα των αποστόλων και που έζησαν με πλήρη δικαιοσύνη σύμφωνα με το ευαγγέλιο.

Ωριγένης

Ομιλίες στο κατά Λουκάν Ευαγγέλιο 17

Όχι μόνο η πορνεία, αλλά ακόμη και οι γάμοι μας καθιστούν ακατάλληλους για

εκκλησιαστικές τιμές- διότι ούτε επίσκοπος, ούτε πρεσβύτερος, ούτε διάκονος, ούτε χήρα μπορεί να παντρευτεί δύο φορές.

Άγιος Ιωάννης ο Χρυσόστομος

Ομιλίες στην προς Φιλιππησίους επιστολή 1:1

[Στην επιστολή προς Φιλιππησίους 1:1 ο Παύλος λέει,] «Προς τους συν-επισκόπους και τους διακόνους». Τι σημαίνει αυτό; Υπήρχαν πολλοί επίσκοποι σε κάποια πόλη; Σίγουρα όχι! Είναι οι πρεσβύτεροι που [ο Παύλος] αποκαλεί με αυτόν τον τίτλο- διότι αυτοί οι τίτλοι ήταν τότε εναλλάξιμοι, και ο επίσκοπος αποκαλείται ακόμη και διάκονος. Γι' αυτό, όταν γράφει στον Τιμόθεο, λέει: «Εκπλήρωσε τη διακονία σου» [Β' Τιμ. 4:5], παρόλο που ο Τιμόθεος ήταν τότε επίσκοπος. Το ότι ήταν στην πραγματικότητα επίσκοπος είναι σαφές όταν ο Παύλος του λέει: «Μη βιάζεσαι να χειροτονείς κανέναν, για να μη συμμετέχεις έτσι σε ξένες αμαρτίες. Να διατηρείς τον εαυτό σου καθαρό» [Α' Τιμ. 5:22], και πάλι: «το χάρισμα που έχεις και που σου

δόθηκε όταν ύστερα από υπόδειξη των προφητών της εκκλησίας σε χειροτόνησαν οι πρεσβύτεροι» [Α' Τιμ. 4:14], και οι πρεσβύτεροι δεν θα χειροτόνησαν επίσκοπο

Άγιος Πατρίκιος Ιρλανδίας Εξομολόγηση του Αγίου Πατρικίου 1

Εγώ, ο Πατρίκιος, ο αμαρτωλός, είμαι ο πιο αγροίκος και ο λιγότερο από όλους τους πιστούς... είχα πατέρα μου τον Calpornius, διάκονο, γιο του Potitus, ιερέα, που ανήκε στο χωριό Bannavem Taberniae. . . . Εκείνη την εποχή ήμουν μόλις δεκαέξι ετών ... και οδηγήθηκα στην αιχμαλωσία στην Ιρλανδία μαζί με πολλές χιλιάδες άτομα, σύμφωνα με τις επιθυμίες μας, επειδή απομακρυνθήκαμε από τον Θεό και δεν

τηρήσαμε τις εντολές του και δεν ήμασταν υπάκουοι στους ιερείς μας, οι οποίοι συνήθιζαν να μας νουθετούν για τη σωτηρία μας

Άγιος Ειρηναίος Λουγδούνου

Έλεγχος και Ανατροπή της Ψευδωνύμου Γνώσεως 1:13:2

Προσποιούμενος ότι καθαγιάζει κύπελλα αναμεμειγμένα με κρασί, και παρατείνοντας σε μεγάλη έκταση τον λόγο της επίκλησης, [ο Μάρκος ο Γνωστικός αιρετικός] προσπαθεί να τους δώσει ένα πορφυρό και κοκκινωπό χρώμα. . . [Δ] δίνοντας μικτά κύπελλα στις γυναίκες, τις προτρέπει να τα καθαγιάσουν μπροστά του.

«Όταν γίνει αυτό, ο ίδιος παράγει ένα άλλο κύπελλο πολύ μεγαλύτερου μεγέθους από εκείνο που έχει καθαγιάσει η παραπλανημένη γυναίκα, και χύνοντας από το

μικρότερο που έχει καθαγιάσει η γυναίκα σε εκείνο που έχει φέρει ο ίδιος, προφέρει ταυτόχρονα αυτά τα λόγια: «Είθε εκείνη η Χάρις που είναι πριν από όλα τα πράγματα και που υπερβαίνει κάθε γνώση και λόγο να γεμίσει τον εσωτερικό σου άνθρωπο και να πολλαπλασιάσει μέσα σου τη δική της γνώση, σπέρνοντας μέσα σου τον κόκκο του σιναπιού σαν σε καλό έδαφος».

«Επαναλαμβάνοντας ορισμένα άλλα παρόμοια λόγια, και παρακινώντας έτσι την άθλια γυναίκα [στην τρέλα], εμφανίζεται τότε ως εργάτης θαυμάτων, όταν το μεγάλο κύπελλο φαίνεται να έχει γεμίσει από το μικρό, ώστε να ξεχειλίζει ακόμη και από αυτό που έχει αποκτηθεί από αυτό. Επιτυγχάνοντας διάφορα άλλα παρόμοια πράγματα,

έχει εξαπατήσει πλήρως πολλούς και τους έχει παρασύρει πίσω του

Didascalia Apostolorum

Didascalia Apostolorum 3:6:1-2

Διότι δεν είναι για να διδάξετε ότι εσείς οι γυναίκες... είστε διορισμένες. Διότι

αυτός, ο Θεός Κύριος, ο Ιησούς Χριστός, ο Δάσκαλός μας, έστειλε εμάς, τους δώδεκα [αποστόλους], για να διδάξουμε τον [εκλεκτό] λαό και τους ειδωλολάτρες. Υπήρχαν όμως και γυναίκες μαθήτριες ανάμεσά μας: Η Μαρία Μαγδαληνή, η Μαρία, η κόρη του Ιάκωβου, και η άλλη Μαρία- δεν τις έστειλε, όμως, μαζί μας να διδάξουν τον λαό. Διότι, αν ήταν απαραίτητο να διδάσκουν γυναίκες, τότε ο Δάσκαλός μας θα τις είχε καθοδηγήσει να διδάξουν μαζί μας

Φιρμιλιανός Καισαρείας

Προς τον Κυπριανό Καρθαγένης 74:10

Ξαφνικά εμφανίστηκε ανάμεσά μας μια γυναίκα, η οποία σε κατάσταση έκστασης δήλωσε ότι είναι προφήτισσα και συμπεριφερόταν σαν να ήταν γεμάτη με το Άγιο Πνεύμα. Μέσω των εξαπατήσεων και των ψευδαισθήσεων του δαίμονα, η

γυναίκα αυτή είχε προηγουμένως αρχίσει να παραπλανά τους πιστούς με ποικίλους τρόπους. Μεταξύ των μέσων με τα οποία είχε εξαπατήσει πολλούς ήταν ότι τόλμησε να προσποιηθεί ότι, μέσω της κατάλληλης επίκλησης, καθαγιάζει τον άρτο και τελεί την Ευχαριστία

Άγιος Επιφάνιος Κωνσταντίας Πανάριον 78:13

Ορισμένες γυναίκες εκεί στην Αραβία. . . με μια παράνομη και βλάσφημη τελετή ...

χειροτονίζουν γυναίκες, μέσω των οποίων προσφέρουν τη θυσία στο όνομα της

Μαρίας. Αυτό σημαίνει ότι η όλη διαδικασία είναι άθεη και ιερόσυλη, μια διαστροφή του μηνύματος του Αγίου Πνεύματος- στην πραγματικότητα, το όλο πράγμα είναι διαβολικό και μια διδασκαλία του ακάθαρτου πνεύματος

Πανάριον 79:3

Είναι αλήθεια ότι στην Εκκλησία υπάρχει ένα τάγμα διακονισσών, αλλά όχι για να είναι ιερείς, ούτε για οποιοδήποτε έργο διοίκησης, αλλά για χάρη της αξιοπρέπειας του γυναικείου φύλου, είτε κατά τη στιγμή της βάπτισης είτε κατά την εξέταση των

ασθενών ή των πασχόντων, ώστε το γυμνό σώμα μιας γυναίκας να μην το βλέπουν οι άνδρες που επιτελούν ιερές τελετές,»

«Από αυτόν τον επίσκοπο [τον Ιάκωβο τον Δίκαιο] και τους δικαίως κατονομαζόμενους αποστόλους καθιερώθηκε η διαδοχή των επισκόπων και των πρεσβυτέρων [ιερέων] στον οίκο του Θεού. Ποτέ δεν κλήθηκε γυναίκα σε αυτούς. . . .

Σύμφωνα με τις μαρτυρίες της Γραφής, υπήρχαν, βεβαίως, οι τέσσερις κόρες του ευαγγελιστή Φιλίππου, οι οποίες ασχολήθηκαν με την προφητεία, αλλά δεν ήταν ιέρειες»

«Αν οι γυναίκες ήταν επιφορτισμένες από τον Θεό να εισέλθουν στην ιεροσύνη ή να αναλάβουν εκκλησιαστικό αξίωμα, τότε στην Καινή Διαθήκη δεν θα αναλογούσε σε κανέναν περισσότερο από τη Μαρία να εκπληρώσει ένα ιερατικό λειτούργημα.

Της είχε ανατεθεί τόσο μεγάλη τιμή ώστε να της επιτραπεί να παράσχει κατοικία στη μήτρα της για τον ουράνιο Θεό και Βασιλιά των πάντων, τον Υιό του Θεού. Αλλά

δεν το βρήκε αυτό [την ανάθεση της ιεροσύνης σε αυτήν] καλό

Άγιος Ιωάννης ο Χρυσόστομος Περί Ιερωσύνης 2:2

Όταν κάποιος καλείται να προεδρεύσει της Εκκλησίας και να του ανατεθεί η φροντίδα τόσων ψυχών, ολόκληρο το γυναικείο φύλο πρέπει να αποσυρθεί μπροστά στο

μέγεθος του καθήκοντος, και η πλειοψηφία των ανδρών επίσης, και πρέπει να αναδείξουμε εκείνους που σε μεγάλο βαθμό ξεπερνούν όλους τους άλλους και υψώνονται τόσο πολύ πάνω από αυτούς σε υπεροχή πνεύματος, όπως ο Σαούλ ξεπέρασε ολόκληρο το εβραϊκό έθνος σε σωματικό ανάστημα.

Άποστολικαὶ Διαταγαί Άποστολικαὶ Διαταγαί 3:16

Όρισε, [Επίσκοπε], μια διακόνισσα, πιστή και αγία, για τη διακονία των γυναικών. Διότι μερικές φορές δεν είναι δυνατόν να σταλεί ένας διάκονος σε ορισμένα σπίτια γυναικών, λόγω των απίστων. Στείλε μια διακόνισσα, εξαιτίας των σκέψεων των

μικροπρεπών. Μια διακόνισσα μας είναι χρήσιμη και σε πολλές άλλες περιπτώσεις.

Πρώτα απ' όλα, κατά τη βάπτιση των γυναικών, ένας διάκονος θα αγγίξει μόνο το μέτωπό τους με το άγιο λάδι, και στη συνέχεια η ίδια η διακόνισσα θα τις χρίσει Άποστολικαὶ Διαταγαί 3:9

Ο άνδρας είναι η κεφαλή της γυναίκας [Α΄ Κορ. 11:3], και είναι αρχικά χειροτονημένος για την ιεροσύνη- δεν είναι δίκαιο να καταργήσουμε τη σειρά της δημιουργίας και να αφήσουμε τον πρώτο να έρθει στο τελευταίο μέρος του σώματος. Διότι η γυναίκα

είναι το σώμα του άνδρα, παρμένη από το πλευρό του και υποταγμένη σ' αυτόν, από τον οποίο χωρίστηκε για την τεκνοποίηση. Διότι λέει: «Αυτός θα εξουσιάζει πάνω σας» [Γέν. 3:16]. Αν όμως στα προηγούμενα διατάγματα δεν τους επιτρέψαμε

[στις γυναίκες] να διδάσκουν, πώς θα τους επιτρέψει κανείς, αντίθετα προς τη φύση, να ασκούν το αξίωμα του ιερέα; Διότι αυτή είναι μια από τις αδαείς πρακτικές της

εθνικής αθεΐας, να χειροτονίζουν γυναίκες ιερείς στις γυναικείες θεότητες, και όχι ένα από τα συντάγματα του Χριστού

Ἀποστολικαὶ Διαταγαί 8:24

Η παρθένος δεν χειροτονείται, διότι δεν έχουμε τέτοια εντολή από τον Κύριο, διότι αυτή είναι μια κατάσταση εκούσιας δοκιμασίας, όχι για την επίπληξη του γάμου, αλλά λόγω του ελεύθερου χρόνου για την ευσέβεια

Ἀποστολικαὶ Διαταγαί 8:28

Η διακόνισσα δεν ευλογεί, αλλά ούτε εκτελεί τίποτε άλλο που κάνουν οι πρεσβύτεροι [ιερείς] και οι διάκονοι, αλλά φυλάει τις πόρτες και βοηθάει πολύ τους πρεσβυτέρους, για λόγους ευπρέπειας, όταν βαπτίζουν γυναίκες.

Ιερός Αυγουστίνος Ιππώνος Αιρέσεις 1:17

... δίνουν στις γυναίκες το δικαίωμα να υπερισχύουν, ώστε να μπορούν και αυτές να τιμηθούν με την ιεροσύνη ανάμεσά τους. Λένε, δηλαδή, ότι ο Χριστός αποκάλυψε τον εαυτό του στην Κιντίλια και την Πρίσκιλλα [δύο μοντανιστικές προφήτισσες] με τη

μορφή γυναίκας

Η Νηστεία

Η Νηστεία είναι θεσμός πανάρχαιος και θεόσδοτος. Τη νομοθέτησε ήδη στον παράδεισο ὁ Θεός, ὁταν απαγόρευσε στους πρωτοπλάστους να φάνε «από το

δέντρο τῆς γνώσεως του καλού και του κακού» (Γεν. 2:17). Την όρισε στη συνέχεια ὁ Μωσαϊκός Νόμος. Την επικύρωσε ὁ Θεάνθρωπος Ιησούς τόσο με το λόγο Του όσο και με το παράδειγμά Του, όταν νήστεψε «σαράντα μέρες και σαράντα νύχτες»

(Ματθ. 4:2). Την τήρησαν οι απόστολοι και οι πρώτοι χριστιανοί. Τη θεσμοθέτησε ἡ Εκκλησία.

Ἀποστολικαὶ Διαταγαί Ἀποστολικαὶ Διαταγαί 5:3

Γι' αυτό σας προτρέπουμε να νηστεύετε εκείνες τις ημέρες, όπως και εμείς νηστεύαμε μέχρι το βράδυ, όταν απομακρύνθηκε από εμάς- αλλά τις υπόλοιπες ημέρες, πριν από την ημέρα της προετοιμασίας, ας τρώει ο καθένας την ένατη ώρα (3 μ.μ.) ή το βράδυ ή όπως ο καθένας μπορεί. Αλλά από το βράδυ της πέμπτης ημέρας μέχρι την ανατολή του πετεινού να σπάσετε τη νηστεία σας όταν ξημερώσει η πρώτη ημέρα

της εβδομάδας, που είναι η ημέρα του Κυρίου (Κυριακή). Από το απόγευμα μέχρι την ανατολή του πετεινού να είστε ξύπνιοι και να μαζεύεστε στην εκκλησία. Να αγρυπνείτε και να προσεύχεστε και να ικετεύετε τον Θεό- να διαβάζετε, όταν κάθεστε όλη τη νύχτα, τον Νόμο, τους Προφήτες και τους Ψαλμούς, μέχρι την ανατολή του πετεινού, και να βαπτίζετε τους κατηχουμένους σας, και να διαβάζετε το Ευαγγέλιο με φόβο και τρόμο, και να λέτε στον λαό τέτοια πράγματα που τείνουν στη σωτηρία του. Βάλτε τέλος στη θλίψη σας και παρακαλέστε τον Θεό να μεταστραφεί ο Ισραήλ και να του δώσει τόπο μετάνοιας και άφεσης της ασέβειάς του... Γι' αυτό και εσείς, τώρα που ο Κύριος αναστήθηκε, προσφέρετε τη θυσία σας, για την οποία έκανε δια μας σύνταγμα, λέγοντας: «Κάντε αυτό εις ανάμνησή μου»- και στο εξής αφήστε τη νηστεία σας, χαρείτε και κάντε γιορτή, επειδή ο Ιησούς Χριστός, το ενέχυρο της ανάστασής μας, αναστήθηκε από τους νεκρούς.

Και ας είναι αυτό μια αιώνια διάταξη μέχρι την ολοκλήρωση του κόσμου, μέχρις ότου έρθει ο Κύριος. Διότι για τους Ιουδαίους ο Κύριος είναι ακόμη νεκρός, αλλά για τους Χριστιανούς αναστήθηκε: για τους πρώτους, με την απιστία τους- για τους

δεύτερους, με την πλήρη βεβαιότητα της πίστης τους. Διότι η ελπίδα σ' Αυτόν είναι αθάνατη και αιώνια ζωή.

Μετά από οκτώ ημέρες ας τηρηθεί με τιμή μια άλλη γιορτή, η ίδια η όγδοη ημέρα, κατά την οποία μου έδωσε στον Θωμά, που ήταν δύσπιστος, πλήρη βεβαιότητα,

δείχνοντάς μου το σημάδι από τα καρφιά και την πληγή που είχε γίνει στην πλευρά Του από τη λόγχη.

Και πάλι, από την πρώτη ημέρα του Κυρίου να μετράτε σαράντα ημέρες, από την ημέρα του Κυρίου μέχρι την πέμπτη ημέρα της εβδομάδας, και να γιορτάζετε τη γιορτή της ανάληψης του Κυρίου, κατά την οποία τελείωσε όλη τη διανομή και τη συγκρότησή Του, και επέστρεψε σ' εκείνον τον Θεό και Πατέρα που Τον απέστειλε, και κάθισε στα δεξιά της δύναμης, και παραμένει εκεί μέχρις ότου οι εχθροί Του τεθούν κάτω από τα πόδια Του- ο οποίος και θα έρθει κατά την ολοκλήρωση του κόσμου με δύναμη και μεγάλη δόξα, για να κρίνει ζωντανούς και νεκρούς και να ανταποδώσει στον καθένα σύμφωνα με τα έργα του. Και τότε θα δουν τον αγαπημένο Υιό του Θεού, τον οποίο τρύπησαν- και όταν Τον γνωρίσουν, θα θρηνήσουν για τον εαυτό τους, φυλή προς φυλή, και τις γυναίκες τους χωριστά.

Ἀποστολικαὶ Διαταγαί 5:3:13

Αδελφοί, τηρείτε τις ημέρες των εορτών. Πρώτα απ' όλα τα γενέθλια (του Κυρίου

μας), τα οποία πρέπει να γιορτάζετε στις είκοσι πέντε του ένατου μήνα (Δεκέμβριος)- μετά απ' αυτά, τα Θεοφάνεια ας είναι για σας τα πιο τιμημένα, κατά τα οποία ο Κύριος έκανε σε σας μια επίδειξη της δικής Του θεότητας, και ας λαμβάνουν χώρα στις έξι του δέκατου μήνα (Ιανουάριος)- μετά απ' αυτά, η νηστεία της Σαρακοστής πρέπει να τηρείται από σας, καθώς περιέχει μια ανάμνηση του τρόπου ζωής και της νομοθεσίας του Κυρίου μας. (Η Μεγάλη Σαρακοστή ήταν σε μίμηση της νηστείας του Κυρίου μας των 40 ημερών μετά τη βάπτισή Του και έλαβε χώρα αμέσως μετά τα Θεοφάνεια και όχι λίγο πριν το Πάσχα & τη Μεγάλη Εβδομάδα). Ας τηρείται όμως αυτή η εορτή πριν από τη νηστεία του Πάσχα, ξεκινώντας από τη δεύτερη ημέρα της εβδομάδας (Δευτέρα) και τελειώνοντας την ημέρα της προετοιμασίας (Παρασκευή). Μετά τις εορτές αυτές, διακόπτοντας τη νηστεία σας, να αρχίσετε την αγία εβδομάδα του Πάσχα, νηστεύοντας όλοι σας με φόβο και τρόμο, προσευχόμενοι μέσα σ' αυτές για όσους πρόκειται να χαθούν.

Ἀποστολικαὶ Διαταγαί 5:3:15

Μας ανέθεσε λοιπόν ο ίδιος να νηστέψουμε αυτές τις έξι ημέρες λόγω της ασέβειας και της παράβασης των Εβραίων, προστάζοντάς μας να θρηνήσουμε γι' αυτούς και να θρηνήσουμε για τον χαμό τους. Διότι ακόμη και ο ίδιος «έκλαψε γι' αυτούς, επειδή δεν γνώριζαν τον καιρό της επίσκεψής τους». Μας διέταξε όμως να νηστεύουμε την τέταρτη και την έκτη ημέρα της εβδομάδας (Τετάρτη και Παρασκευή)- την πρώτη λόγω της προδοσίας Του και τη δεύτερη λόγω του πάθους Του. Μας όρισε όμως να

διακόπτουμε τη νηστεία μας την έβδομη ημέρα κατά το λάλημα του πετεινού, αλλά να νηστεύουμε την ημέρα του Σαββάτου. Όχι ότι το Σάββατο είναι ημέρα νηστείας, αφού είναι η ανάπαυση από τη δημιουργία, αλλά επειδή έπρεπε να νηστεύουμε μόνο αυτό το ένα Σάββατο (Μεγάλο Σάββατο), ενώ την ημέρα αυτή ο Δημιουργός ήταν υπό τη γη. Διότι την ίδια την ημέρα της γιορτής τους (το εβραϊκό Πάσχα) συνέλαβαν τον Κύριο, για να εκπληρωθεί εκείνος ο χρησμός που λέει: «Έβαλαν τα σημεία τους στη μέση της γιορτής τους και δεν τα γνώρισαν». Οφείλετε λοιπόν να θρηνήσετε γι' αυτούς, γιατί όταν ήρθε ο Κύριος δεν πίστεψαν σ' Αυτόν, αλλά απέρριψαν τη

διδασκαλία Του, κρίνοντας τους εαυτούς τους ανάξιους σωτηρίας.

Ἀποστολικαὶ Διαταγαί 5:3:18

Νηστεύετε, λοιπόν, τις ημέρες του Πάσχα, αρχίζοντας από τη δεύτερη ημέρα της εβδομάδας μέχρι την προετοιμασία, και το Σάββατο, έξι ημέρες, καταναλώνοντας

μόνο ψωμί και αλάτι και βότανα και νερό για το ποτό σας. Αλλά να απέχετε κατά τις ημέρες αυτές από το κρασί και το κρέας, διότι είναι ημέρες θρήνου και όχι γιορτής. Εσείς που μπορείτε, νηστεύστε την ημέρα της προετοιμασίας και την ημέρα του Σαββάτου τελείως, μη δοκιμάζοντας τίποτε μέχρι το λάλημα του πετεινού τη νύχτα. Αν όμως κάποιος δεν είναι σε θέση να τις ενώσει και τις δύο μαζί, ας τηρεί τουλάχιστον την ημέρα του Σαββάτου. Διότι ο Κύριος λέει κάπου, μιλώντας για τον εαυτό Του: «Όταν ο νυμφίος απομακρυνθεί απ' αυτούς, εκείνες τις ημέρες θα νηστέψουν». Σε αυτές τις ημέρες, λοιπόν, Τον πήραν από εμάς οι Ιουδαίοι, που

ψευδώς ονομάστηκε έτσι, και τον στερέωσαν στο σταυρό, και «αριθμήθηκε ανάμεσα στους παραβάτες.

Ἀποστολικαὶ Διαταγαί 7:2:23

Οι νηστείες σας, όμως, ας μην είναι μαζί με τους υποκριτές, γιατί αυτοί νηστεύουν τη δεύτερη και την πέμπτη ημέρα της εβδομάδας. Εσείς όμως είτε νηστεύετε ολόκληρο το πενθήμερο, είτε την τέταρτη ημέρα της εβδομάδας (Τετάρτη) και την ημέρα της προετοιμασίας (Παρασκευή), διότι την τέταρτη ημέρα βγήκε η καταδίκη εναντίον του Κυρίου, αφού ο Ιούδας υποσχέθηκε τότε να τον προδώσει για χρήματα- και πρέπει να νηστεύετε την ημέρα της προετοιμασίας, διότι εκείνη την ημέρα ο Κύριος υπέστη τον σταυρικό θάνατο υπό τον Πόντιο Πιλάτο. Αλλά να τηρείτε το Σάββατο και την

εορτή της ημέρας του Κυρίου (μη νηστεύοντας, δηλαδή γιορτάζοντας)- γιατί η πρώτη είναι η ανάμνηση της δημιουργίας, και η δεύτερη της ανάστασης. Υπάρχει όμως ένα μόνο Σάββατο που πρέπει να τηρείτε εσείς σε όλο το χρόνο, που είναι αυτό της ταφής του Κυρίου μας, κατά το οποίο οι άνθρωποι οφείλουν να κάνουν νηστεία, αλλά όχι γιορτή. Διότι, εφόσον ο Δημιουργός βρισκόταν τότε κάτω από τη γη, η θλίψη γι'

Αυτόν είναι πιο έντονη από τη χαρά για τη δημιουργία- διότι ο Δημιουργός είναι πιο τιμητικός από τη φύση και την αξιοπρέπεια από τα ίδια του τα δημιουργήματα.

Διδαχή των Δώδεκα Αποστόλων

Διδαχή των Δώδεκα Αποστόλων 8

Αλλά οι νηστείες σας ας μην είναι με τους υποκριτές· γιατί αυτοί νηστεύουν τη

δεύτερη και την πέμπτη ημέρα της εβδομάδας (δηλαδή τη Δευτέρα και την Πέμπτη)· εσείς όμως νηστεύετε την τέταρτη ημέρα και την ημέρα της προετοιμασίας (δηλαδή την Τετάρτη και την Παρασκευή). Ούτε να προσεύχεστε όπως οι υποκριτές, αλλά

όπως ο Κύριος πρόσταξε στο Ευαγγέλιό Του, έτσι να προσεύχεστε: Πάτερ ἡμῶν ὁ ἐν τοῖς οὐρανοῖς, ἁγιασθήτω τὸ ὄνομά σου· ἐλθέτω ἡ βασιλεία σου· γενηθήτω τὸ θέλημά σου ὡς ἐν οὐρανῷ καὶ ἐπὶ τῆς γῆς· τὸν ἄρτον ἡμῶν τὸν ἐπιούσιον δὸς ἡμῖν σήμερον· καὶ ἄφες ἡμῖν τὰ ὀφειλήματα ἡμῶν, ὡς καὶ ἡμεῖς ἀφίεμεν τοῖς ὀφειλέταις ἡμῶν· καὶ μὴ εἰσενέγκῃς ἡμᾶς εἰς πειρασμόν, ἀλλὰ ῥῦσαι ἡμᾶς ἀπὸ τοῦ πονηροῦ, ὅτι σοῦ ἐστιν ἡ βασιλεία καὶ ἡ δύναμις καὶ ἡ δόξα εἰς τοὺς αἰῶνας· ἀμήν. Τρεις φορές

μέσα στην ημέρα προσευχηθείτε έτσι.

Άγιος Ιωάννης ο Κασσιανός Συνέδριο 1

Ένας εργαζόμενος μπαίνει στον κόπο να προμηθευτεί τα μέσα που χρειάζεται. Δεν το κάνει απλώς για να τα έχει και να μην τα χρησιμοποιεί. Ούτε υπάρχει κάποιο κέρδος γι' αυτόν από την απλή κατοχή των οργάνων. Αυτό που θέλει είναι, με τη βοήθειά τους, να παράγει τον επεξεργασμένο στόχο για τον οποίο αυτά είναι τα αποτελεσματικά μέσα.

Με τον ίδιο τρόπο, η νηστεία, οι αγρυπνίες, ο διαλογισμός των γραφών, η γύμνια και η πλήρης στέρηση δεν συνιστούν την τελειότητα, αλλά είναι τα μέσα για την τελειότητα. Δεν αποτελούν από μόνα τους το τελικό σημείο μιας πειθαρχίας, αλλά μέσω αυτών επιτυγχάνεται ένας σκοπός.

Άγιος Ιωάννης ο Χρυσόστομος

Ερμηνεία στην προς Φιλιππησίους επιστολή (αναφορά στην παραβολή του Τελώνη και του Φαρισαίου)

Και όπως ακριβώς ένα πλοίο, αφού περάσει από αμέτρητα κύματα και γλιτώσει από πολλές καταιγίδες, τότε στο ίδιο το στόμιο του λιμανιού, αφού προσκρούσει σε κάποιο βράχο, χάνει όλο το θησαυρό που είναι αποθηκευμένος μέσα του - έτσι πραγματικά και αυτός ο Φαρισαίος, αφού υπέστη τους κόπους της νηστείας και όλων των υπόλοιπων αρετών του, αφού δεν είχε κυριαρχήσει στη γλώσσα του, στο ίδιο το λιμάνι υπέστη ναυάγιο του φορτίου του. Διότι το να γυρίζει σπίτι του από την προσευχή, απ' όπου θα έπρεπε να έχει αποκομίσει κέρδος, ενώ μάλλον έχει υποστεί τόσο μεγάλη ζημιά, ...

Προς Ευτρόπιο 15

Καθώς λοιπόν ο Δάσκαλός μας γνώριζε ότι αν χάραζε μόνο έναν δρόμο για εμάς, πολλοί θα τον απέφευγαν, χάραξε διάφορους δρόμους. Δεν μπορείτε να εισέλθετε στη βασιλεία μπορεί να είναι από το δρόμο της παρθενίας; Εισέλθετε λοιπόν από τον δρόμο του γάμου. Δεν μπορείτε να εισέλθετε από έναν γάμο; Κατά οικονομία

μπορείτε να μπείτε μέσω ενός δεύτερου γάμου. Δεν μπορείτε να εισέλθετε από τον δρόμο της εγκράτειας: εισέλθετε τότε από τον δρόμο της ελεημοσύνης: ή δεν

μπορείτε να εισέλθετε από τον δρόμο της ελεημοσύνης; Τότε δοκιμάστε τον δρόμο

της νηστείας. Αν δεν μπορείτε να χρησιμοποιήσετε αυτόν τον τρόπο, πάρτε αυτόν - ή αν όχι αυτόν, τότε πάρτε αυτόν.

Μέγας Βασίλειος Περί Νηστείας

Πολύτιμο δώρο του Θεού είναι ή νηστεία. Θεσμός πανάρχαιος, πού διατηρήθηκε σαν πατρική κληρονομιά κι έφτασε μέχρι τίς μέρες μας. Δεχθείτε τη λοιπόν μέ χαρά.

Δεχθείτε οἱ φτωχοί τη σύντροφό σας. Δεχθείτε οἱ υπηρέτες την ανάπαυση σας.

Δεχθείτε οἱ πλούσιοι αυτή πού σας σώζει ἀπό τόν κίνδυνο του κορεσμού καί νοστιμίζει όσα ή συνεχής απόλαυση ανασταίνει. Οἱ ἄρρωστοι δεχθείτε τη μητέρα της υγείας. Οἱ υγιείς την εξασφάλιση της ευεξίας. Ρωτήστε τους γιατρούς, καί θά σας πουν πώς τίποτα δεν είναι τόσο αμφίβολο κι αβέβαιο όσο ή υγεία. Γι' αυτό οἱ συνετοί μέ τή νηστεία προσπαθούν νά διατηρήσουν την υγεία τους καί νά γλυτώσουν ἀπό τό συντριπτικό φορτίο της παχυσαρκίας.

Μην ἰσχυρίζεσαι πώς δέν μπορείς νά νηστέψεις, φέρνοντας σαν πρόφαση αρρώστια ή σωματική αδυναμία, αφου, ἀπό τήν άλλη μεριά, σ' όλη σου τη ζωή ταλαιπωρείς τό σώμα σου μέ τήν πολυφαγία. Γνωρίζω πολύ καλά πώς οἱ γιατροί επιβάλλουν στους αρρώστους μάλλον λιτή δίαιτα και νηστεία παρά ποικιλία και αφθονία φαγητών.

Άλλωστε, τί είναι ευκολότερο γιά τό σώμα, νά περάσει τη νύχτα μ' ένα ελαφρό δείπνο ή νά πέσει στο κρεβάτι βαρύ ἀπό τήν πολυφαγία; Μπορεί ν' αναπαυθεί έτσι ή θα στριφογυρίζει παραφορτωμένο και ταλαίπωρο; Ποιό πλοίο μπορεί νά κυβερνήσει

ευκολότερα ένας καπετάνιος καί νά τό σώσει σέ μιά θαλασσοταραχή, τό βαρυφορτωμένο ή εκείνο πού έχει το κανονικό του φορτίο; Τό βαρυφορτωμένο δεν θα το βυθίσει μιά μικρή τρικυμία; Έτσι καί τά σώματα, όταν ταλαιπωρούνται μέ τήν πολλή τροφή, εύκολα υποκύπτουν στις αρρώστιες. Ενώ όταν τρέφονται ελαφρά,

διατηρούν την καλή τους υγεία.

Ας παρακολουθήσουμε όμως ιστορικά την υπόθεση της νηστείας, γιά νά δούμε πόσο εκτιμήθηκε από τούς αγίους και πόσα καλά προξένησε. Ο θεόπτης Μωυσής ύστερα' από νηστεία σαράντα ημερών τόλμησε ν' ανέβει στην κορυφή του όρους Σινά καί νά παραλάβει τίς πλάκες των δέκα εντολών ('Εξ. 24:18). Δέν θά έπαιρνε τό θάρρος νά πλησιάσει τήν κορυφή, πού κάπνιζε από τή θεία παρουσία, αν δεν είχε όπλιστεί μέ τή νηστεία. Νήστεψε, κι έτσι μπόρεσε νά συνομιλήσει μέ τό Θεό. Ό προφήτης Σαμουήλ υπήρξε καρπός της νηστείας. Ή μητέρα του Άννα, άφου νήστεψε, προσευχήθηκε στό Θεό καί Του ζήτησε ένα παιδί, μέ τήν υπόσχεση νά τό αφιερώσει σ' Εκείνον (Α' Βασ. 1:11). Τον μεγάλο ήρωα Σαμψών, τί ήταν εκείνο πού τον έκανε ακαταμάχητο; Ή νηστεία! Μέ τή νηστεία συνελήφθη στα σπλάχνα της μητέρας του. Ή νηστεία τον γέννησε. Η νηστεία τον θήλασε. Η νηστεία τον ανέθρεψε. Ή νηστεία εκείνη, πού όρισε ο άγγελος: «Τό παιδί, πού θά γεννηθεί, δέν θά πρέπει νά γευτεί κανένα από τά προϊόντα του αμπελιού. Δεν θα πιεί κρασί ούτε κανένα άλλο δυνατό ποτό» (Κριτ.13:14). Ή νηστεία γεννάει προφήτες. Ενισχύει τους δυνατούς. Σοφίζει τους νομοθέτες. Εξοπλίζει τους ήρωες. Γυμνάζει τους αθλητές. Αποκρούει τους πειρασμούς. Συγκατοικεί μέ τή νηφαλιότητα και την αγνότητα. Στους πολέμους κάνει ανδραγαθήματα και στον καιρό της ειρήνης διδάσκει την ησυχία. Αγιάζει τους αφιερωμένους και τελειοποιεί τους ιερείς. Κανείς δεν μπορεί νά πλησιάσει τό Θυσιαστήριο καί νά τελέσει τη θεία Λειτουργία, χωρίς προηγουμένως νά έχει νηστεψει. Έπειτα από νηστεία σαράντα ημερών αξιώθηκε ό προφήτης Ηλίας ν' αντικρίσει τον Κύριο (Γ' Βασ. 19:8-18). Χάρη στη νηστεία αποδείχθηκε ισχυρότερος από τό θάνατο και ανέστησε το πεθαμένο παιδί (Γ' Βασ.17:21-23). Χάρη στή νηστεία ἐμπόδισε τόν οὐρανό να βρέξει γιά τριάμιση χρόνια (Γ' Βασ. 17:1, 18:1). Κι αὐτό, γιά νά μαλακώσει τή σκληροκαρδία τῶν Ἰσραηλιτῶν, πού εἶχαν παραδοθεῖ στήν ἀσέβεια καί στήν παρανομία. Ἔτσι προκάλεσε σ' ὁλόκληρο λαό ὑποχρεωτική νηστεία, μέχρι νά μετανοήσουν καί νά επανορθώσουν τήν αμαρτία, πού προήλθε ἀπό τήν καλοπέραση και τον μαλθακό βίο. Ὁ προφήτης Δανιήλ, πού γιά ἕνα εἰκοσαήμερο δεν γεύτηκε ψωμί οὔτε ἤπιε νερό (Δαν. 10:2-3), δίδαξε καί τά λιοντάρια ακόμα νά νηστεύουν (Δαν. 6:16-22). Τά πεινασμένα λιοντάρια δέν τόν κατασπάραξαν, σαν να εἶχε σῶμα από πέτρα ἤ χαλκό ἤ ἄλλο σκληρό υλικό. Η νηστεία δυνάμωσε τό σῶμα του προφήτη και το έκανε απρόσβλητο ἀπό τά δόντια των θηρίων, ὅπως ἡ βαφή κάνει τό σίδερο απρόσβλητο ἀπό τή σκουριά.

Ἡ νηστεία ενισχύει την προσευχή. Γίνεται φτερό στην πορεία της πρός τόν ουρανό. Εἶναι μητέρα τῆς υγείας, παιδαγωγός της νιότης, στολίδι τῶν γηρατειῶν. Εἶναι συνοδοιπόρος τῶν ταξιδιωτῶν και ασφάλεια των συγκατοίκων. Ὁ ἄνδρας δεν αμφιβάλλει καθόλου γιά τή συζυγική πίστη της γυναίκας του, ὅταν τη βλέπει νά συζεῖ με τή νηστεία. Ἡ γυναίκα δεν λιώνει από ζήλεια, όταν βλέπει τον άντρα της νά νηστεύει. Ποιός ζημιώθηκε ποτέ ἀπό τή νηστεία; Υπολόγισε την οικονομική κατάσταση του σπιτιού σου σε μιά μέρα νηστείας. Υπολόγισε την καί σέ μιά συνηθισμένη μέρα. Θα διαπιστώσεις έτσι εύκολα, πόσο μεγάλο κέρδος έχεις μέ τή νηστεία. Σκέψου πώς

ακόμα καί οί εφοριακοί αφήνουν τους φορολογουμένους νά ζήσουν λίγο καιρό ήσυχοι και ανενόχλητοι. "Ας ἐπιτρέψει λοιπόν καί ἡ σάρκα μιά μικρή ανάπαυλα στό στόμα.

Ας κάνει μιά μικρή ανακωχή αυτή, πού, όταν χορτάσει, φιλοσοφεί γύρω ἀπό τήν

εγκράτεια, ενώ, όταν πεινάσει, ξεχνάει όσα δέχτηκε πριν. Ὁποιος νηστεύει, δεν έχει ανάγκη από δάνεια ούτε χρειάζεται νά πληρώνει τόκους. Ἡ νηστεία γίνεται αφορμή νά ευφραίνεται ὁ άνθρωπος. Γιατί όπως ἡ δίψα κάνει γλυκό τό ποτό και η πείνα

ευχάριστο τό τραπέζι, έτσι και η νηστεία κάνει απολαυστικά τά φαγητά. Αν θέλεις λοιπόν νά 'ναι ευχάριστο τό τραπέζι σου, δέξου την αλλαγή της νηστείας. "Αν όμως είσαι πάντα κυκλωμένος από πλούσια φαγητά, αδικείς τον εαυτό σου, γιατί

εξαφανίζεις την απόλαυση με την άμετρη φιληδονία. Τίποτα δεν υπάρχει, πού νά μήν περιφρονηθεί με τη συνεχή απόλαυση του. Ενώ, αντίθετα, συχνά επιθυμούμε εκείνα τά φαγητά, πού σπάνια γευόμαστε. Γι' αυτό και ο Δημιουργός μας επινόησε την ποικιλία στη ζωή μας, ώστε νά νιώθουμε την απόλαυση όλων των αγαθών Του.

Παρατήρησε τί συμβαίνει στη φύση: Ο ήλιος δεν είναι λαμπρότερος μετά τή νύχτα; Ο ύπνος δεν είναι γλυκύτερος μετά την αγρυπνία; Ἡ υγεία δεν είναι περισσότερο επιθυμητή μετά τη δοκιμασία της αρρώστιας; Έτσι καί τό τραπέζι γίνεται

περισσότερο ευχάριστο μετά τη νηστεία. Αυτό μάλιστα ισχύει γιά όλους. Καί γιά τους πλούσιους, πού έχουν άφθονα φαγητά, καί γιά τούς φτωχούς, πού διαθέτουν

λιγότερη τροφή.

Νά θυμάσαι καί νά φοβάσαι τό παράδειγμα του πλουσίου της παραβολής (Λουκ. 16:19-31). Οι συνεχείς απολαύσεις τόν οδήγησαν στήν αιώνια κόλαση. Ο πλούσιος αυτός δεν κατηγορήθηκε γιά καμιά αδικία. Εξαιτίας όμως των ανέσεων και της

τροφής πού απολάμβανε, καθώς και της αδιαφορίας του γιά τη φτώχεια του

Λαζάρου, τιμωρήθηκε τόσο σκληρά. Ή νηστεία και η υπομονή στις κακοπάθειες δεν ήταν, αντίθετα, εκείνες πού χάρισαν την ανάπαυση στο Λάζαρο; Ή παραβολή δεν αναφέρει γι' άλλες αρετές του, παρά μόνο γι' αυτές, πού, σαν δυό φτερά, τον ύψωσαν και τον ανέπαυσαν στους κόλπους του Αβραάμ. Πρόσεξε λοιπόν κι εσύ,

μήπως, ενώ τώρα πίνεις ευχάριστα ποτά και αποστρέφεσαι τό νερό, αργότερα

ικετεύεις γιά μιά μονάχα σταγόνα του, όπως ό πλούσιος. Κανείς δεν έπαθε τίποτα πίνοντας νερό. Κανείς δεν μέθυσε. Κανείς δεν ένιωσε πονοκέφαλο ή ζάλη. Ενώ, αντίθετα, ή κακή χώνεψη, πού αναγκαστικά ακολουθεί τά συμπόσια, δημιουργεί σοβαρές αρρώστιες.

Η ζωή του Τιμίου Προδρόμου ήταν μία συνεχής νηστεία. Δεν είχε ούτε κρεβάτι ούτε τραπέζι ούτε κτήματα ούτε ζώα ούτε αποθήκες τροφίμων ούτε τίποτα' άλλο, από' αυτά πού θεωρούνται απαραίτητα γιά τη ζωή. Γι' αυτό όμως ό Κύριος διακήρυξε πώς ήταν «ο σπουδαιότερος άπ' όσους γέννησαν ποτέ γυναίκες» (Ματθ. 11:11). Ἡ νηστεία ανέβασε στον τρίτο ουρανό και τον απόστολο Παύλο, πού την απαρίθμησε ανάμεσα στα καυχήματα γιά τις θλίψεις του (Β' Κορ. 11:27). Γιά όλες όμως τις αρετές, κορυφαίο τύπο και υπογραμμό έχουμε τον ίδιο τον Κύριο. Ο Κύριος λοιπόν, έπειτα από νηστεία σαράντα ημερών, άρχισε τό έργο του εδω στή γή (Ματθ. 4:2). Πρώτα οχύρωσε και εξόπλισε μέ τή νηστεία τή σάρκα, πού πήρε γιά χάρη μας, κι υστερα δέχτηκε τους πειρασμούς του διαβόλου. Παρόμοια κι εμεις, με νηστείες άς

ετοιμαζόμαστε κι άς προγυμναζόμαστε στους αγώνες εναντίον των πνευματικών αντιπάλων. Σέ μιάν αμφίρροπη πολεμική συμπλοκή, ή παρουσία κάποιου συμμάχου στό πλευρό του ενός εμπολέμου προκαλεί την ήττα του άλλου. Λοιπόν, τό πνεύμα και η σάρκα βρίσκονται σε εμπόλεμη κατάσταση. Με ποιό θά συμμαχήσεις; Αν συμμαχήσεις μέ τή σάρκα, θά εξασθενήσεις τό πνεύμα. Ενω αν συμμαχήσεις με τό πνεύμα, θα υποδουλώσεις τή σάρκα. Αφου θέλεις νά ισχυροποιήσεις τό πνεύμα σου, δάμασε τή σάρκα μέ τή νηστεία. Ο απόστολος Παύλος γράφει: «Όσο ο εξωτερικός άνθρωπος (δηλαδή ή σάρκα) φθείρεται, τόσο ό εσωτερικός (δηλαδή τό πνεύμα) ανανεώνεται» (Β' Κορ. 4:16). Ο Μωυσής, γιά νά πάρει τη νομοθεσία γιά δεύτερη φορά, χρειάστηκε και δεύτερη νηστεία (Έξ.34:28). Οί Νινευΐτες, αν δεν είχαν νηστέψει οί ίδιοι καί τά ζώα τους, δεν θα είχαν γλιτώσει την καταστροφή (Ίων.

3:4-10). Αλλά και τον Ήσαυ, τί ήταν εκείνο πού τον εξευτέλισε και τον έκανε δούλο του αδελφού του; Δεν ήταν ένα φαγητό; Γι' αυτό και μόνο πούλησε τά πρωτοτόκια του (Γεν. 25:29-34)! Ποιοί, πάλι, άφησαν τά πτώματά τους στήν έρημο; Δεν τ' άφησαν εκείνοι πού επιζήτησαν την κρεοφαγία και την καλοπέραση της Αιγύπτου (Άριθ.11:33-34); Όσο δηλαδή οί Ισραηλίτες έμειναν ικανοποιημένοι μόνο μέ τό

μάννα, νικούσαν τους εχθρούς τους και κανείς τους δεν αρρώσταινε. Όταν όμως θυμήθηκαν τις χύτρες μέ τά κρέατα και νοστάλγησαν τη δουλεία στην Αίγυπτο,

τιμωρήθηκαν. Πέθαναν στήν έρημο καί δέν αξιώθηκαν νά δουν τή γή της επαγγελείας. Δεν φοβάσαι κι εσύ τό παράδειγμα αυτό; Δεν σκέφτεσαι μήπως μέ τήν πολυφαγία αποκλειστείς από την ουράνια γή της επαγγελείας; Ἡ απόλαυση άφθονης και λιπαρής τροφής δημιουργεί στην ψυχή αναθυμιάσεις, πού, σαν ένα πυκνό σύννεφο καπνού, εμποδίζουν τον νου ν' αντικρίσει τις εκλάμψεις του Παναγίου

Πνεύματος. Η νηστεία είναι ισχυρό όπλο εναντίον των δαιμόνων. «Ἀύτό τό δαιμονικό γένος δέν μπορεί νά διωχθεί μέ κανένα άλλο μέσο, παρά μόνο μέ τήν προσευχή και τή νηστεία», είπε ὁ Κύριος στήν περίπτωση του δαιμονισμένου νέου (Μάρκ. 9:29).

Μέ τήν τρυφή, τή μέθη καί τά διάφορα καρυκεύματα εξάπτεται και κάθε είδος ακολασίας. Τό κυνήγι της απολαύσεως μεταβάλλει τους λογικούς ανθρώπους σε άλογα ζώα. Η κραιπάλη προκαλεί και φρικτές διαστροφές. Γίνεται αιτία ν' αναζητούν οἱ ακόλαστοι τή γυναίκα στον άνδρα και τον άντρα στη γυναίκα. Ἡ νηστεία ρυθμίζει και την έγγαμη ζωή. Εμποδίζει τήν ασυδοσία καί επιβάλλει σύμφωνη εγκράτεια, για ν' άφοσιωθούν οἱ σύζυγοι στήν προσευχή.

Μην περιορίζεις όμως την αρετή της νηστείας μόνο στη δίαιτα. Αληθινή νηστεία δεν είναι μόνο ἡ άπόχή άπό ορισμένα φαγητά, αλλά καί ἡ άποξένωση άπό τά πάθη καί τίς αμαρτίες: Νά μην αδικήσεις κανένα. Νά συγχωρέσεις τον πλησίον σου γιά τή λύπη πού σου προξένησε, γιά τό κακό πού σου έκανε, γιά τά λεφτά πού σου χρωστάει. Διαφορετικά, μολονότι δεν τρώς κρέας, τρώς τον ίδιο τον αδελφό σου.

Μολονότι έγκρατεύεσαι στό κρασί, δέν εγκρατεύεσαι στίς κακολογίες. Μολονότι νηστεύεις ώς τό βράδυ, ξοδεύεις την ημέρα σου στά δικαστήρια. Η Αγία Γραφή αναφέρει: «Αλίμονο σ' αυτούς πού μεθάνε χωρίς κρασί» (Ήσ. 28:1). Τέτοια μέθη είναι π.χ. ό θυμός, πού κάνει τήν ψυχή νά παραφρονήσει. Είναι επίσης ό φόβος, πού παραλύει τη διάνοια. Γενικά, κάθε πάθος πού ζαλίζει τό νου, είναι καί μιά μέθη. Ο οργισμένος μεθάει μέ τό πάθος του. Δεν σκέφτεται ποιούς έχει μπροστά του. Σάν νά πολεμάει μέσα στη νύχτα, αρπάζει τό καθετί, σκοντάφτει στον καθένα. Δεν ξέρει τί λέει, βρίζει, χτυπάει, απειλεί, ορκίζεται, κραυγάζει. Άν λοιπόν θέλεις νά νηστέψεις πραγματικά, πρέπει ν' αποφεύγεις όλα τά πάθη. Πρόσεξε και κάτι άλλο: Νά μήν γίνει η αυριανή νηστεία αφορμή κραιπάλης σήμερα. Μην καταστρέφεις μέ τήν σημερινή ασυδοσία την αυριανή εγκράτεια. Όταν κανείς θέλει νά συνάψει γάμο μέ μια σεμνή γυναίκα, δεν βάζει πρωτύτερα στό σπίτι του παλλακίδες και πόρνες. Γιατί ή νόμιμη γυναίκα δέν ανέχεται νά συγκατοικεί μέ τίς παράνομες καί διεφθαρμένες. Έτσι λοιπόν κι εσύ. Με την προσδοκία της νηστείας, μη δέχεσαι την ακόλαστη μέθη, πού είναι

μητέρα της αναισχυντίας, φίλη το αισχρου άστείου, έτοιμη γιά κάθε ανηθικότητα. Ή νηστεία και η προσευχή δεν θα κατοικήσουν μέσα σε ψυχή πού έχει μολυνθεί με την κραιπάλη. Ο Κύριος δέχεται στά θεία σκηνώματα αυτόν πού νηστεύει. Αποστρέφεται όμως σαν βέβηλο και ανίερο τον άσωτο. Άν λοιπόν έρθεις αύριο εδώ και μυρίζεις κρασί, πως θα λογαριασω σαν νηστεία την κραιπάλη σου; Που θα σε κατατάξω;

Στους μέθυσους ή στους εγκρατείς; Ή μέθη πού προηγήθηκε, σέ παρουσιάζει

μέθυσο, ένω ή δίαιτα πού άρχισες, νηστευτή. Μέ τά λείψανα της μέθης, ή νηστεία σου γίνεται ανώφελη. Και αν η αρχή είναι ανώφελη, κινδυνεύει ανώφελο νά καταλήξει καί τό σύνολο. Η νηστεία δεν ασκεί επίδραση μόνο στά άτομα. Επηρεάζει και ολόκληρη την κοινωνία. Συμμορφώνει και καθησυχάζει σύντομα όλους τους ανθρώπους. Επιβάλλει σιγή στά ξεφωνητά και τις κραυγές, εξορίζει τους τσακωμούς και τις διαμάχες, απομακρύνει την κατάκριση και την καταλαλιά.

Ποιού δασκάλου ή παρουσία σταματάει τόσο γρήγορα τις αταξίες και το θόρυβο των παιδιών; Μόλις εμφανιστεί ή νηστεία, κάθε ταραχή στην πόλη αυτόματα σταματάει.

Ποιός μπορεί να συνεχίζει το γλέντι και τη διασκέδαση σε καιρό νηστείας; Ποιός μπορεί να συνδυάσει τη νηστεία με ασελγείς χορούς; Τα άπρεπα γέλια και τα

πορνικά τραγούδια και οι έξαλλοι χοροί απομακρύνονται από την πόλη, μόλις φτάσει η νηστεία σαν ένας αυστηρός δικαστής. "Αν όλοι άκουγαν τις συμβουλές της νηστείας, θα επικρατούσε τέλεια ειρήνη σ' ολόκληρη την ανθρωπότητα. Δεν θα

ξεσηκωνόταν το ένα κράτος εναντίον το άλλου. Δέν θά είχαμε πολεμικές συμπλοκές ούτε κατασκευαστές όπλων. Δεν θα υπήρχαν δικαστήρια ούτε φυλακές. Οἱ ερημιές δέν θά φιλοξενούσαν κακοποιούς ούτε οἱ πόλεις συκοφάντες ούτε οἱ θάλασσες πειρατές. "Αν κυριαρχούσε ή νηστεία, ή ζωή μας δέν θά ήταν γεμάτη στεναγμούς.

Γιατί αυτή θά δίδασκε σ' όλους όχι μόνο τον περιορισμό της σπατάλης ζωής, αλλά και την αποχή από πολλά άλλα κακά. Θά δίδασκε την ολοκληρωτική φυγή και αποξένωση άπό τή φιλαργυρία και την πλεονεξία, άπό τή φιλοδοξία και τη φιληδονία. "Αν απαλλαγούμε άπ' αυτά, θα ζούμε με ειρήνη και αγιασμό. Αφού λοιπόν τέτοια αγαθά μάς προσφέρει ή βασίλισσα αυτή των αρετών, ας τη δεχτούμε χωρίς καμιά κατήφεια, χωρίς κανένα γογγυσμό. Ολοι πρόθυμα ας τιμήσουμε τον πνευματικό

τραπέζι που μας παραθέτει η νηστεία, εξαγνίζοντας μας και προετοιμάζοντάς μας γιά τήν αιώνια θεία ευφροσύνη του παραδείσου.

Άγιος Πάπας Γρηγόριος Α΄ Επιστολή 40

Μεγάλη αδυναμία μας περιορίζει, αγαπημένε μου αδελφέ, από την οποία αν ήμασταν ελεύθεροι, θα φαινόμασταν δικαίως κατηγορούμενοι. Αλλά εφόσον, όσο βρισκόμαστε σε αυτό το εύθραυστο σώμα, δεν μπορούμε να συντηρηθούμε παρά μόνο υποτασσόμενοι στις αδυναμίες του, δεν πρέπει να κοκκινίζουμε για ό,τι μας επιβάλλει η ανάγκη. Και έτσι, δεδομένου ότι όλοι οι γιατροί λένε ότι για όσους υποφέρουν από αιμορραγία η νηστεία είναι βλαβερή, προτρέπουμε την αδελφότητά σας με την παρούσα ομιλία να θυμάστε τι έχετε συνηθίσει να υπομένετε από την ασθένεια, και να μην επιβάλλετε με κανένα τρόπο στον εαυτό σας τον κόπο της νηστείας. Εάν,

ωστόσο, με το έλεος του Θεού, γνωρίζετε ότι η υγεία σας έχει βελτιωθεί τόσο πολύ ώστε να έχετε επαρκείς δυνάμεις, σας επιτρέπουμε να νηστεύετε μία ή δύο φορές την εβδομάδα. Αλλά γι' αυτό σας αρμόζει πριν απ' όλα να φροντίσετε, ώστε να μην υποστείτε με κανέναν τρόπο τον εαυτό σας σε οποιοδήποτε αίσθημα ερεθισμού,

ώστε η ασθένεια, η οποία πιστεύεται ότι είναι τώρα ελαφρύτερη και σαν να αναστέλλεται, να βιώνεται στη συνέχεια πιο βαριά από τον εκνευρισμό.

Άγιος Ρωμανός ο Μελωδός

Περί του Ιωσήφ Β΄, Προοίμιον Β΄

Όσοι από εμάς έχουμε σοφά τελειώσει την πορεία της νηστείας Και που γιορτάζουμε με αγάπη την αρχή των βασάνων των Παθών του Κυρίου, ας μιμηθούμε όλοι, αδελφοί μου, με ζήλο την αγνότητα του αυτοελεγχόμενου Ιωσήφ· ας φοβηθούμε τη στειρότητα της συκιάς· ας σκορπίσουμε με την ελεημοσύνη τη γλύκα του πάθους. Για να προσδοκούμε με χαρά την Ανάσταση, ας εξασφαλίσουμε σαν μύρο συγχώρεση από ψηλά, γιατί το μάτι που δεν κοιμάται ποτέ παρατηρεί τα πάντα.

Ευσέβιος της Καισαρείας Εκκλησιαστική Ιστορία 23

Εκείνη τη στιγμή προέκυψε ένα ζήτημα όχι μικρής σημασίας. Διότι οι ενορίες όλης

της Ασίας, όπως από παλαιότερη παράδοση, θεωρούσαν ότι η δέκατη τέταρτη ημέρα της σελήνης, κατά την οποία οι Εβραίοι είχαν εντολή να θυσιάσουν το αρνί, έπρεπε να τηρείται ως γιορτή του Πάσχα του Σωτήρος. Επομένως, ήταν απαραίτητο να

τελειώσουν τη νηστεία τους εκείνη την ημέρα, όποια ημέρα της εβδομάδας κι αν τύχαινε να είναι. Όμως οι εκκλησίες στον υπόλοιπο κόσμο δεν συνήθιζαν να τη λήγουν εκείνη την ώρα, καθώς τηρούσαν την πρακτική που, από την αποστολική παράδοση, έχει επικρατήσει μέχρι σήμερα, να μην τερματίζουν τη νηστεία άλλη ημέρα παρά μόνο την ημέρα της ανάστασης του Σωτήρα μας. Για το λόγο αυτό πραγματοποιήθηκαν σύνοδοι και συνελεύσεις επισκόπων και όλοι, με κοινή

συναίνεση, μέσω αμοιβαίας αλληλογραφίας συνέταξαν ένα εκκλησιαστικό διάταγμα, σύμφωνα με το οποίο το μυστήριο της ανάστασης του Κυρίου δεν πρέπει να

εορτάζεται παρά μόνο την ημέρα του Κυρίου και ότι πρέπει να τηρούμε το τέλος της πασχαλινής νηστείας μόνο αυτή την ημέρα.

Άγιος Διάδοχος

Περί πνευματικής γνώσεως και διακρίσεως 43

Όσοι ακολουθούν τον πνευματικό δρόμο πρέπει να εκπαιδεύονται στο μίσος για όλες τις ανεξέλεγκτες επιθυμίες, μέχρι αυτό το μίσος να γίνει συνήθεια. Όσον αφορά τον αυτοέλεγχο στο φαγητό, δεν πρέπει ποτέ να νιώθουμε απέχθεια για οποιοδήποτε

είδος τροφής, γιατί κάτι τέτοιο είναι αποτρόπαιο και εντελώς δαιμονικό. Δεν είναι

εμφατικά επειδή οποιοδήποτε είδος τροφής είναι κακό από μόνο του, που πρέπει να απέχουμε από αυτό. Αλλά με το να μην τρώμε πολύ ή πολύ πλούσια, μπορούμε σε κάποιο βαθμό να κρατήσουμε υπό έλεγχο τα ευερέθιστα μέρη του σώματός μας.

Επιπλέον μπορούμε να δίνουμε στους φτωχούς ό,τι περισσεύει, γιατί αυτό είναι το σημάδι της ειλικρινούς αγάπης.

Ερμάς

Ποιμήν του Ερμά 1

Ενώ νηστεύω και κάθομαι σε κάποιο βουνό και ευχαριστώ τον Κύριο για όλες τις πράξεις Του μαζί μου, βλέπω τον Ποιμένα να κάθεται δίπλα μου και να λέει: «Γιατί ήρθες εδώ [τόσο] νωρίς το πρωί;». «Επειδή, κύριε», απάντησα, "έχω έναν σταθμό".

«Τι είναι ο σταθμός;» ρώτησε. «Νηστεύω, κύριε», απάντησα. «Τι είναι αυτή η νηστεία», συνέχισε, »που τηρείτε;» «Όπως έχω συνηθίσει, κύριε», απάντησα, "έτσι νηστεύω". «Δεν ξέρεις«, λέει, "πώς να νηστεύεις για τον Κύριο: αυτή η άχρηστη νηστεία που τηρείς γι" Αυτόν δεν έχει καμία αξία». «Γιατί, κύριε», απαντώ, »το λέτε αυτό;» «Σας λέω», συνέχισε, »ότι η νηστεία που νομίζετε ότι τηρείτε δεν είναι νηστεία. Θα σας διδάξω όμως ποια είναι η πλήρης και αποδεκτή από τον Κύριο νηστεία. Ακούστε», συνέχισε: «Ο Θεός δεν επιθυμεί μια τέτοια κενή νηστεία. Γιατί με τη νηστεία στον Θεό με αυτόν τον τρόπο δεν θα κάνετε τίποτα για μια δίκαιη ζωή· αλλά προσφέρετε στον Θεό μια νηστεία του εξής είδους: Να μην κάνεις κακό στη ζωή σου και να υπηρετείς τον Κύριο με καθαρή καρδιά: να τηρείς τις εντολές Του, να βαδίζεις στις εντολές Του, και να μην αφήνεις καμιά κακή επιθυμία να γεννηθεί στην καρδιά σου· και να πιστεύεις στον Θεό. Αν τα κάνετε αυτά, και Τον φοβάστε, και απέχετε από κάθε κακό πράγμα, θα ζήσετε για τον Θεό· και αν τα κάνετε αυτά, θα

τηρήσετε μεγάλη νηστεία, και ευπρόσδεκτη ενώπιον του Θεού.

Προπατορικό αμάρτημα

Ενώ δεν είμαστε προσωπικά ένοχοι για το προπατορικό αμάρτημα που διέπραξαν ο Αδάμ και η Εύα, επηρεαζόμαστε από αυτό. Το προπατορικό αμάρτημα σημαίνει ότι έχουμε μια αμαυρωμένη φύση που μας οδηγεί στην αμαρτία.

Ερμάς

Ποιμήν του Ερμά 9:16:2

Είχαν ανάγκη», είπε [ο Ποιμένας], »να ανέβουν μέσα από το νερό, για να γίνουν ζωντανοί- διότι δεν μπορούσαν διαφορετικά να εισέλθουν στη βασιλεία του Θεού,

παρά μόνο αποβάλλοντας τη θνητότητα της προηγούμενης ζωής τους. Αυτοί, λοιπόν, που είχαν κοιμηθεί, έλαβαν τη σφραγίδα του Υιού του Θεού και εισήλθαν στη βασιλεία του Θεού. Διότι», είπε, »προτού κάποιος φέρει το όνομα του Υιού του Θεού, είναι νεκρός. Όταν όμως λάβει τη σφραγίδα, παραμερίζει τη θνητότητα και λαμβάνει

τη ζωή. Η σφραγίδα, λοιπόν, είναι το νερό [του βαπτίσματος]. Κατεβαίνουν στο νερό [πνευματικά] νεκροί και βγαίνουν από αυτό ζωντανοί

Θεόφιλος ο Αντιοχεύς

Προς Αυτόλυκο 2:25

Για τον πρώτο άνθρωπο, η ανυπακοή είχε ως αποτέλεσμα την αποπομπή του από τον παράδεισο. Δεν ήταν σαν να υπήρχε κάποιο κακό στο δέντρο της γνώσης- αλλά από την ανυπακοή ο άνθρωπος άντλησε κόπο, πόνο, θλίψη, και, στο τέλος, έπεσε πεσμένος στο θάνατο

Άγιος Ειρηναίος Λουγδούνου

Έλεγχος και Ανατροπή της Ψευδωνύμου Γνώσεως 3:23:2

Αλλά αυτός ο άνθρωπος ... είναι ο Αδάμ, αν θέλουμε να πούμε την αλήθεια, ο πρωτόπλαστος άνθρωπος... Εμείς, ωστόσο, είμαστε όλοι από αυτόν- και καθώς είμαστε από αυτόν, έχουμε κληρονομήσει τον τίτλο του [της αμαρτίας]

Έλεγχος και Ανατροπή της Ψευδωνύμου Γνώσεως 5:16:3

Πράγματι, μέσω του πρώτου Αδάμ προσβάλαμε τον Θεό με το να μην τηρούμε την εντολή του. Μέσω του δεύτερου Αδάμ, ωστόσο, συμφιλιωθήκαμε και γίναμε υπάκουοι ακόμη και μέχρι θανάτου [Ρωμ. 8:36, Β΄ Κορ. 5:18-19]. Διότι δεν ήμασταν οφειλέτες σε κανέναν άλλον παρά μόνο σ' αυτόν, του οποίου την εντολή παρανομήσαμε στην αρχή

Τερτυλλιανός

Κατά του Μαρκίωνα 5:9:5

Επειδή, από έναν άνθρωπο ήρθε ο θάνατος, από έναν άνθρωπο έρχεται και η ανάσταση» [Ρωμαίους 5:17]. Εδώ με τη λέξη «άνθρωπος», που αποτελείται από σώμα, όπως έχουμε ήδη δείξει συχνά, καταλαβαίνω ότι είναι γεγονός ότι ο Χριστός είχε σώμα. Και αν όλοι μας είμαστε φτιαγμένοι για να ζήσουμε στον Χριστό, όπως ήμασταν φτιαγμένοι για να πεθάνουμε στον Αδάμ, τότε, όπως στη σάρκα ήμασταν φτιαγμένοι για να πεθάνουμε στον Αδάμ, έτσι και στη σάρκα είμαστε φτιαγμένοι για να ζήσουμε στον Χριστό

Περί της μαρτυρίας της ψυχής 3:2

Εξαιτίας της παράβασής του [του Αδάμ] ο άνθρωπος παραδόθηκε στο θάνατο- και ολόκληρο το ανθρώπινο γένος, το οποίο μολύνθηκε από το σπέρμα του, έγινε πομπός καταδίκης.

Ωριγένης

Ἑρμηνεία τῆς πρὸς Ρωμαίους Ἐπιστολῆς 5:9

Η Εκκλησία παρέλαβε από τους αποστόλους την παράδοση της βάπτισης ακόμη και των νηπίων [Ματθ. 19:14, Λουκ. 18:15-16, Πράξ. 2:38-39]. Διότι οι απόστολοι, στους οποίους είχαν ανατεθεί τα μυστικά των θείων μυστηρίων, γνώριζαν ότι σε όλους υπάρχει η έμφυτη κηλίδα της αμαρτίας, η οποία πρέπει να ξεπλυθεί με το νερό και το Πνεύμα» [Τίτ. 3:5].

Ομιλίες περί Ιερεμία 8:1

Ὅλοι στον κόσμο πέφτουν πεσμένοι κάτω από την αμαρτία. Και ο Κύριος είναι αυτός που στήνει αυτούς που πέφτουν και που στηρίζει όλους όσους πέφτουν. Στον Αδάμ όλοι πεθαίνουν, και έτσι ο κόσμος πέφτει πεσμένος και απαιτεί να ξαναστηθεί, ώστε εν Χριστώ όλοι να γίνουν ζωντανοί.

Ιερός Αυγουστίνος Ιππώνος Προς τον Ιερώνυμο 166:7:21

Όποιος λέει ότι ακόμη και τα βρέφη που φεύγουν από αυτή τη ζωή χωρίς να συμμετάσχουν στο μυστήριο [του βαπτίσματος] θα γίνουν ζωντανά εν Χριστώ, πηγαίνει πραγματικά ενάντια στο κήρυγμα του αποστόλου και καταδικάζει ολόκληρη την Εκκλησία, όπου υπάρχει μεγάλη βιασύνη στο βάπτισμα των βρεφών, επειδή πιστεύεται χωρίς αμφιβολία ότι δεν υπάρχει κανένας άλλος τρόπος με τον οποίο

μπορούν να γίνουν ζωντανά εν Χριστώ.

Μέγας Αθανάσιος

Απολογητικός κατά Αρειανών 1:51

Ο Αδάμ, ο πρώτος άνθρωπος, άλλαξε την πορεία του, και μέσω της αμαρτίας ήρθε στον κόσμο ο θάνατος. Όταν ο Αδάμ έκανε την παράβαση, η αμαρτία έφτασε σε

όλους τους ανθρώπους» [Ρωμ. 5:12].

Άγιος Κύριλλος Α΄ Ιεροσολύμων Κατηχήσεις 13:1

Πράγματι, η αμαρτία ενός ανθρώπου, του Αδάμ, είχε τη δύναμη να φέρει το θάνατο στον κόσμο. Αν από την παράβαση ενός ανθρώπου, ο θάνατος βασίλευσε στον κόσμο, γιατί να μην βασιλεύει η ζωή πιο εύστοχα από τη δικαιοσύνη ενός ανθρώπου [του Ιησού]; Αν εκδιώχθηκαν από τον παράδεισο εξαιτίας του δέντρου και της βρώσης του, δεν θα πρέπει τώρα οι πιστοί να εισέλθουν ευκολότερα στον παράδεισο εξαιτίας του δέντρου του Ιησού [του Σταυρού]; Αν εκείνος ο άνθρωπος που σχηματίστηκε πρώτος από τη γη εισήγαγε τον παγκόσμιο θάνατο, αυτός που τον σχημάτισε από τη γη δεν θα φέρει την αιώνια ζωή, αφού ο ίδιος είναι ζωή;» [Ιωάν. 10:10, 14:6].

Σάββατο ή Κυριακή;

Κάποιες χριστιανικές αιρέσεις όπως οι Αντβεντιστές της Έβδομης Ημέρας και ορισμένες άλλες υποστηρίζουν ότι οι Χριστιανοί δεν πρέπει να λατρεύουν την Κυριακή αλλά το Σάββατο, το εβραϊκό Σάββατο. Ισχυρίζονται ότι, σε κάποια ανώνυμη στιγμή μετά την αποστολική εποχή, η Εκκλησία «άλλαξε» την ημέρα λατρείας από Σάββατο σε Κυριακή.

Τα παρακάτω αποσπάσματα δείχνουν ότι οι πρώτοι Χριστιανοί κατανοούσαν αυτή την αρχή και συγκεντρώνονταν για λατρεία την Κυριακή.

Διδαχή των Δώδεκα Αποστόλων

Διδαχή των Δώδεκα Αποστόλων 14

Αλλά κάθε Κυριακή... να μαζεύεστε και να τρώτε ψωμί και να ευχαριστείτε, αφού

εξομολογηθείτε τις παραβάσεις σας, για να είναι καθαρή η θυσία σας. Κανείς όμως που έχει διαφορές με τον συνάνθρωπό του, ας μη συνέρχεται μαζί σας, μέχρι να συμφιλιωθούν, για να μη βεβηλωθεί η θυσία σας

Επιστολή Βαρνάβα Επιστολή Βαρνάβα 15:6-8

Τηρούμε την όγδοη ημέρα [Κυριακή] με χαρά, την ημέρα κατά την οποία ο Ιησούς αναστήθηκε από τους νεκρούς.

Άγιος Ιγνάτιος Αντιοχείας Προς Μαγνησιείς 8

Όσοι είχαν ανατραφεί με την αρχαία τάξη πραγμάτων [δηλ. οι Εβραίοι] έχουν αποκτήσει μια νέα ελπίδα, δεν τηρούν πλέον το Σάββατο, αλλά ζουν με την τήρηση της Κυριακής, κατά την οποία και η ζωή μας έχει αναγεννηθεί από αυτόν και από τον θάνατό του.

Άγιος Ιουστίνος Φιλόσοφος καὶ Μάρτυρας Απολογία Α' 67

Αλλά η Κυριακή είναι η ημέρα κατά την οποία όλοι μας πραγματοποιούμε την κοινή μας συγκέντρωση, επειδή είναι η πρώτη ημέρα κατά την οποία ο Θεός, αφού έκανε μια αλλαγή στο σκοτάδι και στην ύλη, δημιούργησε τον κόσμο- και ο Ιησούς Χριστός, ο Σωτήρας μας, την ίδια ημέρα αναστήθηκε από τους νεκρούς.

Didascalia Apostolorum Didascalia Apostolorum 2

Οι απόστολοι όρισαν περαιτέρω: επειδή την πρώτη ημέρα της εβδομάδας [δηλαδή την Κυριακή] ο Κύριός μας αναστήθηκε από τον τόπο των νεκρών, και την πρώτη ημέρα της εβδομάδας αναστήθηκε πάνω στον κόσμο, και την πρώτη ημέρα της

εβδομάδας ανέβηκε στον ουρανό, και την πρώτη ημέρα της εβδομάδας θα εμφανιστεί επιτέλους με τους αγγέλους του ουρανού.

Ωριγένης

Ερμηνεία στον Κατά Ιωάννη Ευαγγέλιο 2:28

Ως εκ τούτου, δεν είναι δυνατόν η [ημέρα] ανάπαυσης μετά το Σάββατο να έχει προκύψει από την έβδομη [ημέρα] του Θεού μας. Αντιθέτως, είναι ο Σωτήρας μας που, κατά το πρότυπο της δικής του ανάπαυσης, μας έκανε να γίνουμε όμοιοι με τον θάνατό του, άρα και με την ανάστασή του

Άγιος Βικτωρίνος Πεταβίου

Περί της δημιουργίας του κόσμου

Η έκτη ημέρα [Παρασκευή] ονομάζεται παρασκήνιο, δηλαδή η προετοιμασία της βασιλείας. Την ημέρα αυτή επίσης, λόγω του πάθους του Κυρίου Ιησού Χριστού,

κάνουμε είτε στάση προς τον Θεό είτε νηστεία. Την έβδομη ημέρα αναπαύθηκε από όλα τα έργα του και την ευλόγησε και την αγίασε. Την πρώτη ημέρα συνηθίζουμε να νηστεύουμε αυστηρά, ώστε την ημέρα του Κυρίου να βγαίνουμε στο ψωμί μας με

ευχαριστίες. Και ας γίνει το παρασκήνιο αυστηρή νηστεία, για να μη φανεί ότι

τηρούμε κάποιο Σάββατο μαζί με τους Ιουδαίους το οποίο Σάββατο αυτός [ο

Χριστός] στο σώμα του κατήργησε

Ευσέβιος της Καισαρείας Εκκλησιαστική Ιστορία 1:4:8

Αυτοί [οι πρώτοι άγιοι της Παλαιάς Διαθήκης] δεν ενδιαφέρθηκαν για την περιτομή του σώματος, ούτε και εμείς [οι Χριστιανοί]. Δεν νοιάζονταν για την τήρηση των Σαββάτων, ούτε κι εμείς. Δεν απέφευγαν ορισμένα είδη τροφής, ούτε θεωρούσαν τις άλλες διακρίσεις που ο Μωυσής παρέδωσε πρώτος στους απογόνους τους για να

τηρούνται ως σύμβολα· ούτε οι Χριστιανοί της σημερινής εποχής κάνουν τέτοια πράγματα

Άγιος Κύριλλος Α΄ Ιεροσολύμων Κατηχήσεις 4:37

Μην πέσετε ούτε στην αίρεση των Σαμαρειτών ούτε στον Ιουδαϊσμό, διότι ο Ιησούς Χριστός σας εξαγόρασε από τώρα. Αποστασιοποιηθείτε από κάθε τήρηση των Σαββάτων και από το να αποκαλείτε οποιοδήποτε συνηθισμένο ή ακάθαρτο κρέας.

Άγιος Ιωάννης ο Χρυσόστομος

Ομιλίες της προς Γαλάτας επιστολής 2:17

Έχετε ενδυθεί τον Χριστό, έχετε γίνει μέλος του Κυρίου και έχετε εγγραφεί στην ουράνια πόλη, και εξακολουθείτε να σέρνεστε στον νόμο [του Μωυσή]; Πώς είναι

δυνατόν να αποκτήσετε τη βασιλεία; Ακούστε τα λόγια του Παύλου, ότι η τήρηση του νόμου ανατρέπει το ευαγγέλιο, και μάθετε, αν θέλετε, πώς συμβαίνει αυτό, και

τρέμετε και αποφύγετε αυτή την παγίδα. Γιατί τηρείτε το Σάββατο και νηστεύετε μαζί με τους Εβραίους;

Ερμηνεία της προς Φιλιππησίους επιστολής 10

Το τελετουργικό της περιτομής ήταν σεβαστό για τους Εβραίους, εφόσον ο ίδιος ο νόμος έδινε τη θέση του σε αυτό, και το Σάββατο ήταν λιγότερο σεβαστό από την περιτομή. Διότι για να γίνεται η περιτομή, το Σάββατο παραβιάστηκε- για να τηρείται όμως το Σάββατο, η περιτομή δεν παραβιάστηκε ποτέ- και σημειώστε, παρακαλώ,

την οικονομία του Θεού. Αυτό διαπιστώνεται ότι είναι ακόμη πιο επίσημο από το Σάββατο, καθώς δεν παραλείπεται σε ορισμένους χρόνους. ...

Ἀποστολικαὶ Διαταγαί Ἀποστολικαὶ Διαταγαί 2:7:60

Και κατά την ημέρα της ανάστασης του Κυρίου μας, που είναι η Κυριακή, συναντηθείτε πιο επιμελώς, στέλνοντας δοξολογία στον Θεό που δημιούργησε το σύμπαν μέσω του Ιησού, και τον έστειλε σε μας, και συγκατένευσε να τον αφήσει να υποφέρει, και τον ανέστησε από τους νεκρούς. Διαφορετικά, τι συγγνώμη θα ζητήσει από τον Θεό όποιος δεν συγκεντρωθεί εκείνη την ημέρα ... κατά την οποία γίνεται η ανάγνωση των προφητών, το κήρυγμα του ευαγγελίου, η προσφορά της θυσίας, η

δωρεά των ιερών τροφών

Ιερός Αυγουστίνος Ιππώνος Το Πνεύμα και το Γράμμα 24

Λοιπόν, τώρα, θα ήθελα να μου πείτε τι υπάρχει σε αυτές τις δέκα εντολές, εκτός από την τήρηση του Σαββάτου, το οποίο δεν πρέπει να τηρείται από έναν χριστιανό.

Άγιος Πάπας Γρηγόριος Α΄ Επιστολή 13:1

Έπεσε στα αυτιά μου ότι κάποιοι άνθρωποι με διεστραμμένο πνεύμα έσπειραν ανάμεσά σας κάποια πράγματα που είναι κακά και αντίθετα προς την αγία πίστη, ώστε να απαγορεύεται κάθε εργασία την ημέρα του Σαββάτου. Τι άλλο μπορώ να ονομάσω αυτούς [τους ανθρώπους] παρά κήρυκες του Αντιχρίστου, ο οποίος, όταν έρθει, θα κάνει την ημέρα του Σαββάτου καθώς και την ημέρα του Κυρίου να κρατηθούν ελεύθερες από κάθε εργασία. Διότι επειδή αυτός [ο Αντίχριστος] προσποιείται ότι θα πεθάνει και θα αναστηθεί, επιθυμεί να τηρείται με σεβασμό η

ημέρα του Κυρίου- και επειδή εξαναγκάζει τον λαό να ιουδαϊστεί, ώστε να επαναφέρει την εξωτερική τελετή του νόμου και να υποτάξει στον εαυτό του τη δολιότητα των Ιουδαίων, επιθυμεί να τηρείται το Σάββατο. Διότι αυτό που λέει ο προφήτης: «Δεν θα φέρεις κανένα φορτίο μέσα από τις πύλες σου την ημέρα του Σαββάτου» [Ιερ. 17:24] θα μπορούσε να τηρηθεί όσο ήταν νόμιμο να τηρείται ο νόμος κατά γράμμα. Αφού όμως εμφανίστηκε η χάρη του παντοδύναμου Θεού, του Κυρίου μας Ιησού Χριστού, οι εντολές του νόμου που ειπώθηκαν μεταφορικά δεν μπορούν να τηρηθούν σύμφωνα με το γράμμα. Διότι αν κάποιος λέει ότι αυτό για το Σάββατο πρέπει να

τηρείται, πρέπει να πει ότι πρέπει να προσφέρονται σαρκικές θυσίες. Πρέπει επίσης να πει ότι η εντολή για την περιτομή του σώματος πρέπει ακόμη να διατηρηθεί. Αλλά ας ακούσει τον απόστολο Παύλο να λέει στον αντίποδα: «Αν περιτμηθείτε, ο Χριστός δεν θα σας ωφελήσει σε τίποτε» [Γαλ. 5:2].

Κόλαση

Το δόγμα της κόλασης είναι τόσο τρομακτικό που πολλές αιρέσεις καταλήγουν να αρνούνται την πραγματικότητα της αιώνιας κόλασης. Οι Ουνιταριστές-Οικουμενιστές, οι Αντβεντιστές της Εβδόμης Ημέρας, οι Μάρτυρες του Ιεχωβά, οι Χριστάδελφοι οι

New Agers και οι Μορμόνοι όλοι έχουν απορρίψει ή τροποποιήσει το δόγμα της κόλασης τόσο ριζικά ώστε να μην αποτελεί πλέον σοβαρή απειλή. Τις τελευταίες δεκαετίες, αυτή η αποσύνθεση έχει εισβάλει ακόμη και στον Ευαγγελικό Χριστιανισμό, και ένας αριθμός σημαντικών ευαγγελικών προσωπικοτήτων έχουν

υποστηρίξει την άποψη ότι δεν υπάρχει αιώνια κόλαση και οτι οι ασεβείς απλώς θα αφανιστούν.

Άγιος Ιγνάτιος Αντιοχείας Προς Εφεσίους 16

Μη πλανάσθε, αδερφοί μου. Αυτοί που καταστρέφουν σπίτια, «δεν θα κληρονομήσουν τη βασιλεία του Θεού». Εφόσον λοιπόν πεθαίνουν εκείνοι που τα κάνουν αυτά σαρκικά, πόσο μάλλον όταν κανείς καταστρέφει με την κακή διδασκαλία την πίστη του Θεού, για την οποία σταυρώθηκε ο Ιησούς Χριστός; Αυτός, που έγινε βρωμερός, θα οδηγηθεί στη φωτιά που δε σβήνει, όπως το ίδιο και εκείνος που τον ακούει.

Άγιος Κλήμης Ρώμης

Β΄ προς Κορινθίους Επιστολή 5:5

Αν κάνουμε το θέλημα του Χριστού, θα αναπαυθούμε- αν όμως όχι, αν παραμελήσουμε τις εντολές του, τίποτα δεν θα μας σώσει από την αιώνια τιμωρία. Β΄ προς Κορινθίους Επιστολή 17:7

Αλλά όταν δουν πώς εκείνοι που αμάρτησαν και αρνήθηκαν τον Ιησού με τα λόγια ή τις πράξεις τους τιμωρούνται με φοβερά βασανιστήρια σε άσβεστη φωτιά, οι δίκαιοι, που έκαναν το καλό, και που υπέμειναν τα βασανιστήρια και μίσησαν τις πολυτέλειες της ζωής, θα δοξάσουν τον Θεό τους λέγοντας: «Θα υπάρχει ελπίδα γι' αυτόν που υπηρέτησε τον Θεό με όλη του την καρδιά!».

Άγιος Ιουστίνος Φιλόσοφος καὶ Μάρτυρας Απολογία Α' 12

Ο κακοποιός, ο φιλάργυρος και ο δόλιος δεν είναι δυνατόν να κρυφτεί από τον Θεό περισσότερο από ό,τι είναι δυνατόν για τους ενάρετους. Κάθε άνθρωπος θα λάβει την αιώνια τιμωρία ή ανταμοιβή που αξίζουν οι πράξεις του. Πράγματι, αν όλοι οι άνθρωποι το αναγνώριζαν αυτό, κανείς δεν θα επέλεγε το κακό ούτε για λίγο, γνωρίζοντας ότι θα υποστεί την αιώνια ποινή της φωτιάς

Απολογία Α' 21

Έχουμε διδαχθεί ότι μόνο όσοι έχουν ζήσει μια αγία και ενάρετη ζωή κοντά στον Θεό μπορούν να στοχεύουν στην αθανασία. Πιστεύουμε ότι όσοι ζουν ασεβώς και δεν

μετανοούν θα τιμωρηθούν στην αιώνια φωτιά.

Απολογία Α' 52

[Ο Ιησούς] θα έρθει από τους ουρανούς σε δόξα με το αγγελικό του στράτευμα, όταν θα αναστήσει τα σώματα όλων των ανθρώπων που έζησαν ποτέ. Τότε θα ντύσει τους άξιους με αθανασία· αλλά τους ασεβείς, ντυμένους με αιώνια ευαισθησία, θα τους παραδώσει στην αιώνια φωτιά, μαζί με τους κακούς δαίμονες

Μαρτύριον του Αγίου Πολυκάρπου

Μαρτύριον του Αγίου Πολυκάρπου 2:3

Προσηλωμένοι στη χάρη του Χριστού, [οι μάρτυρες] περιφρόνησαν τα εγκόσμια βασανιστήρια και αγόρασαν την αιώνια ζωή σε μία μόνο ώρα. Γι' αυτούς, η φωτιά των σκληρών βασανιστών τους ήταν κρύα. Είχαν μπροστά στα μάτια τους τη

διαφυγή τους από την αιώνια και άσβεστη φωτιά

Μελίτων Σάρδεων ή Πάνταινος Προς Διόγνητον Επιστολή 10:7

Όταν γνωρίζετε ποια είναι η αληθινή ζωή, αυτή του ουρανού όταν περιφρονείτε τον απλώς φαινομενικό θάνατο, ο οποίος είναι προσωρινός· όταν φοβάστε τον θάνατο που είναι πραγματικός και ο οποίος προορίζεται για εκείνους που θα καταδικαστούν στην αιώνια φωτιά, τη φωτιά που θα τιμωρήσει μέχρι τέλους εκείνους που θα παραδοθούν σε αυτήν, τότε θα καταδικάσετε την απάτη και την πλάνη του κόσμου.

Άγιος Αθηναγόρας ο Αθηναίος

Πρεσβεία περί των Χριστιανών 31

Εμείς [οι Χριστιανοί] είμαστε πεπεισμένοι ότι όταν φύγουμε από την παρούσα ζωή θα ζήσουμε μια άλλη ζωή, καλύτερη από την παρούσα. Τότε θα μείνουμε κοντά στον

Θεό και με τον Θεό, αμετάβλητοι και απαλλαγμένοι από τα βάσανα της ψυχής ή αν

πέσουμε μαζί με τους υπόλοιπους [ανθρώπους], χειρότερα και στη φωτιά· γιατί ο Θεός δεν μας έκανε σαν πρόβατα ή σαν ζώα φορτίου, ένα απλό παρεμπίπτον έργο, για να χαθούμε και να εκμηδενιστούμε

Θεόφιλος ο Αντιοχεύς

Προς Αυτόλυκο 1:14

[Ο Θεός] θα εξετάσει τα πάντα και θα κρίνει δίκαια, χορηγώντας ανταμοιβή στον καθένα σύμφωνα με την αξία του. Σε εκείνους που επιδιώκουν την αθανασία με την υπομονετική άσκηση των καλών έργων, θα δώσει αιώνια ζωή, χαρά, ειρήνη, ανάπαυση και όλα τα αγαθά. Για τους άπιστους και για τους περιφρονητές και για εκείνους που δεν υποτάσσονται στην αλήθεια, αλλά συναινούν στην ανομία, όταν έχουν εμπλακεί σε μοιχείες, και πορνείες, και ομοφυλοφιλίες, και φιλαργυρία, και σε άνομες ειδωλολατρείες, θα υπάρξει οργή και αγανάκτηση, θλίψη και οδύνη· και στο τέλος, τέτοιοι άνθρωποι όπως αυτοί θα κρατηθούν στην αιώνια φωτιά

Άγιος Ειρηναίος Λουγδούνου

Έλεγχος και Ανατροπή της Ψευδωνύμου Γνώσεως 1:10:1

[Ο Θεός] θα στείλει τις πνευματικές δυνάμεις της πονηρίας, και τους αγγέλους που παρέβησαν και έγιναν αποστάτες, και τους ασεβείς, άδικους, παράνομους και βλάσφημους μεταξύ των ανθρώπων στην αιώνια φωτιά.

Έλεγχος και Ανατροπή της Ψευδωνύμου Γνώσεως 4:28:2

Η ποινή αυξάνεται για εκείνους που δεν πιστεύουν στο Λόγο του Θεού και περιφρονούν τον ερχομό του. Δεν είναι απλώς προσωρινή, αλλά αιώνια. Σε

όποιον πει ο Κύριος: «Φύγετε από κοντά μου, καταραμένοι, στην αιώνια φωτιά», θα είναι καταδικασμένος για πάντα

Τερτυλλιανός Απολογία 18:3

Μετά το τέλος της παρούσας εποχής θα κρίνει τους πιστούς του για την αμοιβή της αιώνιας ζωής και τους άθεους για μια φωτιά εξίσου αιώνια και ατελείωτη.

Απολογία 44:12-13

Τότε ολόκληρο το γένος των ανθρώπων θα αποκατασταθεί για να λάβει τις δίκαιες απολαβές του σύμφωνα με όσα έχει αξιώσει σε αυτή την περίοδο του καλού και του κακού, και στη συνέχεια θα πληρωθεί σε μια ανυπολόγιστη και ατελείωτη αιωνιότητα.

. . . Οι προσκυνητές του Θεού θα είναι πάντοτε με τον Θεό, ντυμένοι με την κατάλληλη ουσία της αιωνιότητας. Αλλά οι άθεοι και εκείνοι που δεν έχουν στραφεί εξ ολοκλήρου προς τον Θεό θα τιμωρηθούν σε φωτιά εξίσου ατελείωτη

Άγιος Ιππόλυτος Ρώμης Προς Έλληνας 3

Σε εκείνους που έπραξαν καλά, θα τους δοθεί αιώνια απόλαυση, ενώ στους λάτρεις του κακού θα δοθεί αιώνια τιμωρία. Αυτούς τους τελευταίους περιμένει η άσβεστη και ατελείωτη φωτιά, και ένα ορισμένο πύρινο σκουλήκι που δεν πεθαίνει και που δεν σπαταλά το σώμα, αλλά συνεχώς ξεσπά από το σώμα με αδιάκοπο πόνο. Κανένας ύπνος δεν θα τους δώσει ανάπαυση- καμία νύχτα δεν θα τους ηρεμήσει- κανένας θάνατος δεν θα τους λυτρώσει από την τιμωρία- καμία έκκληση των φίλων που

μεσολαβούν δεν θα τους ωφελήσει

Μινούκιος Φήλιξ Οκτάβιος 34:12-5:3

Δεν αγνοώ το γεγονός ότι πολλοί, στη συνείδηση του τι τους αξίζει, προτιμούν να ελπίζουν παρά να πιστεύουν ότι δεν υπάρχει τίποτα γι' αυτούς μετά το θάνατο. Θα προτιμούσαν να εκμηδενιστούν παρά να αποκατασταθούν για να τιμωρηθούν. . . .

Ούτε υπάρχει ούτε μέτρο ούτε τέλος σε αυτά τα βασανιστήρια

Άγιος Κυπριανός Καρχηδόνας Προς το Δημητριανό 24

Μια αιώνια φλεγόμενη Γέεννα και η τιμωρία του να καταβροχθίζονται από ζωντανές φλόγες θα καταβροχθίζουν τους καταδικασμένους- ούτε θα υπάρχει κανένας τρόπος με τον οποίο οι βασανισμένοι θα μπορούν ποτέ να έχουν ανάπαυση ή να σταματήσουν. Οι ψυχές μαζί με τα σώματά τους θα διατηρηθούν για να υποφέρουν σε απεριόριστους πόνους. Η θλίψη για την τιμωρία θα είναι τότε χωρίς τον καρπό

της μετάνοιας- το κλάμα θα είναι άχρηστο και η προσευχή αναποτελεσματική. Πολύ αργά θα πιστέψουν στην αιώνια τιμωρία, όσοι δεν θα πιστέψουν στην αιώνια ζωή.

Λακτάντιος

Περί θείων θεσμών 7:21

[Τ]α ιερά κείμενα μάς πληροφορούν με ποιον τρόπο οι ασεβείς θα υποστούν την

τιμωρία. Διότι επειδή έχουν διαπράξει αμαρτίες στο σώμα τους, θα ντυθούν και πάλι με σάρκα, για να μπορέσουν να εξιλεωθούν στο σώμα τους- και όμως δεν θα είναι αυτή η σάρκα με την οποία ο Θεός έντυσε τον άνθρωπο, όπως αυτό το γήινο σώμα μας, αλλά άφθαρτη και μόνιμη για πάντα, για να μπορεί να αντέξει τα βασανιστήρια και την αιώνια φωτιά. Η ίδια θεία φωτιά, λοιπόν, με μία και την ίδια δύναμη και

ισχύ, θα κάψει και τους ασεβείς και θα τους ξανασχηματίσει, και θα αντικαταστήσει όσα θα καταναλώσει από τα σώματά τους, και θα εφοδιαστεί με αιώνια τροφή

Άγιος Κύριλλος Α΄ Ιεροσολύμων Κατηχήσεις 18:19

Θα αναστηθούμε, λοιπόν, όλοι με τα αιώνια σώματά μας, αλλά όχι όλοι με τα ίδια σώματα: διότι αν κάποιος είναι δίκαιος, θα λάβει ένα ουράνιο σώμα, ώστε να μπορεί να συνομιλεί επάξια με τους αγγέλους- αν όμως κάποιος είναι αμαρτωλός, θα λάβει ένα αιώνιο σώμα, κατάλληλο να υπομείνει τις ποινές των αμαρτιών, ώστε να καίγεται αιώνια στη φωτιά, χωρίς να κατακαίγεται ποτέ. Και δίκαια ο Θεός θα αναθέσει αυτό το μερίδιο και στις δύο εταιρείες- διότι δεν κάνουμε τίποτα χωρίς το σώμα. Με το στόμα βλασφημούμε και με το στόμα προσευχόμαστε. Με το σώμα διαπράττουμε πορνεία, και με το σώμα τηρούμε την αγνότητα. Με το χέρι κλέβουμε, και με το χέρι δίνουμε ελεημοσύνη· και τα υπόλοιπα με τον ίδιο τρόπο. Αφού λοιπόν το σώμα υπήρξε υπηρέτης μας σε όλα τα πράγματα, θα μοιραστεί μαζί μας και στο μέλλον τους καρπούς του παρελθόντος

Η Σωματική Ανάσταση

Όπως δείχνουν τα παρακάτω αποσπάσματα από τους Πατέρες της Εκκλησίας, όταν ο Ιησούς επιστρέψει στη γη, θα αναστήσει σωματικά όλους όσους έχουν πεθάνει, δίνοντάς τους πίσω τα σώματα που έχασαν με το θάνατο. Αυτή είναι η ιστορική

διδασκαλία της Εκκλησίας από την αρχή.

Άγιος Κλήμης Ρώμης

Α΄ Προς Κορινθίους Επιστολή 24:1-6

Ας σκεφτούμε, αγαπητοί, πώς ο Διδάσκαλος μας αποδεικνύει συνεχώς ότι θα υπάρξει μελλοντική ανάσταση, της οποίας έκανε τον Κύριο Ιησού Χριστό πρωτοστάτη, ανασταίνοντάς τον από τους νεκρούς. Ας δούμε, αγαπητοί, την ανάσταση που λαμβάνει χώρα εποχιακά. Η ημέρα και η νύχτα μας κάνουν γνωστή την ανάσταση. Η νύχτα κοιμάται, η ημέρα ανατέλλει. Σκεφτείτε τα φυτά που

μεγαλώνουν. Πώς και με ποιον τρόπο γίνεται η σπορά; Ο σπορέας βγήκε έξω και έριξε καθένα από τους σπόρους στη γη- και πέφτουν στη γη, ξεραμένοι και γυμνοί, όπου σαπίζουν. Στη συνέχεια, από τη φθορά τους το μεγαλείο της πρόνοιας του κυρίου τους ανασταίνει, και από τον ένα σπόρο μεγαλώνουν περισσότεροι και φέρνουν καρπούς

Β΄ Προς Κορινθίους Επιστολή 9:1-6

Κανείς από εσάς ας μην πει ότι αυτή η σάρκα δεν κρίνεται και δεν ανασταίνεται. Σκεφτείτε μόνο: Σε ποια κατάσταση σωθήκατε και σε ποια κατάσταση ανακτήσατε την [πνευματική] σας όραση, αν όχι στη σάρκα; Κατά τον ίδιο τρόπο, όπως κληθήκατε με τη σάρκα, έτσι θα έρθετε με τη σάρκα. Αν ο Χριστός, ο Κύριος που μας έσωσε, αν και αρχικά ήταν πνεύμα, έγινε σάρκα και σε αυτή την κατάσταση μας κάλεσε, έτσι και εμείς θα λάβουμε την ανταμοιβή μας στη σάρκα

Άγιος Πολύκαρπος Σμύρνης Προς Φιλιππησίους 7:1-2

Όποιος διαστρεβλώνει τα λόγια του Κυρίου για τις δικές του επιθυμίες και λέει ότι δεν υπάρχει ανάσταση ούτε κρίση, αυτός είναι ο πρωτότοκος του Σατανά. Ας αφήσουμε, λοιπόν, την ανοησία και την ψευδοδιδασκαλία του πλήθους και ας επιστρέψουμε στον λόγο που μας παραδόθηκε στην αρχή

Άγιος Αριστείδης ο Αθηναίος Απολογία 15

[Οι χριστιανοί] έχουν τις εντολές του ίδιου του Κυρίου Ιησού Χριστού αποτυπωμένες στις καρδιές τους και τις τηρούν, περιμένοντας την ανάσταση των νεκρών και τη ζωή του μέλλοντος κόσμου.

Άγιος Ιουστίνος Φιλόσοφος καὶ Μάρτυρας Απολογία Α' 52

Οι προφήτες έχουν διακηρύξει τις δύο παρουσίες του [του Χριστού]. Η μία, μάλιστα, που έχει ήδη πραγματοποιηθεί, ήταν αυτή ενός ατιμασμένου και πάσχοντος ανθρώπου. Η δεύτερη θα λάβει χώρα όταν, σύμφωνα με την προφητεία, θα έρθει από τους ουρανούς σε δόξα με το αγγελικό του στράτευμα, όταν θα αναστήσει τα σώματα όλων των ανθρώπων που έζησαν ποτέ. Τότε θα ντύσει τους άξιους με αθανασία, αλλά τους ασεβείς, ντυμένους με αιώνια ευαισθησία, θα τους παραδώσει στην αιώνια φωτιά μαζί με τους κακούς δαίμονες

Περί Αναστάσεως 8

Πράγματι, ο Θεός καλεί ακόμη και το σώμα στην ανάσταση και του υπόσχεται αιώνια ζωή. Όταν υπόσχεται να σώσει τον άνθρωπο, δίνει έτσι την υπόσχεσή του στη σάρκα. Τι άλλο είναι ο άνθρωπος παρά ένα λογικό ζωντανό ον που αποτελείται από ψυχή και σώμα; Είναι η ψυχή από μόνη της άνθρωπος; Όχι, δεν είναι παρά η ψυχή ενός ανθρώπου. Μπορεί το σώμα να ονομάζεται άνθρωπος; Όχι, δεν μπορεί παρά να ονομάζεται σώμα ανθρώπου. Αν, λοιπόν, κανένα από αυτά δεν είναι από μόνο του άνθρωπος, αλλά αυτό που αποτελείται από τα δύο μαζί ονομάζεται άνθρωπος, και αν ο Θεός έχει καλέσει τον άνθρωπο στη ζωή και την ανάσταση, δεν έχει καλέσει ένα μέρος, αλλά το σύνολο, που είναι η ψυχή και το σώμα

Τατιανός Ασσύριος Προς Έλληνας 155

Πιστεύουμε ότι θα υπάρξει ανάσταση των σωμάτων μετά την ολοκλήρωση όλων των πραγμάτων.

Θεόφιλος ο Αντιοχεύς

Προς Αυτόλυκο 1:7-8

Ο Θεός θα αναστήσει τη σάρκα σας αθάνατη μαζί με την ψυχή σας- και τότε, αφού γίνετε αθάνατοι, θα δείτε τον αθάνατο, αν πιστέψετε σ' αυτόν τώρα- και τότε θα συνειδητοποιήσετε ότι αδίκως μιλήσατε εναντίον του. Αλλά δεν πιστεύετε ότι οι νεκροί θα αναστηθούν. Όταν συμβεί, τότε θα πιστέψετε, είτε το θέλετε είτε όχι αλλά αν δεν πιστέψετε τώρα, η πίστη σας τότε θα λογίζεται ως απιστία

Άγιος Ειρηναίος Λουγδούνου

Έλεγχος και Ανατροπή της Ψευδωνύμου Γνώσεως 1:10:1-4

Διότι η Εκκλησία, αν και διασκορπισμένη σε ολόκληρο τον κόσμο, ακόμη και στα πέρατα της γης, παρέλαβε από τους αποστόλους και από τους μαθητές τους την πίστη στην ανάσταση όλης της σάρκας όλης της ανθρωπότητας

Τερτυλλιανός Απολογία 18:3

Μετά το τέλος της παρούσας εποχής θα κρίνει τους πιστούς του. Όλοι όσοι έχουν

πεθάνει από την αρχή του χρόνου θα αναστηθούν και θα ξαναδιαμορφωθούν και θα παραπεμφθούν σε όποια μοίρα τους αξίζει

Μινούκιος Φήλιξ

Οκτάβιος 34:11-12

Δείτε, επίσης, πώς για την παρηγοριά μας όλη η φύση υποδηλώνει τη μελλοντική ανάσταση. Ο ήλιος βυθίζεται, αλλά ξαναγεννιέται. Τα αστέρια σβήνουν, αλλά

επιστρέφουν ξανά. Τα λουλούδια πεθαίνουν, αλλά ξαναζωντανεύουν. Οι θάμνοι μετά τη φθορά τους βγάζουν ξανά φύλλα- μόνο αν οι σπόροι φθαρούν, επιστρέφει η

δύναμή τους. Ένα σώμα στον τάφο είναι σαν τα δέντρα το χειμώνα: Κρύβουν τους χυμούς τους κάτω από μια απατηλή ξηρότητα. Γιατί βιάζεστε να αναβιώσει και να

επιστρέψει, ενώ ο χειμώνας είναι ακόμα σκληρός; Πρέπει να περιμένουμε ακόμη και την άνοιξη του σώματος. Δεν αγνοώ το γεγονός ότι πολλοί, με τη συνείδηση του τι τους αξίζει, προτιμούν να ελπίζουν παρά να πιστεύουν πραγματικά ότι δεν υπάρχει τίποτα γι' αυτούς μετά τον θάνατο. Θα προτιμούσαν να εκμηδενιστούν παρά να αποκατασταθούν για να τιμωρηθούν...

Όσιος Αφραάτης Πραγματείες 8:3

Γι' αυτό, ανόητε, διδάξου από αυτό, ότι κάθε ένας από τους σπόρους είναι ντυμένος με το δικό του σώμα. Ποτέ δεν σπέρνεις σιτάρι και δεν θερίζεις κριθάρι, και ποτέ δεν φύτεψες αμπέλι και δεν έβγαλε σύκα. Αλλά όλα αναπτύσσονται σύμφωνα με τη δική τους φύση. Έτσι και το σώμα που έχει τοποθετηθεί στη γη είναι το ίδιο που θα αναστηθεί ξανά

Άγιος Κύριλλος Α΄ Ιεροσολύμων Κατηχήσεις 18:1-20

Ρίζα κάθε καλού έργου είναι ή ελπίδα της αναστάσεως. Η προσδοκία της ανταπόδοσης παρακινεί την ψυχή στήν αγαθοεργία. Ο εργάτης πού ελπίζει στον μισθό των κόπων του, είναι πρόθυμος να υπομείνει κάθε δυσκολία. Ενώ όσοι κοπιάζουν χωρίς την ελπίδα της αμοιβής, γρήγορα εγκαταλείπουν το έργο τους. Ὁ στρατιώτης πού προσδοκά νά βραβευθεί, είναι ετοιμοπόλεμος. Κανείς όμως δέν

προθυμοποιείται νά διακινδυνεύσει γιά χάρη άσύνετου βασιλιά, πού δέν επιβραβεύει τά κατορθώματα τών στρατιωτών του. Με παρόμοιο τρόπο και κάθε ψυχή, όταν πιστεύει στην ανάσταση και στη μέλλουσα ανταπόδοση, φροντίζει γιά τόν εαυτό της.

Ενώ όταν δεν πιστεύει στην ανάσταση και στη μέλλουσα κρίση, παραδίνεται

στην αμαρτία και στην καταστροφή. "Οποιος πιστεύει ότι τό σώμα του θ' αναστηθεί, δέν τό μολύνει με ασέλγειες. Ενω όποιος δεν πιστεύει στην ανάσταση, παραδίνεται στην αμαρτία και κακομεταχειρίζεται σαν ξένο τό σώμα του. Είναι λοιπόν σημαντικό τό δόγμα της αγίας Ἐκκλη-

σίας μας, πού αναφέρεται στην ανάσταση τών νεκρών. Είναι βασική διδασκαλία της Ορθοδοξίας μας. Και ενώ από πολλούς αμφισβητείται, άπό τήν αλήθεια

επιβεβαιώνεται. Οί ειδωλολάτρες αμφισβητούν, οί Σαμαρείτες άπιστουν, οί αιρετικοί διαστρεβλώνουν τό δόγμα αυτό. Πολλές οί αντιρρήσεις. Μία όμως είναι η αλήθεια. Μάς λένε οί άρνητές: Πέθανε ό άνθρωπος καί τά-

φηκε. Σάπισε στό χώμα και διαλύθηκε σε σκουλήκια. Τά σκουλήκια ψόφησαν κι αυτά. Τό σώμα λοιπόν καταστράφηκε και άφανίστηκε. Πώς θ' αναστηθεί; Μάς λένε ακόμα: "Οσοι ναυάγησαν, καταφαγώθηκαν άπό τά ψάρια, πού κι αυτά καταφαγώθηκαν από άλλα. "Οσοι πάλεψαν με θηρία, έγιναν τροφές σε αρκούδες καί σέ λιοντάρια, πού

έφαγαν ακόμα καί τά κόκαλά τους. Οί γύπες καί οί κόρακες, αφου έφαγαν τις σάρκες των εγκαταλελειμμένων στό χώμα νεκρών, πέταξαν και σκορπίστηκαν μακριά. Πώς λοιπόν θα συγκεντρωθούν πάλι τά μέλη του σώματος; Συμβαίνει μάλιστα τά αρπακτικά πουλιά, πού τά έφαγαν, νά θανατωθούν μακριά, άλλο στις Ινδίες,

άλλο στήν Περσία κι άλλο στην Ευρώπη. Πώς, τέλος, θά συναρμολογηθούν τά σώματα εκείνων πού κάηκαν καί πού ό άνεμος ή ή βροχή διασκόρπισε ακόμα και τη στάχτη τους; Σέ όλα αυτά θ' απαντήσουμε: Γιά σένα, τόν μικρό κι αδύναμο άνθρωπο, απέχουν βέβαια πολύ οί Ινδίες

άπό τή Γερμανία και η Ισπανία από την Περσία. Γιά τό Θεό όμως, πού κρατάει το χέρι Του ολόκληρη τη γή, όλα είναι κοντινά. Μην κατηγορείς λοιπόν τό Θεό,

ξεκινώντας άπό τή δική σου αδυναμία, άλλά νά συλλογίζεσαι τή δική Του παντοδυναμία. Ο ήλιος, ένα μικρό κτίσμα μέσα στην απέραντη δημιουργία, θερμαίνει με τις ακτίνες του όλη τή γή· κάί ό αέρας, κτίσμα κι αυτό του Θεού, την περιβάλλει. Ό Θεός λοιπόν, πού δημιούργησε καί τόν ήλιο καί τον αέρα, βρίσκεται μακριά από μας; Υπέθεσε ότι ανακατεύεις διαφορετικούς σπόρους καί τούς παίρνεις στη χούφτα σου.

Είναι δύσκολο σε σένα, τον άνθρωπο, νά διακρίνεις τά διάφορα είδη καί νά τά χωρίσεις σε ομάδες; "Οχι, βέβαια. "Αν λοιπόν εσύ μπορείς νά ξεχωρίσεις όσα

βρίσκονται στό χέρι σου, ό Θεός άραγε δέν μπορεί νά διακρίνει καί νά ξεχωρίσει όσα βρίσκονται στό δικό Του χέρι; Πρόσεξε κι ένα επιχείρημα, πού αναφέρεται στήν δικαιοσύνη. "Εχεις διάφορους υπηρέτες. Άπ' αυτούς άλλοι είναι καλοί και άλλοι κακοί. Τιμάς εσύ τους καλούς και έπιτιμάς τους κακούς. Κι αν είσαι δικαστής, επαινείς τους αγαθούς και τιμωρείς τους παράνομους. "Αν λοιπόν εσύ, πού είσαι θνητός άνθρωπος, άπονέμεις δικαιοσύνη, ό Θεός, ο αθάνατος Βασιλιάς των όλων, δεν θα απονέμει δικαιοσύνη; "Αν όμως δέν υπάρχει μέλλουσα κρίση, σέ ρωτάω: Που βρίσκεται ή δικαιοσύνη του Θεού, έφόσον πολλοί ληστές πέθαναν ατιμώρητοι;

Πολλές φορές μάλιστα ένας ληστής που έκανε πενήντα φόνους, τιμωρείται γιά τόν ένα. Που λοιπόν θα τιμωρηθεί γιά τους υπόλοιπους σαράντα εννέα; Βλέπεις ότι, αν δεν υπάρχει μέλλουσα κρίση και ανταπόδοση, κατηγορείς τη δικαιοσύνη του Θεού.

Και μην παραξενευεσαι γιά την αναβολή της μελλοντικής κρίσεως. Νά σκέφτεσαι, ότι κάθε άγωνιστής στεφανώνεται ή ντροπιάζεται μετά τον αγώνα. Ποτέ ο αγωνοθέτης δεν βραβεύει τους αγωνιστές, όσο αγωνίζονται ακόμα. Αλλά περιμένει τό τέλος του αγώνα και, μετά από εξέταση, προσφέρει τά βραβεία καί τά στεφάνια. "Ετσι καί ό Θεός, όσο διαρκεί ό άγώνας στή ζωή αυτή, πάντα προσφέρει μία μερική βοήθεια στους δικαίους· μετά τό θάνατο όμως, τους δίνει ακέραιο το μισθό. "Αν δεν πιστεύεις στην ανάσταση των νεκρών, γιατί καταδικάζεις τους τυμβωρύχους; "Αν έλιωσε το σώμα καί δέν υπάρχει ελπίδα αναστάσεως, τότε γιατί τιμωρείται ό τυμβωρύχος; Βλέπεις ότι κι άν άρνείσαι μέ τά χείλη, μέσα σου μένει άκέραιη ή πεποίθηση στην ανάσταση. Ένα δέντρο πού κόπηκε, ξαναβλαστάνει και ανθοφορεί. Τό ίδιο δέν

μπορεί νά συμβεί καί στόν άνθρωπο; Τά σπάρτα πού φυτεύτηκαν καί θερίστηκαν, μένουν στ' αλώνια. Τό ίδιο δέν μπορεί νά συμβεί και στόν άνθρωπο, πού θερίζεται άπό τόν κόσμο αυτό; Τά κλήματα του άμπελιου καί τά κλαδιά τών άλλων δέντρων, αφου ολότελα κοπουν και μεταφυτευτούν, ζωογονούνται και καρποφορούν. Ο άνθρωπος λοιπόν, γιά τόν οποίο εκείνα δημιουργήθηκαν, αφού πέσει στη γη, δεν είναι δυνατό ν' αναστηθεί; Τι είναι πιο εύκολο, να δημιουργήσει κανείς από την αρχή ένα άγαλμα ή να ξαναπλάσει στό ίδιο σχήμα αυτό πού έπεσε κι έσπασε; Ο Θεός λοιπόν, πού άπό τό μηδέν μας έπλασε, δεν είναι δυνατό ν' αναστήσει πάλι αύτούς πού έζησαν και πέθαναν; Εξακολουθείς ν' απιστείς σε όσα έχουν γραφτεί γιά την ανάσταση; Δές τη φυσική δημιουργία και παρατήρησε τά φαινόμενα πού μέχρι σήμερα συμβαίνουν: Σπέρνεται τό σιτάρι ή οποιοδήποτε άλλο σπαρτό. Ό σπόρος πέφτει στή γή καί μοιάζει νά πεθαίνει. Σαπίζει καί άχρηστεύεται σάν τροφή. "Ομως ό σαπισμένος σπόρος άνασταίνεται χλοερός, άνασταίνεται ωραιότατος. Τό σιτάρι αυτό, καθώς και τ' άλλα

σπαρτά, έγινε γιά μάς. Δεν έγινε γιά τόν εαυτό του. Εφόσον λοιπόν εκείνα, πού δημιουργήθηκαν γιά μάς, ζωοποιούνται πάλι, αφου νεκρωθουν, εμείς οί ίδιοι, γιά

τους οποίους εκείνα πλάστηκαν, δεν είναι δυνατό ν' αναστηθούμε μετά το θάνατό μας;

Τό χειμώνα τά δέντρα εμφανίζονται σαν νεκρά. Που είναι τά φύλλα της συκιάς; Που

είναι τά σταφύλια στό αμπέλι; Τό χειμώνα φαίνονται όλα νεκρά. Την άνοιξη όμως όλα εμφανίζονται χλοερά. Καί όταν φτάσει ό κατάλληλος καιρός, τότε άπό τό θάνατο γεννιέται ή ζωή. Γνωρίζοντας ό Θεός την απιστία σου, σου εμφανίζει κάθε χρόνο την ανάσταση με τα φαινόμενα αυτά. "Ετσι, βλέποντας όσα συμβαίνουν στ' άψυχα, νά πειστείς γιά όσα συμβαίνουν στα έμψυχα. Πρίν άπό εκατό ή διακόσια χρόνια, όλοι

εμείς που ήμασταν; Δεν γνωρίζουμε τον τρόπο δημιουργίας του ανθρώπινου σώματος; Δεν γνωρίζεις ότι άπό άπλή καί άσθενική καί ασχημάτιστη ύλη γεννιόμαστε; Και άπ' αύτή τήν άπλή καί άσθενική ύλη σχηματίζεται και τό ανθρώπινο σώμα και αποκτά δύναμη στά νευρα, λάμψη στά μάτια, όσφρηση στή μύτη, ακοή στ' αυτιά, ομιλία στη γλώσσα, παλμούς στην καρδιά, εργασία στά χέρια, οδοιπορία στά πόδια και κάθε άλλο χαρακτηριστικό τών μελών. Η ασθενική εκείνη ύλη μεταβάλλεται σέ ναυπηγό ή οικοδόμο ή αρχιτέκτονα ή εργάτη ή στρατιώτη ή άρχοντα ή νομοθέτη ή βασιλιά. Αφού λοιπόν με ευτελή υλικά μας έπλασε ο Θεός, δεν θα μπορεί νά μας αναστήσει, όταν πεθάνουμε; Αυτός που την τόσο τιποτένια ύλη μετέβαλε σε ανθρώπινο σώμα, δεν θα μπορέσει πάλι να το άναστήσει, όταν νεκρωθεί; Αυτός πού από την ανυπαρξία έφερε την ύπαρξη, δεν θα μπορέσει νά άναστήσει τό

δημιούργημά του; Πάρε κι άπό τόν έναστρο ουρανό μιά ολοφάνερη απόδειξη, ότι

είναι δυνατή ή ανάσταση των νεκρών. Ένα ουράνιο φαινόμενο πού επαναλαμβάνεται κάθε μήνα: Ή σελήνη φαίνεται να λιγοστεύει, να μικραίνει τόσο πολύ, πού νά μήν τή βλέπουμε καθόλου. Πάλι όμως εμφανίζεται, μεγαλώνει και παίρνει το προηγούμενο

της μέγεθος. Καί μάλιστα, γιά νά είναι πληρέστερο τό παράδειγμα, κατά καιρούς έχουμε εκλείψεις σελήνης και εναλλαγές στη φωτεινότητά της, μέχρι πού γίνεται κατακόκκινη σαν αίμα, γιά νά μήν άπιστείς στήν ανάσταση των νεκρών, εσύ, που

κατασκευάστηκες από αίμα, αλλά, βλέποντας στή σελήνη τήν έναλλαγή, νά πιστέψεις ότι τό ίδιο μπορεί νά γίνει και σ' εσένα. Άύτές τίς αποδείξεις μπορεί κανείς νά χρησιμοποιήσει, όταν συζητάει με άπιστους ειδωλολάτρες. Άφου

αυτοί δεν παραδέχονται την Άγία Γραφή, πολέμησε τους με όπλα άγραφα, δηλαδή με συλλογισμούς και παραδείγματα άπό τή φύση. Οι άθεοι αυτοί δεν έχουν ιδέα γιά τό νόμο του Μωυσή, γιά τίς προφητείες του Ησαΐα, γιά τά Ευαγγέλια, γιά τίς

επιστολές του Παύλου. "Ας δούμε τώρα πώς θ' αντιμετωπίσουμε τους Σαμαρείτες.

Αυτοί δέχονται τό νόμο του Μωυσή, δεν αναγνωρίζουν όμως τους προφήτες. Πώς λοιπόν θα τους πείσουμε για την ανάσταση των νεκρών; Ἄς χρησιμοποιήσουμε τά κείμενα πού παραδέχονται. Λέει ό Θεός στον Μωυσή: «Ἐγώ είμαι ό Θεός του Αβραάμ και ο Θεός του Ισαάκ και ο Θεός του Ιακώβ» (Ἔξ.3:6). Οπωσδήποτε μέ τά λόγια αυτά αναγνωρίζει, ότι ό Αβραάμ, ο Ισαάκ και ο Ιακώβ δεν εξαφανίστηκαν, αλλά υπάρχουν. Γιατί αν δεν υπήρχαν, ό Θεός θα ήταν Θεός όντων ανύπαρκτων. Ποιός όμως βασιλιάς

είπε ότι είναι βασιλιάς στρατιωτών ανύπαρκτων; Ποιός ακόμα πλούσιος δηλώνει πλούτη πού δεν έχει; Πρέπει επομένως νά ύπάρχουν κάί ό Αβραάμ και ο Ισαάκ και ο Ιακώβ. Ἔτσι μόνο ό Θεός θά είναι Θεός ζωντανών. Γιατί δεν είπε «ήμουν κάποτε Θεός τους», αλλά «είμαι Θεός τους». Αλλά έχουν αντιρρήσεις και σ' αυτό τό σημείο οί Σαμαρείτες. Ισχυρίζονται, ότι μπορεί νά ζούν οι ψυχές του Αβραάμ, του Ισαάκ και του Ιακώβ, τά σώματά τους όμως δέν είναι δυνατό ν' άναστηθούν. Θά τούς πούμε: Τό

ραβδί του δίκαιου Μωυσή ήταν δυνατό να μεταβληθεί σε φίδι (Ἔξ. 4:2-3). Τα σώματα των δικαίων δεν μπορούν να ζήσουν και ν' άναστηθούν; Η πρώτη μεταβολή, που

είναι άφύσικη, πραγματοποιήθηκε. Η δεύτερη, πού είναι σύμφωνη με τη φύση, δεν μπορεί νά πραγματοποιηθεί; Τό ραβδί επίσης του Ἀαρών, αφου κόπηκε και νεκρώθηκε, χωρίς ίχνος νερού βλάστησε (Ἀρ. 17: 23). Και τούτο, ενώ ήταν μέσα σέ σπίτι. Μολαταύτα, βλάστησε σάν νά ήταν σε αγρό. Κι ενώ βρισκόταν σε ξερό περιβάλλον, μέσα σε μία νύχτα καρποφόρησε σάν τά δέντρα πού γιά πολλά χρόνια ποτίζονται. Τό ραβδί λοιπόν του Ἀαρών αναστήθηκε. Ὁ ίδιος ό Ἀαρών δέν θ' άναστηθεί; Και ο Θεός πού θαυματουργησε σ' ένα ξύλο, γιά νά του χαρίσει την αρχιερωσύνη, δέν θά θαυματουργήσει στό ίδιο τον Ἀαρών, για να του χαρίσει την ανάσταση; Ἡ γυναίκα του Λωτ έγινε στήλη από αλάτι (Γεν.19:26). Ἡ σάρκα μεταβλήθηκε σε αλάτι. Ἡ νεκρή σάρκα δέν μπορεί νά ξαναγίνει σάρκα ζωντανή; Καὶ ἀν ἡ γυναίκα του Λωτ μεταβλήθηκε σε στήλη από αλάτι, ἡ γυναίκα του Αβραάμ δεν είναι δυνατό ν' αναστηθεί; Μέ ποιά δύναμη έγινε ἡ μεταβολή του χρώματος στό χέρι του Μωυσή, πού άσπρισε σάν τό χιόνι κι έπειτα πάλι άλλαξε; Οπωσδήποτε με θείο πρόσταγμα ("Εξ. 4:6-7). "Αν λοιπόν τότε τό πρόσταγμα είχε δύναμη γιά τέτοιες

μεταβολές, τώρα δεν έχει; Πώς δημιουργήθηκε ο άνθρωπος; Τό γράφει το πρώτο βιβλίο της Παλαιάς Διαθήκης, ἡ Γένεση: «Καὶ έπλασε ὁ Θεός τόν άνθρωπο από τό χώμα της γής» (Γεν. 2:7). "Αν λοιπόν τό χώμα έγινε σάρκα, ἡ νεκρωμένη σάρκα δέν μπορεί νά ξαναγίνει ζωντανή; Ας ρωτήσουμε, από τί πλάστηκαν οι ουρανοί και η στεριά καί οι θάλασσες; Από τί έγιναν ὁ ήλιος καί ἡ σελήνη καί τ' άστρα; Πώς

δημιουργήθηκαν τά πουλιά καί τά ψάρια και όλα γενικά τά ζώα; Ενω αναρίθμητα διαφορετικά όντα δημιουργήθηκαν από τό τίποτα, εμείς οι άνθρωποι, πού είμαστε

εικόνες του Θεού, δεν είναι δυνατό ν' αναστηθούμε; Όπως λέει και ο δίκαιος Ιώβ, γιά τό δέντρο υπάρχει ελπίδα αναβλαστήσεως. Γιατί, αν κοπεί, μπορεί να ξανανθίσει, και ο βλαστός του δέν θά χαθεί. Κι αν ακόμα γεράσει ἡ ρίζα του καί ξεραθεί ὁ κορμός του, θ' ανθίσει πάλι μέ τό πότισμα καί θά καρποφορήσει σάν νεοφυτεμένο ("Ιώβ

14:7-9). "Αν λοιπόν συμβαίνει αυτό στο δέντρο, δέν μπορεί νά συμβεί στον άνθρωπο; Χάνεται κι εξαφανίζεται ο πεθαμένος; Ο προφήτης Ησαΐας λέει: «Θ' αναστηθούν οι νεκροί, καί θά σηκωθούν όσοι βρίσκονται στα μνήματα» (Ησ. 26:19).

Ο προφήτης Ιεζεκιήλ διαλαλεί: «Νά τί λέει ὁ Κύριος· θ' ανοίξω τά μνήματά σας καί θά σας αναστήσω από τους τάφους σας» (Ἰεζ. 37:12). Καί ὁ προφήτης Δανιήλ λέει: « ... νεκροί, πού βρίσκονται θαμμένοι στό χώμα, θ' αναστηθούν, άλλοι γιά νά ζήσουν αιώνια και άλλοι γιά ν' αντιμετωπίσουν αιώνια ντροπή και περιφρόνηση» (Δαν. 12:2). Πολλά αποσπάσματα της Αγίας Γραφής ἀναφέρονται στην ἀνάσταση των νεκρών.

Σαν μια απλή ὑπενθύμιση ἀναφέρουμε την τετραήμερη ανάσταση του Λαζάρου

(Ἰωαν. 11:1-44), την ἀνάσταση του γιού της χήρας της Ναΐν (Λουκ. 7:11-17) και της κόρης του ἀρχισυναγωγού Ἰαείρου (Ματθ.9:18-26). Ἄς αναφέρουμε ἐπίσης, ότι τήν ώρα της Σταυρώσεως του Κυρίου σκίστηκαν πέτρες, άνοιξαν μνημεία και αναστήθηκαν σώματα πολλών νεκρών (Ματθ. 27:51-53). Προπάντων όμως νά θυμηθούμε, ότι και ὁ ίδιος ο Χριστός αναστήθηκε ἀπό τούς νεκρούς (Ματθ. 28:1-8). Εκτός ἀπ' αυτές τις περιπτώσεις της Καινής Διαθήκης, μπορούμε νά θυμηθούμε ἀπό τήν Παλαιά τον προφήτη Ηλία καί τό γιό της χήρας που ἀνέστησε (Γ'Βασ. 17:17-24).

Ἐπίσης τον προφήτη Ἐλισσαίο, που έκανε δύο ἀναστάσεις, μία όταν ζούσε καί μία μετά το θάνατό του. Ὅταν ζούσε, ἀνέστησε ένα παιδί με την πνοή του (Δ' Βασ.

4:32-37). Γιά νά φανερωθεί όμως ότι

δεν είναι τιμημένες μόνο οἱ ψυχές των αγίων, ἀλλά ότι καί στά σώματά τους ὑπάρχει θεία χάρη, ο νεκρός, πού κατέβασαν στο μνημείο του Ἐλισσαίου, ζωντάνεψε μόλις ἀκούμπησε το νεκρό σώμα του προφήτη (Δ'Βασ. 13:20-21). Τό νεκρό σώμα μπόρεσε καί ἀνέστησε άλλο νεκρό σώμα. Αυτό πού ήδη βρισκόταν στον τάφο, έδωσε ζωή στον πεθαμένο. Και ένω έδωσε ζωή, τό ίδιο παρέμεινε στον τάφο, όπως και πρώτα. Γιατί; Γιά να μην αποδοθεί το θαύμα μόνο στην ψυχή του Ελισσαίου και για ν' αποδειχθεί ότι, κι αν απουσιάζει ή ψυχή, βρίσκεται θεία χάρη στά σώματα των αγίων, αφου τόσα χρόνια κατοίκησαν μέσα τους άγιες ψυχές. Τά σώματα αυτά υπηρέτησαν τις άγιες ψυχές και γι' αυτό

χαριτώθηκαν. Ας μην απιστήσουμε σαν άμυαλοι στο γεγονός αυτό. Γιατί αν ρούχα και μαντήλια αγίων, πού βρίσκονται έξω άπό τό σώμα, ακουμπούν αρρώστους και τους θεραπεύουν, πόσο μάλλον το ίδιο το προφητικό σώμα θα έχει τη χάρη ν' αναστήσει νεκρό. Ας θυμηθούμε ότι καί οι απόστολοι άνέστησαν νεκρούς: Ο Πέτρος ανέστησε την Ταβιθά στην Ιόππη (Πράξ. 9:36-42), ό Παύλος τον Εύτυχο στην

Τρωάδα

(Πράξ. 20:7-12) καί οι υπόλοιποι απόστολοι διάφορους άλλους, μολονότι δεν αναφέρονται στην Αγία Γραφή όλα τά θαύματα του καθενός. "Ας θυμηθούμε επίσης όσα έγραψε ο Παύλος στους Κορινθίους γι' αυτούς πού λένε: «Πώς ανασταίνονται οι νεκροί καί μέ ποιό σώμα;» (Α' Κορ. 15:35). Γράφει λοιπόν: «Αν οι νεκροί δεν άνασταίνονται, τότε ούτε ο Χριστός άναστήθηκε» (Α' Κορ. 15:16). Ονόμασε ανόητους αύτούς πού δεν πιστεύουν στην ανάσταση των

νεκρών. Έγραψε επίσης στους Θεσσαλονικείς: «Θέλω νά γνωρίζετε, αδελφοί, τί θά γίνει μ' αύτούς πού πέθαναν, γιά νά μή λυπάστε όπως ο άπιστοι, πού δέν

ελπίζουν πουθενά. Γιατί, αφου πιστεύουμε ότι ο Ιησούς πέθανε και αναστήθηκε, έτσι και ο Θεός αυτούς που πέθαναν πιστεύοντας στον Ιησού θά τους άναστήσει γιά νά ζήσουν μαζί Του» (Α' Θεσ. 4:13-14) Προσέξτε προπάντων, ότι ολοφάνερα ο Παύλος διακηρύσσει: «Τό φθαρτό τούτο σώμα θά γίνει άφθαρτο. Τό θνητό θά γίνει αθάνατο» (Α' Κορ. 15:53). Τό σώμα θ' αναστηθεί. Καί μάλιστα όχι έτσι άσθενικό, όπως είναι τώρα, αλλά έχοντας αποκτήσει αφθαρσία. Δεν θα υποφέρει δηλαδή άπό τόν πόνο, την αρρώστια, τό θάνατο. Θ' αλλάξει κατάσταση όπως τό σίδερο, πού μπαίνει στη φωτιά καί μεταβάλλεται σέ μιά φλεγόμενη μάζα. Κάπως έτσι θα μεταβληθοῦν οἱ

διότητες του σώματός μας, σύμφωνα μέ τή θέληση

του Κυρίου, πού θά τό ἀναστήσει. Θ' ἀναστηθεί λοιπόν αὐτό τό σώμα. Δέν θά έχει

τήν ίδια σύσταση, ἀλλά θά ζεί αἰώνια. Δέν θά έχει ἀνάγκη ἀπό συνηθισμένες τροφές, γιά νά συντηρηθεί οὔτε ἀπό σκάλες, γιά νά ὑψωθεῖ. Τά σώματα μάλιστα των αγίων θά λάμψουν σάν τόν ήλιο, καθώς έχει γραφτει (Ματθ. 13:43). Θ' ἀποκτήσουν τή λαμπρότητα τής σελήνης καί ολόκληρου τ' ουρανού. Προβλέποντας ὁ Θεός την απιστία των ανθρώπων στά προφητικά αυτά λόγια, χάρισε σε μικρά σκουλήκια τή

δυνατότητα νά φεγγοβολούν από το σώμα τους (όπως οἱ πυγολαμπίδες). ῎Ετσι, ἀπ' αυτό πού ήδη βλέπουν στη φύση οἱ ἄνθρωποι, νά πιστεύουν ἐκείνο πού πρόκειται νά συμβεί. Ὁ Θεός, πού έδωσε τη φεγγοβολιά σε ασήμαντα σκουλήκια, μπορεί ασφαλώς νά κάνει έναν αγιασμένο άνθρωπο να φεγγοβολάει. Θ' αναστηθούμε λοιπόν όλοι με άφθαρτα, αιώνια σώματα. Δέν θά τά έχουμε όμως όλοι ίδια. Οἱ άγιοι θα έχουν ένδοξο σώμα, κατάλληλο καί ικανό να επικοινωνεί με τους αγγέλους. Οἱ αμαρτωλοί θά έχουν κι αυτοί αιώνιο καί άφθαρτο σώμα, κατάλληλο όμως να υπομένει ατελεύτητες τιμωρίες, έτσι πού νά μήν κατακαεί καί εξαφανιστεί στη φλόγα της αιώνιας φωτιάς. Δίκαια ὁ Θεός θ' αμείψει ἡ θά κολάσει τά σώματα καί των αγίων καί των αμαρτωλών. Γιατί καμιά πράξη μας δεν γίνεται χωρίς τη συμμετοχή του σώματος: Βλαστημάμε μέ τό στόμα. Προσευχόμαστε μέ τό στόμα. Πορνεύουμε μέ τό

σώμα. Αγνεύουμε μέ τό σώμα. Δίνουμε ελεημοσύνη μέ τό χέρι. Γενικά σέ κάθε πράξη συμμετέχει καί τό σώμα. Επειδή λοιπόν σε όλα υπηρετεί τό σώμα, είναι δίκαιο στη μέλλουσα ζωή νά συμμετέχει είτε στην απόλαυση είτε στην τιμωρία. Ο προφήτης Δανιήλ γράφει: «Εκατομμύρια και δισεκατομμύρια άγγελοι στέκονταν μπροστά Του έτοιμοι νά Τόν υπηρετήσουν» (Δαν. 7:10). Άύτό δέν σημαίνει ότι ο αριθμός των αγγέλων είναι μόνο τόσος. Ό

προφήτης χρησιμοποιεί άύτές τίς λέξεις, θέλοντας να δείξει τό αναρίθμητο πλήθος τους.

Με όλο αυτό τό πλήθος των αγγέλων θα παρουσιαστεί τότε, στη μέλλουσα κρίση, ό Τριαδικός Θεός. Μιά αγγελική σάλπιγγα θα ηχήσει καί θά τούς καλέσει όλους μέ φανερά πιά όλα τά έργα τους. Δέν πρέπει λοιπόν από δω νά σκεφτόμαστε την ώρα εκείνη καί άπό τώρα νά φοβόμαστε; Μήπως είναι μικρή καταδίκη, έστω κι αν δεν ακολουθήσει καμιά άλλη τιμωρία, τό νά ντροπιαστούμε μπροστά σέ τόσο πλήθος;

Μήπως δεν προτιμάμε, πολλές φορές, νά πεθάνουμε

παρά νά ντροπιαστούμε μπροστά σέ φίλους; Άς ένδιαφερθούμε κι άς φοβηθούμε άπό τώρα, μήν

τυχόν καί μας αποδοκιμάσει τότε ό Κύριος. Ό Θεός τά γνωρίζει όλα. Δεν έχει ανάγκη νά ερευνήσει και να ελέγξει. Μη σκεφτείς λοιπόν: "Στό σκοτάδι της νύχτας αμάρτησα, κάνοντας ανήθικες πράξεις ή μαγείες ή κάτι άλλο. Είμαι όμως εξασφαλισμένος, γιατί κανείς δεν μέ είδε". "Ολα θα γίνουν φανερά τότε, που ο Θεός θα κρίνει τα κρυφά έργα των ανθρώπων. Το φοβερό πρόσωπο του Κριτή θα σε αναγκάσει νά πείς την αλήθεια. Η ίδια η συνείδησή σου θά σέ ελέγχει, καί τά έργα σου, πού θά σέ συνοδεύουν, θά σέ καταγγέλλουν. Ο Κριτής δέν θα έχει ανάγκη από βιβλία. Αυτό το φανερώνει ο ίδιος λέγοντας: «Θά συναχθούν μπροστά Του όλα τά έθνη, και θα τους ξεχωρίσει όπως ξεχωρίζει ο βοσκός τά πρόβατα άπό τά γίδια» (Ματθ.25:32). Ο βοσκός πώς ξεχωρίζει τα πρόβατα από τα γίδια; Μήπως έχει ανάγκη νά συμβουλευτεί βιβλία, για νά διακρίνει ποιά είναι πρόβατα και ποιά γίδια; Δέν τά

διακρίνει αμέσως από τη μορφή τους; Το απαλό μαλλί δεν φανερώνει τό πρόβατο, και το σκληρό το γίδι;

Μέ τήν ίδια ευκολία θα φανερωθεί τότε αν οι πράξεις μας έχουν καθαριστεί με την εξομολόγηση, και μοιάζουν μέ μαλλί απαλό και καθαρό, ή αν παραμένουν με τις ασυγχώρητες αμαρτίες, και μοιάζουν μέ μαλλί σκληρό και βρωμισμένο. "Ας άγωνιστοῦμε λοιπόν όλοι, γιά νά πετύχουμε τη σωτηρία καί νά υποδεχθούμε μέ παρρησία τον αιώνιο βασιλιά Χριστό, πού πέθανε καί άναστήθηκε καί βασιλεύει στους απέραντους αιώνες.

Επιφάνιος Κωνσταντίας Αγκυρωτός 87

Όσο για εκείνους που δηλώνουν χριστιανοί . . και ομολογούν την ανάσταση των νεκρών, του σώματός μας και του σώματος του Κυρίου ... αλλά ταυτόχρονα λένε ότι η ίδια σάρκα δεν ανασταίνεται, αλλά άλλη σάρκα δίνεται στη θέση της από τον Θεό, δεν πρέπει να πούμε ότι αυτή η άποψη ξεπερνά όλες τις άλλες σε ασέβεια;

Ιερός Αυγουστίνος Ιππώνος Η Πολιτεία Του Θεού 22:20:1

Χάστε τη σκέψη ότι η παντοδυναμία του Δημιουργού είναι ανίκανη, για την ανύψωση των σωμάτων μας και για την επαναφορά τους στη ζωή, να ανακαλέσει όλα τα μέρη τους, τα οποία καταναλώθηκαν από τα θηρία ή από τη φωτιά, ή τα οποία διαλύθηκαν σε σκόνη ή στάχτη, ή λιώθηκαν σε υγρό, ή εξατμίστηκαν σε ατμούς.

Εγχειρίδιο πίστης, ελπίδας και φιλανθρωπίας 23:89

Ο Θεός, ο υπέροχος και απερίγραπτος τεχνίτης, θα αποκαταστήσει, με μια θαυμάσια και απερίγραπτη ταχύτητα, τη σάρκα μας από το σύνολο του υλικού από το οποίο ήταν φτιαγμένη, και δεν θα έχει καμία διαφορά για την αναδόμησή της αν οι τρίχες

επιστρέψουν στις τρίχες και τα νύχια στα νύχια, ή αν ό,τι από αυτά είχε χαθεί θα

μετατραπεί σε σάρκα και θα αποδοθεί σε άλλα μέρη του σώματος, ενώ η πρόνοια του τεχνίτη θα φροντίσει να μην προκύψει τίποτε ανάρμοστο.

Νέα Εποχή

Αστρολογία

Σήμερα ορισμένοι 'χριστιανοί' επηρεάζονται από τον νεοπαγανισμό με τη μορφή του κινήματος της Νέας Εποχής. Ορισμένοι μάλιστα υποστηρίζουν ότι ο Χριστιανισμός αρχικά είχε πολλές αποκρυφιστικές αντιλήψεις, όπως η αστρολογία. Όμως οι πρώτοι Χριστιανοί, όπως και οι πρώτοι Εβραίοι, ήταν σφοδρά αντίθετοι στην αστρολογία, αποδίδοντάς της μάλιστα δαιμονική προέλευση.

Τατιανός Ασσύριος Προς Έλληνας 8

[Υπό την επίδραση των δαιμόνων] οι άνθρωποι διαμορφώνουν το υλικό της αποστασίας τους. Διότι, αφού τους έδειξαν ένα σχέδιο για τη θέση των άστρων, σαν παίχτες ζάρια, εισάγουν τη Μοίρα, μια κατάφωρη αδικία. Διότι ο δικαστής και οι κρινόμενοι γίνονται έτσι από τη Μοίρα, οι δολοφόνοι και οι δολοφονημένοι, οι πλούσιοι και οι άποροι - [όλοι είναι] απόγονοι της ίδιας Μοίρας

Προς Έλληνας 9

Αυτοί είναι οι δαίμονες· αυτοί είναι που καθιέρωσαν το δόγμα της Μοίρας. Η θεμελιώδης αρχή τους ήταν η τοποθέτηση των ζώων στους ουρανούς [ως αστερισμοί] . . αυτά τα αξιολόγησαν με ουράνια τιμή, ώστε να θεωρούν ότι οι ίδιοι παραμένουν στον ουρανό και, τοποθετώντας εκεί τους αστερισμούς, να κάνουν να φαίνεται ορθολογική η παράλογη πορεία της ζωής στη γη. Έτσι, ο ευέξαπτος και αυτός που συνθλίβεται από τον μόχθο, ο εγκρατής και ο ακραίος, ο άπορος και ο πλούσιος, είναι αυτό που είναι απλώς από τους ελεγκτές της γέννησής τους. Διότι η χάραξη του ζωδιακού κύκλου είναι έργο των «θεών». . . Εμείς όμως είμαστε ανώτεροι από τη Μοίρα, και αντί για περιπλανώμενους δαίμονες, έχουμε μάθει να γνωρίζουμε έναν Κύριο, ο οποίος δεν περιπλανιέται

Άγιος Ιππόλυτος Ρώμης

Κατά πασών αιρέσεων έλεγχος 4:37

Πόσο ανίκανο είναι το σύστημα [των αστρολόγων] να συγκρίνει τις μορφές και τις διαθέσεις των ανθρώπων με τα ονόματα των άστρων! Διότι γνωρίζουμε ότι εκείνοι που ήταν αρχικά εξοικειωμένοι με τέτοιου είδους έρευνες ονόμασαν τα αστέρια με ονόματα που έδιναν αναφορά στην ορθότητα της σημασίας και στην ευκολία για

μελλοντική αναγνώριση. Αλλά ποια είναι η ομοιότητα αυτών [των αστερισμών] με την ομοιότητα των ζώων, ή ποια είναι η κοινότητα της φύσης όσον αφορά τη συμπεριφορά και την ενέργεια, ώστε κάποιος να ισχυρίζεται ότι ένας άνθρωπος που γεννήθηκε στον Λέοντα θα πρέπει να είναι οξύθυμος [όπως ένα λιοντάρι] και ότι ένας που γεννήθηκε στην Παρθένο μετριοπαθής [όπως μια παρθένα] ή ένας που γεννήθηκε στον Καρκίνο κακός [όπως ένας κάβουρας];

Κατά πασών αιρέσεων έλεγχος 5:10

Έγινε εύκολα φανερό σε όλους ότι η αίρεση των Περατών έχει αλλάξει μόνο κατ' όνομα από την [τέχνη] των αστρολόγων. Και τα υπόλοιπα βιβλία αυτών περιέχουν την ίδια μέθοδο, αν ήταν ευχάριστο σε κάποιον να τα περιδιαβεί όλα

Λακτάντιος

Περί θείων θεσμών 2:16-17

Τα δαιμόνια είναι οι εχθροί και οι παρενοχλητές των ανθρώπων, και γι' αυτό το λόγο [ο μάγος Ερμής] Τρισμέγιστος τα αποκαλεί κακούς αγγέλους- τόσο πολύ απέχει από το να αγνοεί ότι από ουράνια όντα διαφθάρησαν και άρχισαν να είναι γήινα. Αυτοί ήταν οι εφευρέτες της αστρολογίας, και της μαντικής, και της μαντείας, και εκείνων των παραγωγών που ονομάζονται χρησμοί, και της νεκρομαντείας, και της τέχνης

της μαγείας, και όποιων άλλων κακών πρακτικών ασκούν αυτοί οι άνθρωποι, είτε φανερά είτε κρυφά

Επιτομή των θείων θεσμών 28

[Οι δαίμονες] έφεραν στο φως την αστρολογία, την προφητεία και τη μαντεία- και παρόλο που αυτά τα πράγματα είναι από μόνα τους ψευδή, εντούτοις οι ίδιοι, οι δημιουργοί των κακών, τα κυβερνούν και τα ρυθμίζουν με τέτοιο τρόπο ώστε να

πιστεύεται ότι είναι αληθινά. . . Έτσι, με τις απάτες τους έχουν σύρει το σκοτάδι πάνω από το ανθρώπινο γένος, ώστε η αλήθεια να καταπιέζεται και το όνομα του υπέρτατου και απαράμιλλου Θεού να ξεχνιέται

Μέγας Αθανάσιος Εορταστική Επιστολή 39:1

Αυτοί [οι αστρολόγοι] κατασκεύασαν βιβλία τα οποία ονομάζουν βιβλία [αστρολογικών] πινάκων, στα οποία παρουσιάζουν αστέρια, στα οποία έχουν δώσει ονόματα αγίων. Και εκεί, για να είναι αλήθεια, έχουν επιφέρει διπλή μομφή στον

εαυτό τους, εκείνοι που έγραψαν τέτοια βιβλία, επειδή έχουν τελειοποιηθεί σε μια

ψεύτικη και ποταπή επιστήμη [αστρολογία], και όσον αφορά τους αδαείς και απλούς, τους έχουν παραπλανήσει με κακές σκέψεις σχετικά με τη σωστή πίστη που είναι

εδραιωμένη στην αλήθεια και όρθια μπροστά στον Θεό

Μέγας Βασίλειος

Εις την Εξαήμερον 6:5

Αυτοί που ξεπερνούν τα όρια, κάνοντας τα λόγια της Γραφής ["Και είπε ο Θεός: "Ας

είναι φώτα στο στερέωμα του ουρανού ... και ας είναι για σημεία και για εποχές" (Γέν. 1:14)] την απολογία τους για την τέχνη του να ρίχνουν γενέθλια [ωροσκόπια], υποκρίνονται ότι η ζωή μας εξαρτάται από την κίνηση των ουράνιων σωμάτων, και

έτσι οι Χαλδαίοι διαβάζουν στους πλανήτες αυτό που θα μας συμβεί. Με αυτές τις πολύ απλές λέξεις «ας είναι για σημάδια», δεν εννοούν ούτε τις μεταβολές του καιρού ούτε την αλλαγή των εποχών- βλέπουν σ' αυτές μόνο, κατά τη βούληση της φαντασίας τους, την κατανομή των ανθρώπινων πεπρωμένων. Τι λένε στην πραγματικότητα; Όταν οι πλανήτες διασταυρώνονται στα ζώδια, ορισμένα σχήματα που σχηματίζονται από τη συνάντησή τους γεννούν ορισμένα πεπρωμένα και άλλα παράγουν διαφορετικά πεπρωμένα.

Άγιος Ιωάννης ο Χρυσόστομος Ομιλίες στην Προς Κορινθίους Α΄ 4:11

Ας αναδείξουμε με τις πράξεις μας όλες τις αρετές της συμπεριφοράς και ας ανάψουμε άφθονα τη φωτιά της αρετής. Διότι «είστε φώτα», λέει [ο Παύλος], «που λάμπουν στο μέσον του κόσμου» [Φιλ. 2:15]. Και στην πραγματικότητα μια βαθιά

νύχτα καταδυναστεύει ολόκληρο τον κόσμο. Αυτό είναι που πρέπει να διαλύσουμε και να διαλύσουμε. Η νύχτα δεν είναι μόνο μεταξύ των αιρετικών και των Ελλήνων, αλλά και στο πλήθος από την πλευρά μας, όσον αφορά τα δόγματα και τη ζωή. Διότι πολλοί δεν πιστεύουν καθόλου στην ανάσταση- πολλοί οχυρώνονται με το

ωροσκόπιο- πολλοί προσκολλώνται σε δεισιδαιμονικές παρατηρήσεις, και σε οιωνούς, και προφητείες, και προφητείες

Ιερός Αυγουστίνος Ιππώνος Εξομολογήσεις 7:6:8-10

Είχα επίσης αποκηρύξει τις ψεύτικες μαντείες και τους ασεβείς παραλογισμούς των αστρολόγων. [και] έστρεψα τις σκέψεις μου σε εκείνους που γεννιούνται δίδυμοι, οι

οποίοι γενικώς βγαίνουν από τη μήτρα τόσο κοντά ο ένας στον άλλον, ώστε η μικρή χρονική απόσταση μεταξύ τους (όσο κι αν οι [αστρολόγοι] ισχυρίζονται ότι έχει στη φύση των πραγμάτων) δεν μπορεί να σημειωθεί από την ανθρώπινη παρατήρηση ή να εκφραστεί σε εκείνους τους [πλανητικούς] αριθμούς που πρέπει να εξετάζει ο αστρολόγος για να μπορεί να προφέρει την αλήθεια. Ούτε μπορούν να είναι αληθινές- διότι εξετάζοντας τα ίδια σχήματα πρέπει να είχε προβλέψει το ίδιο για τον

Ησαύ και τον Ιακώβ, ενώ το ίδιο δεν τους συνέβη. Επομένως, πρέπει να λέει ψέματα, ή αν αληθινά, τότε, κοιτάζοντας στα ίδια σχήματα, δεν πρέπει να λέει τα ίδια πράγματα. Τότε δεν θα μιλούσε αληθινά από τέχνη αλλά από τύχη.

Ομιλίες στο Κατά Ιωάννην Ευαγγέλιο 8:10

Σε ποιον λοιπόν πρέπει να απαντήσουμε πρώτα - στους αιρετικούς ή στους αστρολόγους; Διότι και οι δύο προέρχονται από το φίδι και επιθυμούν να διαφθείρουν την παρθενία της καρδιάς της Εκκλησίας, την οποία κρατάει με αμόλυντη πίστη.

Μετενσάρκωση

Τα μέλη του κινήματος της «Νέας Εποχής» συχνά ισχυρίζονται ότι οι πρώτοι Χριστιανοί πίστευαν στη μετενσάρκωση. Ακολουθούν παραδείγματα για το τι είχαν όντως να πουν οι πρώτοι χριστιανοί συγγραφείς για το θέμα της αυτό:

Άγιος Ειρηναίος Λουγδούνου

Έλεγχος και Ανατροπή της Ψευδωνύμου Γνώσεως 2:33:1-2

Μπορούμε να υπονομεύσουμε τη διδασκαλία [των ελληνιστών] για τη μετεμψύχωση από σώμα σε σώμα με αυτό το γεγονός - ότι οι ψυχές δεν θυμούνται τίποτα από τα γεγονότα που έλαβαν χώρα στις προηγούμενες καταστάσεις ύπαρξής τους. Διότι αν στάλθηκαν με αυτόν τον σκοπό, να αποκτήσουν εμπειρία από κάθε είδους δράση, θα πρέπει αναγκαστικά να διατηρήσουν μια ανάμνηση εκείνων των πραγμάτων που έχουν προηγουμένως πραγματοποιηθεί, ώστε να συμπληρώσουν εκείνα στα οποία εξακολουθούσαν να έχουν ελλείψεις, και όχι, αιωρούμενες πάντοτε, χωρίς διακοπή, μέσα στις ίδιες ασχολίες, να ξοδεύουν τον κόπο τους άθλια μάταια. Σε σχέση με

αυτές τις αντιρρήσεις, ο Πλάτωνας . . δεν επιχείρησε κανενός είδους απόδειξη, αλλά απλώς απάντησε δογματικά ότι όταν οι ψυχές εισέρχονται σε αυτή τη ζωή, αναγκάζονται να πίνουν από τη λήθη από εκείνον τον δαίμονα που παρακολουθεί

την είσοδό τους, πριν πραγματοποιήσουν την είσοδό τους στα σώματα. Του ξέφυγε ότι έπεσε σε μια άλλη, μεγαλύτερη σύγχυση. Διότι αν το ποτήρι της λήθης, αφού το πιει κανείς, μπορεί να σβήσει τη μνήμη όλων των πράξεων που έχουν γίνει, πώς, ω Πλάτων, αποκτάς τη γνώση αυτού του γεγονότος. ;

Τερτυλλιανός Απολογία 48

Έλα τώρα, αν κάποιος φιλόσοφος ισχυριστεί, όπως υποστηρίζει ο Λαμπέριος, ακολουθώντας μια άποψη του Πυθαγόρα, ότι ο άνθρωπος μπορεί να έχει την καταγωγή του από ένα μουλάρι, ένα φίδι από μια γυναίκα, και με επιδεξιότητα λόγου στρίψει κάθε επιχείρημα για να αποδείξει την άποψή του, δεν θα κερδίσει μια αποδοχή γι' αυτό [μεταξύ των παγανιστών], και δεν θα εργαστεί σε κάποια πεποίθηση ότι εξαιτίας αυτού, θα πρέπει να απέχουν από την κατανάλωση ζωικής

τροφής; Μπορεί κάποιος να έχει την πεποίθηση ότι πρέπει να απέχει, μήπως, κατά τύχη, στο βοδινό του κρέας φάει κάποιον πρόγονό του; Αν όμως ένας χριστιανός υπόσχεται την επιστροφή ενός ανθρώπου από έναν άνθρωπο, και τον ίδιο τον πραγματικό Γάιο [αναστημένο] από τον Γάιο... δεν θα του δώσουν. ακρόαση. Αν υπάρχει λόγος για το πηγαινέλα των ανθρώπινων ψυχών σε διαφορετικά σώματα, γιατί να μην μπορούν να επιστρέψουν στην ίδια την ύλη που άφησαν ;

Ωριγένης

Ερμηνεία στο Κατά Ιωάννην Ευαγγέλιον 6:7

[Η Γραφή λέει] «Και τον ρώτησαν: »Τι λοιπόν; Εσύ είσαι ο Ηλίας;« Και εκείνος είπε: "Δεν είμαι"» [Ιωάν. 1:21]. Κανείς δεν μπορεί να μη θυμηθεί σε αυτό το πλαίσιο αυτό

που λέει ο Ιησούς για τον Ιωάννη: «Αν το δεχτείτε, αυτός είναι ο Ηλίας, που πρόκειται να έρθει» [Ματθ. 11:14]. Πώς έρχεται λοιπόν ο Ιωάννης να πει σε εκείνους που τον

ρωτούν: «Εσύ είσαι ο Ηλίας;» - «Δεν είμαι»; .. Θα μπορούσε κανείς να πει ότι ο Ιωάννης δεν ήξερε ότι ήταν ο Ηλίας. Αυτή θα είναι η εξήγηση εκείνων που βρίσκουν στο χωρίο μας μια υποστήριξη για το δόγμα τους περί μετενσάρκωσης, σαν να ντύνεται η ψυχή σε ένα καινούργιο σώμα και να μην θυμάται ακριβώς τις προηγούμενες ζωές της. [Ε]ν τούτοις, ένας εκκλησιαστικός άνθρωπος, ο οποίος

απορρίπτει το δόγμα της μετενσάρκωσης ως ψευδές και δεν παραδέχεται ότι η ψυχή του Ιωάννη ήταν ποτέ ο Ηλίας, μπορεί να επικαλεστεί τα παραπάνω λόγια του αγγέλου και να επισημάνει ότι δεν είναι η ψυχή του Ηλία που αναφέρεται στη γέννηση του Ιωάννη, αλλά το πνεύμα και η δύναμη του Ηλία

Ερμηνεία στο Κατά Ματθαίον Ευαγγέλιον 10:20

Κάποιος θα μπορούσε να πει, ωστόσο, ότι ο Ηρώδης και μερικοί από αυτούς του λαού υποστήριζαν το λανθασμένο δόγμα της μετεμψύχωσης των ψυχών σε σώματα, με αποτέλεσμα να πιστεύουν ότι ο προηγούμενος Ιωάννης είχε εμφανιστεί ξανά με

μια νέα γέννηση και είχε έρθει από τους νεκρούς στη ζωή ως Ιησούς. Όμως ο χρόνος που μεσολάβησε μεταξύ της γέννησης του Ιωάννη και της γέννησης του Ιησού, ο οποίος δεν ξεπερνούσε τους έξι μήνες, δεν επιτρέπει να θεωρηθεί πιστευτή αυτή η

ψευδής άποψη. Και ίσως μάλλον κάποια τέτοια ιδέα, όπως αυτή, υπήρχε στο μυαλό του Ηρώδη, ότι οι δυνάμεις που δρούσαν στον Ιωάννη είχαν περάσει στον Ιησού, με συνέπεια να τον θεωρεί ο λαός ως Ιωάννη τον Βαπτιστή. Και θα μπορούσε κανείς να χρησιμοποιήσει την ακόλουθη επιχειρηματολογία: Όπως ακριβώς λόγω του πνεύματος και της δύναμης του Ηλία, και όχι λόγω της ψυχής του, λέγεται για τον Ιωάννη: «Αυτός είναι ο Ηλίας που πρόκειται να έρθει» [Ματθ. 11:14] . . έτσι και ο

Ηρώδης θεώρησε ότι οι δυνάμεις στην περίπτωση του Ιωάννη λειτούργησαν σ' αυτόν έργα βάπτισης και διδασκαλίας -γιατί ο Ιωάννης δεν έκανε ούτε ένα θαύμα [Ιωάν.

10:41]- αλλά στον Ιησού [λειτούργησαν] θαυματουργικά προμηνύματα Ερμηνεία στο Κατά Ματθαίον Ευαγγέλιον 11:17

Η Χαναναία δε, αφού ήρθε, προσκύνησε τον Ιησού ως Θεό, λέγοντας: «Κύριε, βοήθησέ με», αλλά εκείνος απάντησε και είπε: «Δεν είναι δυνατόν να παίρνεις το ψωμί των παιδιών και να το ρίχνεις στα σκυλιά». . . Τόσοι, λοιπόν, που είναι ξένοι

προς τη διδασκαλία της Εκκλησίας, υποθέτουν ότι οι ψυχές περνούν από τα σώματα των ανθρώπων στα σώματα των σκύλων, ανάλογα με τον διαφορετικό βαθμό κακίας τους- εμείς όμως ... δεν το βρίσκουμε καθόλου αυτό στη θεία Γραφή

Ερμηνεία στο Κατά Ματθαίον Ευαγγέλιον 13:1

Σε αυτό το σημείο [όταν ο Ιησούς είπε ότι ήρθε ο Ηλίας και αναφέρθηκε στον Ιωάννη τον Βαπτιστή] δεν μου φαίνεται ότι με τον Ηλία αναφέρεται η ψυχή, για να μην πέσω στη διδασκαλία της μετεμψύχωσης, η οποία είναι ξένη προς την Εκκλησία του Θεού, και δεν παραδόθηκε από τους αποστόλους, ούτε παρουσιάζεται πουθενά στις γραφές.

Λακτάντιος

Επιτομή των θείων θεσμών 36

Τι γίνεται με τον Πυθαγόρα, που πρώτος ονομάστηκε φιλόσοφος, ο οποίος έκρινε ότι οι ψυχές είναι μεν αθάνατες, αλλά μεταβαίνουν σε άλλα σώματα, είτε ζώων είτε πτηνών είτε θηρίων; Δεν θα ήταν προτιμότερο να καταστραφούν μαζί με τα σώματά τους, παρά να καταδικαστούν έτσι να περάσουν στα σώματα άλλων ζώων; Δεν θα ήταν προτιμότερο να μην υπάρχουν καθόλου παρά, αφού είχαν τη μορφή ανθρώπου, να ζουν ως χοίροι ή σκύλοι; Και ο ανόητος άνθρωπος, για να κερδίσει

την πίστωση του λόγου του, είπε ότι ο ίδιος ήταν ο Εύφορβος στον Τρωικό πόλεμο, και ότι, όταν σκοτώθηκε, πέρασε σε άλλες μορφές ζώων και τελικά έγινε ο

Πυθαγόρας. Ω, ευτυχισμένε άνθρωπε! -Στον οποίο μόνο του δόθηκε μια τόσο μεγάλη μνήμη! Ή μάλλον δυστυχισμένος, που όταν μεταμορφώθηκε σε πρόβατο δεν

επιτρεπόταν να αγνοεί τι ήταν! Και [εγώ] θα ήθελα στον ουρανό να ήταν μόνο αυτός [ο Πυθαγόρας] τόσο αναίσθητος!

Άγιος Ιωάννης ο Χρυσόστομος

Ομιλίες στο Κατά Ιωάννην Ευαγγέλιον 2:3

Όσον αφορά τις διδασκαλίες για την ψυχή, δεν υπάρχει τίποτα υπερβολικά

επαίσχυντο που να έχουν αφήσει ανείπωτο [οι μαθητές του Πλάτωνα και του

Πυθαγόρα], ισχυριζόμενοι ότι οι ψυχές των ανθρώπων γίνονται μύγες και σκνίπες και θάμνοι και ότι ο ίδιος ο Θεός είναι μια [παρόμοια] ψυχή, με κάποιες άλλες παρόμοιες απρέπειες

Ομιλίες στο Κατά Ιωάννην Ευαγγέλιον 6

Άλλοτε λέει ότι η ψυχή είναι από την ουσία του Θεού- άλλοτε, αφού την εξύψωσε με αυτόν τον τρόπο μετριοπαθώς και ασεβώς, την υπερβαίνει και πάλι με διαφορετικό τρόπο και την μεταχειρίζεται με προσβολή, κάνοντάς την να περάσει σε χοίρους και γαϊδούρια και άλλα ζώα ακόμη μικρότερης εκτίμησης από αυτά.

Μέγας Βασίλειος

Εις την Εξαήμερον 8:2

Αγνοείστε τις ανοησίες εκείνων των αλαζόνων φιλοσόφων που δεν ντρέπονται να παρομοιάσουν την ψυχή τους με εκείνη ενός σκύλου, που λένε ότι οι ίδιοι υπήρξαν στο παρελθόν γυναίκες, θάμνοι ή ψάρια. Υπήρξαν ποτέ ψάρια; Δεν ξέρω, αλλά δεν φοβάμαι να διαβεβαιώσω ότι στα γραπτά τους δείχνουν λιγότερη λογική από τα

ψάρια.

Δεν υπάρχει Καθαρτήριο

Το ρωμαιοκαθολικό δόγμα για το καθαρτήριο είναι αντίθετο με τους πρώτους πατέρες της εκκλησίας. Δεν είχαν καμία τέτοια θεωρία και πίστευαν ότι οι ψυχές των πεθαμένων θα πήγαιναν είτε στον παράδεισο είτε στην κόλαση:

Κλήμης Ρώμης

Προς Κορινθίους Β' Επιστολή 8:3

Διότι, αφού φύγουμε από τον κόσμο, δεν θα μας ανήκει πλέον η εξουσία να ομολογούμε ή να μετανοούμε.

Προς Κορινθίους Β' Επιστολή 19:4

Ας μη στενοχωριέται λοιπόν ο ευσεβής άνθρωπος, αν είναι άθλιος στους καιρούς που είναι τώρα- τον περιμένει ευλογημένος καιρός. Αυτός, που ζει πάλι επάνω με τους πατέρες, θα είναι χαρούμενος για μια αιωνιότητα χωρίς θλίψη.

Άγιος Ἰουστίνος Φιλόσοφος καὶ Μάρτυρας Απολογία Α' 20

Ισχυριζόμαστε ότι οι ψυχές των ασεβών, που είναι προικισμένες με αίσθηση ακόμη και μετά θάνατον, τιμωρούνται, και ότι οι ψυχές των καλών που απαλλάσσονται από την τιμωρία περνούν μια ευλογημένη ύπαρξη.

Άγιος Ἀθηναγόρας ὁ Ἀθηναῖος

Πρεσβεία περί των Χριστιανών 31

Είμαστε πεπεισμένοι ότι, όταν απομακρυνθούμε από την παρούσα ζωή, θα ζήσουμε μια άλλη ζωή, καλύτερη από την παρούσα, και ουράνια, όχι γήινη (αφού θα μείνουμε κοντά στον Θεό και με τον Θεό, ελεύθεροι από κάθε αλλαγή ή βάσανο στην ψυχή, όχι ως σάρκα, αν και θα έχουμε σάρκα, αλλά ως ουράνιο πνεύμα) ή, πέφτοντας με τους υπόλοιπους, μια χειρότερη και στη φωτιά

Άγιος Ειρηναίος Λουγδούνου

Έλεγχος και Ανατροπή της Ψευδωνύμου Γνώσεως 5:5:1

Γι' αυτό και οι πρεσβύτεροι που ήταν μαθητές των αποστόλων μας λένε ότι εκείνοι που μεταφέρθηκαν μεταφέρθηκαν σ' εκείνον τον τόπο (διότι ο παράδεισος έχει

ετοιμαστεί για τους δίκαιους ανθρώπους, όσους έχουν το Πνεύμα- στον οποίο τόπο και ο απόστολος Παύλος, όταν συνελήφθη, άκουσε λόγια που είναι ανείπωτα όσον αφορά εμάς στην παρούσα κατάστασή μας), και ότι εκεί θα παραμείνουν αυτοί που μεταφέρθηκαν μέχρι την ολοκλήρωση [των πάντων], ως προοίμιο της αθανασίας.

Έλεγχος και Ανατροπή της Ψευδωνύμου Γνώσεως 5:31:2

Είναι φανερό ότι και οι ψυχές των μαθητών Του, για λογαριασμό των οποίων ο Κύριος υπέστη αυτά τα πράγματα, θα μεταβούν στον αόρατο τόπο που τους παραχωρήθηκε από τον Θεό, και θα παραμείνουν εκεί μέχρι την ανάσταση, περιμένοντας εκείνο το γεγονός- τότε θα λάβουν τα σώματά τους και θα αναστηθούν στο σύνολό τους, δηλαδή σωματικά, όπως ακριβώς αναστήθηκε ο Κύριος.

Τερτυλλιανός

Κατά Μαρκίωνα 4:34

Η απάντησή μας σε αυτό είναι ότι η ίδια η Γραφή που θαμπώνει το βλέμμα του κάνει ρητή διάκριση μεταξύ της αγκαλιάς του Αβραάμ, όπου κατοικεί ο φτωχός, και του κολασμένου τόπου των βασάνων. Η «κόλαση» (υποθέτω) σημαίνει ένα πράγμα, και η «αγκαλιά του Αβραάμ» ένα άλλο. Λέγεται ότι «ένα μεγάλο χάσμα» χωρίζει αυτές τις περιοχές και εμποδίζει το πέρασμα από τη μία στην άλλη. Εξάλλου, ο πλούσιος δεν θα μπορούσε να «σηκώσει τα μάτια του», και μάλιστα από απόσταση, παρά μόνο σε ένα ανώτερο ύψος, και από την εν λόγω απόσταση σε όλη την απεραντοσύνη του ύψους και του βάθους. Επομένως, πρέπει να είναι προφανές σε κάθε άνθρωπο με νοημοσύνη που έχει ακούσει ποτέ για τα Ελύσια πεδία, ότι υπάρχει κάποιος καθορισμένος τόπος που ονομάζεται κόλπος του Αβραάμ και ότι έχει σχεδιαστεί για

την υποδοχή των ψυχών των παιδιών του Αβραάμ, ακόμη και από τα έθνη (αφού αυτός είναι «πατέρας πολλών εθνών», τα οποία πρέπει να κατατάσσονται στην οικογένειά του), και με την ίδια πίστη με εκείνη με την οποία ο ίδιος πίστεψε στον Θεό, χωρίς τον ζυγό του νόμου και το σημάδι της περιτομής. Αυτή την περιοχή, λοιπόν, την ονομάζω κόρφο του Αβραάμ. Αν και δεν βρίσκεται στον ουρανό, είναι ωστόσο υψηλότερα από την κόλαση και έχει οριστεί να παρέχει ένα διάστημα ανάπαυσης στις ψυχές των δικαίων, μέχρις ότου η ολοκλήρωση των πάντων πραγμάτων ολοκληρώσει την ανάσταση όλων των ανθρώπων με την «πλήρη ανταμοιβή της ανταμοιβής τους».

Άγιος Ιππόλυτος Ρώμης Προς Πλάτωνα 1

Αλλά οι δίκαιοι θα αποκτήσουν την άφθαρτη και αθάνατη βασιλεία, οι οποίοι ναι μεν κρατούνται προς το παρόν στον Άδη, αλλά όχι στον ίδιο τόπο με τους αδίκους. Διότι σ' αυτόν τον τόπο υπάρχει μία κάθοδος, στην πύλη της οποίας πιστεύουμε ότι σταθμεύει ένας αρχάγγελος με μια στρατιά. Και όταν εκείνοι που οδηγούνται από τους αγγέλους που είναι διορισμένοι για τις ψυχές έχουν περάσει από αυτή την πύλη, δεν προχωρούν σε έναν και τον ίδιο δρόμο· αλλά οι δίκαιοι, οδηγούμενοι στο φως προς τα δεξιά και υμνολογούμενοι από τους αγγέλους που σταθμεύουν στον

τόπο, οδηγούνται σε μια τοποθεσία γεμάτη φως. Και εκεί οι δίκαιοι από την αρχή κατοικούν, χωρίς να κυβερνώνται από την ανάγκη, αλλά απολαμβάνοντας πάντοτε την ενατένιση των ευλογιών που βρίσκονται στο οπτικό τους πεδίο, και απολαμβάνοντας τον εαυτό τους με την προσδοκία άλλων πάντα νέων, και θεωρώντας εκείνες πάντα καλύτερες από αυτές. Και αυτός ο τόπος δεν τους φέρνει κανένα κόπο. Εκεί, δεν υπάρχει ούτε άγρια ζέστη, ούτε κρύο, ούτε αγκάθι· αλλά το πρόσωπο των πατέρων και των δικαίων φαίνεται να είναι πάντοτε χαμογελαστό, καθώς περιμένουν την ανάπαυση και την αιώνια αναζωογόνηση στον ουρανό, που διαδέχονται αυτόν τον τόπο. Και την αποκαλούμε με το όνομα κόλπος του Αβραάμ.

Οι άδικοι όμως σύρονται προς τα αριστερά από αγγέλους που είναι υπηρέτες της τιμωρίας, και δεν πηγαίνουν πια με τη θέλησή τους, αλλά σύρονται με τη βία ως αιχμάλωτοι

Άγιος Κυπριανός Καρχηδόνας Προς το Δημητριανό 25

Πιστέψτε και ζήστε, και εσείς που μας καταδιώκετε στο χρόνο, χαρείτε μαζί μας στην αιωνιότητα. Όταν κάποτε αναχωρήσετε προς τα εκεί, δεν υπάρχει πια χώρος για

μετάνοια, ούτε δυνατότητα ικανοποίησης. Εδώ η ζωή είτε χάνεται είτε σώζεται. Προς το Φορτουνάτο 13

Το αποδεικνύει ο ευλογημένος Απόστολος Παύλος, ο οποίος με τη θεία συγκατάβαση, αρπαγμένος στον τρίτο ουρανό και στον παράδεισο, μαρτυρεί ότι άκουσε ανείπωτα λόγια, ο οποίος υπερηφανεύεται ότι είδε τον Ιησού Χριστό με την πίστη της όρασης, ο οποίος ομολογεί αυτό που έμαθε και είδε με τη μεγαλύτερη αλήθεια της συνείδησης και λέει: «Τα πάθη αυτού του παρόντος καιρού δεν είναι άξια να συγκριθούν με την επερχόμενη δόξα που θα αποκαλυφθεί σε μας». Ποιος, λοιπόν, δεν εργάζεται με όλες του τις δυνάμεις για να φτάσει σε μια τέτοια δόξα, ώστε να γίνει φίλος του Θεού, ώστε να χαρεί αμέσως με τον Χριστό, ώστε μετά τα γήινα βασανιστήρια και τις τιμωρίες να λάβει τις θεϊκές ανταμοιβές; Αν για τους στρατιώτες αυτού του κόσμου είναι ένδοξο να επιστρέφουν θριαμβευτικά στην πατρίδα τους, όταν νικιέται ο εχθρός, πόσο πιο εξαίρετη και μεγαλύτερη είναι η δόξα, όταν νικηθεί ο διάβολος, να επιστρέφουν θριαμβευτικά στον παράδεισο και να φέρνουν νικηφόρα

τρόπαια στον τόπο εκείνο από όπου ο Αδάμ εκδιώχθηκε ως αμαρτωλός, αφού κατέβασε εκείνον που προηγουμένως τον κατέβασε- να προσφέρουν στον Θεό το πιο αποδεκτό δώρο - μια αδιάφθορη πίστη και μια ακλόνητη αρετή του νου, έναν επιφανή έπαινο αφοσίωσης

Άγιος Βικτωρίνος Πεταβίου Ερμηνεία της Αποκάλυψης 6:9

Όπως ο χρυσός βωμός αναγνωρίζεται ότι είναι ο ουρανός, έτσι και με τον χάλκινο βωμό εννοείται η γη, κάτω από την οποία βρίσκεται ο Άδης, - μια περιοχή αποτραβηγμένη από τις τιμωρίες και τις φωτιές, και ένας τόπος ανάπαυσης για τους αγίους, όπου πράγματι οι δίκαιοι φαίνονται και ακούγονται από τους ασεβείς, αλλά δεν μπορούν να μεταφερθούν σ' αυτούς.

Άγιος Γρηγόριος Ναζιανζηνός ο Θεολόγος Ομιλία 7:21

Πιστεύω στα λόγια των σοφών, ότι κάθε ωραία και αγαπημένη από τον Θεό ψυχή, όταν, απελευθερωμένη από τα δεσμά του σώματος, φεύγει από εκεί, απολαμβάνει αμέσως την αίσθηση και την αντίληψη των ευλογιών που την περιμένουν, εφόσον αυτό που την σκοτείνιαζε έχει καθαριστεί ή παραμεριστεί - δεν ξέρω πώς αλλιώς να το πω - και αισθάνεται μια θαυμαστή ευχαρίστηση και αγαλλίαση, και πηγαίνει χαρούμενη να συναντήσει τον Κύριό της, έχοντας δραπετεύσει σαν να ήταν από το οδυνηρό δηλητήριο της ζωής εδώ, και αποτινάσσοντας τα δεσμά που την έδεναν και κρατούσαν χαμηλά τα φτερά του νου, και έτσι εισέρχεται στην απόλαυση της

ευδαιμονίας που του επιφυλάσσεται, για την οποία έχει ακόμη και τώρα κάποια αντίληψη. Στη συνέχεια, λίγο αργότερα, δέχεται τη συγγενική της σάρκα, που κάποτε συμμετείχε στις αναζητήσεις της για τα πράγματα εκεί πάνω, από τη γη που τόσο την έδωσε όσο και της είχε ανατεθεί, και με κάποιον τρόπο γνωστό στον Θεό, ο οποίος τα ένωσε και τα διέλυσε, εισέρχεται μαζί της στην κληρονομιά της εκεί δόξας. Και, όπως συμμετείχε, μέσω της στενής ένωσής τους, στις δυσκολίες της, έτσι και της χαρίζει ένα μέρος από τις χαρές της, συγκεντρώνοντάς την εξ ολοκλήρου μέσα της και γινόμενος μαζί της ένα στο πνεύμα και στο νου και στο Θεό

Άγιος Αμβρόσιος Μεδιολάνων Επιστολή 39

Η καταστροφή τόσων πολλών χωρών που τίθενται μπροστά στο βλέμμα σας, σας συμβουλεύει να θεωρήσετε το θάνατο μιας, αν και αγία και αξιοθαύμαστη κυρία, πιο παρηγορητικό, αφού αυτοί έχουν πέσει και έχουν καταστραφεί για πάντα, αλλά αυτή, που την πήραν από εμάς για λίγο, ζει μια καλύτερη ζωή ...

Άγιος Ιωάννης ο Χρυσόστομος

Ομιλίες στις Πράξεις των Αποστόλων 21

Γιατί όπως ο ήλιος ανατέλλει καθαρός και λαμπρός, έτσι και η ψυχή, αφήνοντας το σώμα με καθαρή συνείδηση, λάμπει με χαρά. Δεν είναι τέτοιο το θέαμα του Αυτοκράτορα, καθώς έρχεται με επισημότητα να καταλάβει την πόλη, δεν είναι τέτοια η σιωπή του δέους, όπως όταν η ψυχή έχοντας εγκαταλείψει το σώμα αναχωρεί παρέα με τους Αγγέλους. Σκεφτείτε τι πρέπει να είναι τότε η ψυχή! Σε τι κατάπληξη, σε τι θαυμασμό, σε τι απόλαυση! Γιατί θρηνείτε;

Περί του ευλογημένου Φιλογόνιου

Εννοώ ότι σήμερα ο ευλογημένος Φιλογόνιος μεταφέρθηκε στην αδιατάρακτη ζωή και έφερε το πλοίο του σε ένα αγκυροβόλιο, όπου στο μέλλον δεν θα μπορούσε να φοβάται το ναυάγιο, ούτε οποιαδήποτε κατάθλιψη ή πόνο. . . Πόσο πιο εύκολα, μετά την αναχώρησή μας από αυτή τη ζωή, θα επιτύχουμε το καλό, όταν όλα αυτά τα

δεινά απομακρυνθούν - η κακή υγεία, ο πόνος και η αιτία της αμαρτίας. . . Ακόμα κι αν έχει μεταφραστεί και έχει εγκαταλείψει την πόλη μας, εντούτοις έχει ανέβει στην πόλη του Θεού- και ενώ έχει εγκαταλείψει την εκκλησία εδώ, έχει εγγραφεί επάνω στην εκκλησία στον ουρανό, στην οποία εγγράφονται οι πρωτότοκοι (Εβρ. 12:23)- έχει αφήσει τις γιορτές στη γη, και έχει μεταβεί αντ' αυτού στο να γιορτάζει με τους αγγέλους

Άγιος Κύριλλος Α΄ Αλεξανδρείας

Ερμηνεία του Κατά Ιωάννην Ευαγγελίου 12:19:30

Διότι, νομίζω, οφείλουμε να πιστεύουμε, και γι' αυτή την πίστη υπάρχει πολύς λόγος, ότι οι ψυχές των Αγίων, όταν εγκαταλείπουν το γήινο σώμα τους, από το γενναιόδωρο έλεος του Θεού, σχεδόν, σαν να παραδίδονται στα χέρια ενός πολύ στοργικού Πατέρα, και δεν στοιχειώνουν, όπως ισχυρίζονται μερικοί άπιστοι, τους τάφους τους, περιμένοντας νεκρικές σπονδές- ούτε όμως, όπως οι ψυχές των αμαρτωλών ανθρώπων, μεταφέρονται στον τόπο των ατελείωτων βασάνων, δηλαδή στην κόλαση. Αντίθετα, σπεύδουν στα χέρια του Πατέρα των πάντων, μέσω της νέας οδού που ο Σωτήρας μας Χριστός έχει ετοιμάσει για εμάς- διότι παρέδωσε την ψυχή

Του στα χέρια του Πατέρα Του, ώστε και εμείς, κάνοντάς την άγκυρα μας, και έχοντας γερά ριζώσει και θεμελιωθεί σε αυτή την πίστη, να έχουμε τη λαμπρή ελπίδα ότι όταν υποστούμε το θάνατο του σώματος, θα είμαστε στα χέρια του Θεού- ναι, σε πολύ καλύτερη κατάσταση από ό,τι όταν ήμασταν στη σάρκα. Γι' αυτό, επίσης, ο σοφός

Παύλος μας διαβεβαιώνει ότι είναι καλύτερα να αναχωρήσουμε και να είμαστε μαζί με τον Χριστό

Όταν σωθείς μια φορά είσαι πάντα σωσμένος

Το καλβινιστικό δόγμα «Όταν σωθείς μια φορά είσαι πάντα σωσμένος» ή η άνευ όρων αιώνια ασφάλεια δεν είναι δόγμα που διδάχθηκε από την Εκκλησία, ούτε και από κανέναν γνωστό θεολόγο πριν από τον Ιωάννη Καλβίνο. Ας εξετάσουμε, όμως τι έχουν να πουν για αυτό οι Αποστολικοί Πατέρες.

Επιστολή Βαρνάβα Επιστολή Βαρνάβα 2

Εφόσον, λοιπόν, οι ημέρες είναι κακές και ο Σατανάς κατέχει τη δύναμη αυτού του κόσμου, οφείλουμε να προσέχουμε τους εαυτούς μας και να ερευνούμε επιμελώς τις διατάξεις του Κυρίου. Ο φόβος και η υπομονή, λοιπόν, είναι βοηθοί της πίστης μας· και η μακροθυμία και η εγκράτεια είναι πράγματα που μάχονται με το μέρος μας.

Όσο αυτά παραμένουν καθαρά σε ό,τι αφορά τον Κύριο, η Σοφία, η Σύνεση, η Επιστήμη και η Γνώση χαίρονται μαζί τους... Αλλά μάλλον αυτό τους πρόσταξα:

«Κανείς από εσάς να μην τρέφει κακό στην καρδιά του εναντίον του πλησίον του και να μην αγαπάει τον όρκο του ψεύδους». Οφείλουμε λοιπόν, έχοντας την κατανόηση, να αντιληφθούμε την ευγενική πρόθεση του Πατέρα μας· διότι μας μιλάει,

επιθυμώντας να μην παραστρατήσουμε όπως αυτοί, να ρωτήσουμε πώς μπορούμε να Τον πλησιάσουμε. Σε εμάς, λοιπόν, δηλώνει: «Θυσία [ευάρεστη] στον Θεό είναι το συντετριμμένο πνεύμα· οσμή γλυκιάς ευωδίας στον Κύριο είναι η καρδιά που δοξάζει Εκείνον που την έκανε». Οφείλουμε, λοιπόν, αδελφοί, να διερευνούμε προσεκτικά τη σωτηρία μας, για να μη μας εκδιώξει ο πονηρός, έχοντας κάνει την είσοδό του με δόλο, από την [αληθινή] ζωή μας. Επιστολή Βαρνάβα 4

Οφείλουμε, λοιπόν, εμείς, που ρωτάμε πολύ για τα τρέχοντα γεγονότα, να ερευνούμε επιμελώς εκείνα που είναι ικανά να μας σώσουν. Ας απομακρυνθούμε λοιπόν

εντελώς από όλα τα έργα της ανομίας, για να μη μας καταλάβουν αυτά- και ας

μισήσουμε την πλάνη του παρόντος χρόνου, για να στρέψουμε την αγάπη μας στον μέλλοντα κόσμο- ας μη δώσουμε χαλαρά χαλινάρια στην ψυχή μας, για να έχει

δύναμη να τρέχει με τους αμαρτωλούς και τους ασεβείς, για να μη γίνουμε σαν αυτούς... Ας είμαστε πνευματικά σκεπτόμενοι- ας είμαστε τέλειος ναός για τον Θεό.

Όσο υπάρχει μέσα μας, ας διαλογιζόμαστε το φόβο του Θεού και ας τηρούμε τις εντολές Του, για να χαιρόμαστε στις διατάξεις Του. Ο Κύριος θα κρίνει τον κόσμο χωρίς σεβασμό προσώπων. Ο καθένας θα λάβει ό,τι έκανε: αν είναι δίκαιος, η

δικαιοσύνη του θα τον προηγηθεί- αν είναι κακός, η ανταμοιβή της κακίας είναι

μπροστά του. Προσέξτε, μήπως, αναπαυόμενοι στην άνεσή μας, ως καλεσμένοι [του Θεού], κοιμηθούμε στις αμαρτίες μας, και ο πονηρός άρχοντας, αποκτώντας εξουσία πάνω μας, μας απομακρύνει από τη βασιλεία του Κυρίου. Και προσέξτε αυτό, αδελφοί μου, ακόμη περισσότερο, όταν αναλογίζεστε και βλέπετε ότι, αφού έγιναν

τόσο μεγάλα σημεία και θαύματα στον Ισραήλ, εγκαταλείφθηκαν έτσι [τελικά]. Ας προσέξουμε μήπως βρεθούμε [να εκπληρώνουμε αυτό το ρητό], όπως είναι γραμμένο: «Πολλοί καλούνται, αλλά λίγοι επιλέγονται.

Επιστολή Βαρνάβα 21

Καλό είναι, λοιπόν, αυτός που έμαθε τις κρίσεις του Κυρίου, όσες έχουν γραφτεί, να βαδίζει σ' αυτές. Διότι εκείνος που τις τηρεί, θα δοξαστεί στη βασιλεία του Θεού-

εκείνος όμως που επιλέγει άλλα πράγματα, θα καταστραφεί μαζί με τα έργα του. Γι' αυτό το λόγο θα υπάρξει ανάσταση, γι' αυτό το λόγο θα υπάρξει ανταπόδοση. Σας παρακαλώ εσάς που είστε ανώτεροι, αν θέλετε να λάβετε κάποια συμβουλή της καλής μου θέλησης, να έχετε ανάμεσά σας εκείνους στους οποίους μπορείτε να

δείξετε καλοσύνη- μην τους εγκαταλείπετε. Διότι πλησιάζει η ημέρα κατά την οποία όλα θα χαθούν μαζί με τον κακό [που]. Ο Κύριος είναι κοντά, και η ανταμοιβή Του. Πάλι, και πάλι, σας παρακαλώ: να είστε καλοί νομοθέτες ο ένας στον άλλον- να συνεχίσετε να είστε πιστοί σύμβουλοι ο ένας στον άλλον- να απομακρύνετε από ανάμεσά σας κάθε υποκρισία. Και ο Θεός, που κυβερνάει όλο τον κόσμο, ας σας

δώσει σοφία, εξυπνάδα, κατανόηση, γνώση των αποφάσεών Του, με υπομονή. Και να διδάσκεστε από τον Θεό, διερωτώμενοι επιμελώς τι ζητάει από σας ο Κύριος- και να το κάνετε για να είστε ίσως ασφαλείς κατά την ημέρα της κρίσης. Και αν έχετε κάποια ανάμνηση του καλού, να με θυμάστε, διαλογιζόμενοι αυτά τα πράγματα, ώστε και η επιθυμία μου και η επαγρύπνησή μου να καταλήξουν σε κάποιο καλό. Σας

ικετεύω, ζητώντας αυτό ως χάρη. Όσο ακόμη βρίσκεστε μέσα σε αυτό το ωραίο σκεύος, μην αποτυγχάνετε σε κανένα από αυτά τα πράγματα, αλλά να τα επιδιώκετε αδιάκοπα και να εκπληρώνετε κάθε εντολή- γιατί αυτά τα πράγματα είναι άξια.

Κλήμης Ρώμης

προς Κορινθίους Α΄ Επιστολή 21

Προσέξτε, αγαπητοί μου, μήπως οι πολλές ευεργεσίες Του οδηγήσουν στην καταδίκη όλων μας. [Διότι έτσι πρέπει να γίνει] αν δεν περπατάμε άξια Αυτού και με ένα νου να κάνουμε εκείνα που είναι καλά και ευάρεστα στα μάτια Του... Διότι Αυτός είναι

ερευνητής των σκέψεων και των επιθυμιών [της καρδιάς]: Η πνοή Του είναι μέσα μας- και όταν Του αρέσει, θα την αφαιρέσει.

προς Κορινθίους Α΄ Επιστολή 28

Αφού λοιπόν όλα τα πράγματα φαίνονται και ακούγονται, ας Τον φοβόμαστε και ας εγκαταλείψουμε τα κακά έργα που προέρχονται από κακές επιθυμίες, ώστε, μέσω του ελέους Του, να προστατευτούμε από τις μελλοντικές κρίσεις. Διότι πού μπορεί κανείς από εμάς να ξεφύγει από το ισχυρό Του χέρι; Ή ποιος κόσμος θα δεχτεί οποιονδήποτε από εκείνους που τρέχουν μακριά από Αυτόν;

προς Κορινθίους Α΄ Επιστολή 35

...Ας αγωνιστούμε λοιπόν σοβαρά να βρεθούμε στον αριθμό εκείνων που Τον περιμένουν, για να μπορέσουμε να μοιραστούμε τα δώρα που μας υποσχέθηκε. Αλλά πώς, αγαπητοί μου, θα γίνει αυτό; Αν η διάνοιά μας είναι στερεωμένη με την πίστη προς τον Θεό- αν αναζητούμε με σοβαρότητα τα πράγματα που είναι αρεστά και αποδεκτά σ᾽ Αυτόν- αν κάνουμε τα πράγματα που είναι σε αρμονία με το άμεμπτο θέλημά Του- και αν ακολουθούμε τον δρόμο της αλήθειας, αποβάλλοντας από κοντά μας κάθε αδικία και ανομία, μαζί με κάθε πλεονεξία, διαμάχη, κακές πρακτικές, δόλο, ψιθύρους και κακές ομιλίες, κάθε μίσος προς τον Θεό, υπερηφάνεια και αλαζονεία, έπαρση και φιλοδοξία. Διότι όσοι πράττουν τέτοια πράγματα είναι μισητοί στον Θεό· και όχι μόνο αυτοί που τα πράττουν, αλλά και εκείνοι που χαίρονται με εκείνους που τα πράττουν.

προς Κορινθίους Α΄Επιστολή 46

Γιατί υπάρχουν διαμάχες, και ταραχές, και διαιρέσεις, και σχίσματα, και πόλεμοι ανάμεσά σας; Δεν έχουμε έναν Θεό και έναν Χριστό; Δεν υπάρχει ένα Πνεύμα χάριτος που εκχέεται πάνω μας; Και δεν έχουμε μία κλήση εν Χριστώ; Γιατί διαιρούμε και κομματιάζουμε τα μέλη του Χριστού και εγείρουμε έριδες εναντίον του σώματός

μας, και έχουμε φτάσει σε τέτοιο ύψος τρέλας ώστε να ξεχνάμε ότι «είμαστε μέλη ο ένας του άλλου»; Θυμηθείτε τα λόγια του Κυρίου μας Ιησού Χριστού, πώς είπε:

«Αλίμονο σ' αυτόν τον άνθρωπο ! Καλύτερα γι' αυτόν να μην είχε γεννηθεί ποτέ, παρά να ρίξει εμπόδιο μπροστά σε έναν από τους εκλεκτούς μου. Ναι, καλύτερα γι' αυτόν να κρεμαστεί γύρω του μια μυλόπετρα και να βυθιστεί στα βάθη της θάλασσας, παρά να ρίξει εμπόδιο σε κάποιον από τα παιδιά μου». Το σχίσμα σας έχει υπονομεύσει πολλούς, έχει αποθαρρύνει πολλούς, έχει προκαλέσει αμφιβολίες σε πολλούς και έχει προκαλέσει θλίψη σε όλους μας. Και ακόμα η ανταρσία σας συνεχίζεται.

Άγιος Ιγνάτιος Αντιοχείας Προς Φιλαδελφείς 3

Κρατηθείτε μακριά από εκείνα τα κακά φυτά, τα οποία ο Ιησούς Χριστός δεν φροντίζει, επειδή δεν είναι τα φυτά του Πατέρα. Όχι ότι βρήκα κάποια διαίρεση ανάμεσά σας, αλλά υπερβολική αγνότητα. Διότι όσοι είναι του Θεού και του Ιησού Χριστού είναι και με τον επίσκοπο. Και όσοι, με την άσκηση της μετάνοιας, επιστρέψουν στην ενότητα της Εκκλησίας, και αυτοί θα ανήκουν στον Θεό, για να ζήσουν σύμφωνα με τον Ιησού Χριστό. Μην κάνετε λάθος, αδελφοί μου. Αν κάποιος ακολουθήσει αυτόν που κάνει σχίσμα στην Εκκλησία, δεν θα κληρονομήσει τη βασιλεία του Θεού.

Άγιος Πολύκαρπος Σμύρνης Προς Φιλιππησίους 3

Αν Τον ευχαριστούμε σε αυτόν τον παρόντα κόσμο, θα λάβουμε και τον μελλοντικό κόσμο, σύμφωνα με την υπόσχεση που μας έχει δώσει ότι θα μας αναστήσει από τους νεκρούς και ότι αν ζούμε αντάξια Αυτού, «θα βασιλεύσουμε μαζί Του», αρκεί μόνο να πιστέψουμε. Κατά τον ίδιο τρόπο, ας είναι και οι νέοι άνδρες άμεμπτοι σε

όλα τα πράγματα, φροντίζοντας ιδιαίτερα να διατηρούν την αγνότητα και κρατώντας τους εαυτούς τους μέσα, σαν με χαλινάρι, από κάθε είδους κακό. Διότι είναι καλό να αποκόπτονται από τις επιθυμίες που υπάρχουν στον κόσμο, αφού «κάθε επιθυμία πολεμάει το πνεύμα» και «ούτε οι πόρνοι, ούτε οι θηλυπρεπείς, ούτε οι καταχραστές του εαυτού τους με τους ανθρώπους, θα κληρονομήσουν τη βασιλεία του Θεού», ούτε εκείνοι που κάνουν πράγματα ασυμβίβαστα και ανάρμοστα. Γι' αυτό, είναι ανάγκη να απέχετε από όλα αυτά, υποτασσόμενοι στους πρεσβυτέρους και τους

διακόνους, όπως στον Θεό και στον Χριστό.

Άγιος Ιουστίνος Φιλόσοφος καὶ Μάρτυρας Διάλογος πρὸς Τρύφωνα 3

Θεωρώ ότι οφείλουμε να ενωθούμε με αυτούς και να συνεργαζόμαστε μαζί τους σε όλα τα πράγματα ως συγγενείς και αδελφοί. Αλλά αν, Τρύφωνα», συνέχισα, »κάποιοι από τη φυλή σου, που λένε ότι πιστεύουν σε αυτόν τον Χριστό, υποχρεώνουν τους

εθνικούς που πιστεύουν σε αυτόν τον Χριστό να ζουν από κάθε άποψη σύμφωνα με τον νόμο που έδωσε ο Μωυσής, ή επιλέγουν να μη συναναστρέφονται τόσο στενά μαζί τους, εγώ με τον ίδιο τρόπο δεν τους εγκρίνω. Πιστεύω όμως ότι ακόμη και

εκείνοι, που έχουν πεισθεί από αυτούς να τηρούν τη νομική διανομή μαζί με την ομολογία τους για τον Θεό εν Χριστώ, πιθανόν να σωθούν. Και θεωρώ, περαιτέρω, ότι όσοι έχουν ομολογήσει και γνωρίσει ότι αυτός ο άνθρωπος είναι ο Χριστός, αλλά έχουν επιστρέψει από κάποια αιτία στη νόμιμη διανομή και έχουν αρνηθεί ότι αυτός ο άνθρωπος είναι ο Χριστός και δεν έχουν μετανοήσει πριν από το θάνατο, δεν θα σωθούν σε καμία περίπτωση.

Άγιος Ειρηναίος Λουγδούνου

Έλεγχος και Ανατροπή της Ψευδωνύμου Γνώσεως 4:27:4

Όπως τότε χάθηκαν οι άδικοι, οι ειδωλολάτρες και οι πόρνοι, έτσι συμβαίνει και τώρα- διότι και ο Κύριος δηλώνει ότι τέτοια πρόσωπα στέλνονται στην αιώνια φωτιά- και ο απόστολος λέει: «Δεν ξέρετε ότι οι άδικοι δεν θα κληρονομήσουν τη βασιλεία του Θεού;». Μη πλανάσθε- ούτε πόρνοι, ούτε ειδωλολάτρες, ούτε μοιχοί, ούτε θηλυπρεπείς, ούτε καταχραστές του εαυτού τους με τους ανθρώπους, ούτε κλέφτες, ούτε πλεονέκτες, ούτε μέθυσοι, ούτε υβριστές, ούτε εκβιαστές, δεν θα κληρονομήσουν τη βασιλεία του Θεού». Και καθώς δεν τα είπε αυτά σ' αυτούς που είναι έξω, αλλά σ' εμάς -για να μην εκδιωχθούμε από τη βασιλεία του Θεού, κάνοντας κάτι τέτοιο. . . Και πάλιν ο απόστολος λέγει: «Μη σας εξαπατήσει κανείς με μάταια λόγια· διότι εξ αιτίας αυτών έρχεται η οργή του Θεού επί τους υιούς της κακοπιστίας. Μη γίνεσθε λοιπόν κοινωνοί αυτών.

Σωτηρία μόνο μέσω πίστεως

Πίστευαν οι Πατέρες της Εκκλησίας ότι σωζόμαστε από πίστη χωρίς έργα, όπως ισχυρίζονται οι Προτεστάντες, ή πίστευαν ότι οι πράξεις μας παίζουν ρόλο στη

σωτηρία μας, όπως διδάσκει η Ορθόδοξη Εκκλησία; Όπως δείχνουμε παρακάτω οι Πατέρες της Εκκλησίας αναγνώριζαν το ρόλο της πίστης και των έργων στη

διαδικασία της σωτηρίας.

Κλήμης Ρώμης

προς Κορινθίους Α´ Επιστολή 30:3, 31:2, 32:3-4

Ας ενωθούμε, λοιπόν, με εκείνους στους οποίους ο Θεός δίνει τη χάρη. Ας ντυθούμε με ομόνοια, όντας ταπεινοί και αυτοελεγχόμενοι, κρατώντας τους εαυτούς μας μακριά από κάθε κακολογία και συκοφαντία, δικαιούμενοι από έργα και όχι από λόγια. Γιατί

ο πατέρας μας Αβραάμ ήταν ευλογημένος; Δεν ήταν εξαιτίας των έργων του για

δικαιοσύνη και αλήθεια, που έγιναν με πίστη;. Έτσι και εμείς, αφού κληθήκαμε με το

θέλημά του εν Χριστώ Ιησού, δεν δικαιωθήκαμε από εμάς τους ίδιους ή από τη δική μας σοφία ή κατανόηση ή ευσέβεια ή έργα που κάναμε με αγιότητα της καρδιάς, αλλά από την πίστη, με την οποία ο παντοδύναμος Θεός δικαίωσε όλους τους ανθρώπους.

Θεόφιλος ο Αντιοχεύς

Προς Αὐτόλυκο 1:14

Δώστε σχολαστική προσοχή στα προφητικά γραπτά, και θα σας οδηγήσουν σε ένα πιο καθαρό μονοπάτι για να αποφύγετε τις αιώνιες τιμωρίες και να αποκτήσετε τα αιώνια αγαθά του Θεού. Εκείνος που έδωσε το στόμα για την ομιλία και σχημάτισε τα αυτιά για την ακοή και έκανε τα μάτια για την όραση, θα εξετάσει τα πάντα και θα κρίνει δίκαια, χορηγώντας ανταμοιβή στον καθένα ανάλογα με την αξία του. Σε

εκείνους που επιδιώκουν την αθανασία με την υπομονετική άσκηση των καλών

έργων, θα δώσει αιώνια ζωή, χαρά, ειρήνη, ανάπαυση και όλα τα αγαθά, τα οποία ούτε μάτι είδε, ούτε αυτί άκουσε, ούτε μπήκαν στην καρδιά του ανθρώπου. Για τους άπιστους και για τους περιφρονητές και για εκείνους που δεν υποτάσσονται στην αλήθεια αλλά συναινούν στην ανομία, όταν έχουν εμπλακεί σε μοιχείες και πορνείες και ομοφυλοφιλίες και φιλαργυρίες και σε άνομες ειδωλολατρείες, θα υπάρξει οργή και αγανάκτηση, θλίψη και αγωνία, και στο τέλος τέτοιοι άνθρωποι όπως αυτοί θα κρατηθούν στην αιώνια φωτιά

Κλήμης ο Αλεξανδρεύς Στρωματείς 6:14:108:4

Όταν ακούμε: «Η πίστη σου σε έσωσε», δεν καταλαβαίνουμε ότι ο Κύριος λέει απλώς ότι θα σωθούν όσοι πίστεψαν με οποιονδήποτε τρόπο, ακόμη και αν δεν ακολούθησαν έργα. Κατ' αρχάς, μόνο στους Ιουδαίους είπε αυτή τη φράση, οι οποίοι είχαν ζήσει σύμφωνα με το νόμο και άμεμπτα και από τους οποίους έλειπε μόνο η πίστη στον Κύριο

Ωριγένης

Ερμηνεία στο Κατά Ιωάννην Ευαγγέλιο 19:6

Όποιος πεθαίνει στις αμαρτίες του, ακόμη και αν δηλώνει ότι πιστεύει στον Χριστό, δεν πιστεύει πραγματικά σ' αυτόν- και ακόμη και αν αυτό που υπάρχει χωρίς έργα ονομάζεται πίστη, η πίστη αυτή είναι νεκρή από μόνη της, όπως διαβάζουμε στην επιστολή που φέρει το όνομα του Ιακώβου.

Άγιος Κυπριανός Καρχηδόνας Περί έργων και ελεημοσύνης 14

Εσείς, λοιπόν, που είστε πλούσιοι και εύποροι, αγοράστε για τον εαυτό σας από τον Χριστό χρυσάφι καθαρισμένο στη φωτιά, γιατί με τη βρωμιά σας, σαν να καίγεται στη φωτιά, μπορείτε να γίνετε σαν καθαρό χρυσάφι, αν καθαριστείτε με ελεημοσύνη και με έργα δικαιοσύνης. Αγόρασε στον εαυτό σου ένα λευκό ένδυμα, ώστε, αν και ήσουν γυμνός σαν τον Αδάμ και ήσουν προηγουμένως τρομακτικός και παραμορφωμένος, να ντυθείς με το λευκό ένδυμα του Χριστού. Εσύ που είσαι

μητέρα πλούσια και εύπορη, μην αλείφεις τα μάτια σου με το αντιμόνιο του διαβόλου, αλλά με την αλοιφή του Χριστού, για να μπορέσεις επιτέλους να έρθεις να δεις τον Θεό, όταν θα έχεις αξιωθεί ενώπιον του Θεού και με τα έργα σου και με τον τρόπο ζωής σου

Όσιος Αφραάτης Πραγματείες 23:48

Μεγάλο είναι το δώρο που μας έδωσε ο αγαθός. Χωρίς να μας εξαναγκάζει, και παρά τις αμαρτίες μας, θέλει να δικαιωθούμε. Ενώ δεν τον βοηθούν καθόλου τα καλά μας

έργα, μας θεραπεύει για να είμαστε αρεστοί στα μάτια του. Όταν δεν επιθυμούμε να του ζητήσουμε, θυμώνει μαζί μας. Φωνάζει συνεχώς σε όλους μας: «Ζητάτε και λαμβάνετε, και όταν ζητάτε, θα βρείτε».

Άγιος Γρηγόριος Νύσσης Ομιλίες στον Εκκλησιαστή 8

Ο Παύλος, συνδέοντας τη δικαιοσύνη με την πίστη και υφαίνοντάς τα μεταξύ τους, κατασκευάζει από αυτά τους θώρακες για τον πεζικάριο, θωρακίζοντας τον στρατιώτη σωστά και με ασφάλεια και από τις δύο πλευρές. Ένας στρατιώτης δεν μπορεί να θεωρηθεί ασφαλώς θωρακισμένος όταν η μία ασπίδα είναι αποσυνδεδεμένη από την άλλη. Η πίστη χωρίς έργα δικαιοσύνης δεν αρκεί για τη σωτηρία- ούτε ο δίκαιος βίος είναι από μόνος του ασφαλής για τη σωτηρία, αν είναι αποσυνδεδεμένος από την πίστη

Άγιος Ιωάννης ο Χρυσόστομος

Ομιλίες στο Κατά Ιωάννην Ευαγγέλιο 31:1

Όποιος πιστεύει στον Υιό έχει αιώνια ζωή. «Αρκεί, λοιπόν, να πιστεύει κανείς στον Υιό», θα πει κάποιος, "για να έχει αιώνια ζωή;". Σε καμία περίπτωση! Ακούστε τον ίδιο τον Χριστό να το δηλώνει αυτό, όταν λέει: «Δεν είναι καθένας που μου λέει:

»Κύριε! Κύριε!» θα μπει στη βασιλεία των ουρανών', και η βλασφημία κατά του

Πνεύματος είναι από μόνη της αρκετή για να τον ρίξει στην κόλαση. Αλλά γιατί να μιλήσω για ένα μέρος της διδασκαλίας μας; Διότι αν κάποιος πιστεύει σωστά στον Πατέρα και στον Υιό και στο Άγιο Πνεύμα, αλλά δεν ζει σωστά, η πίστη του δεν θα τον ωφελήσει σε τίποτε για τη σωτηρία

Άγιος Ιερώνυμος

Ερμηνεία για την προς Γαλάτας Επιστολή 2:3:11

Επειδή, όμως, με τον νόμο κανείς δεν δικαιώνεται ενώπιον του Θεού, είναι προφανές ότι ο δίκαιος άνθρωπος ζει με την πίστη». Πρέπει να σημειωθεί ότι δεν λέει ότι ο άνθρωπος, ένα πρόσωπο, ζει με την πίστη, για να μη θεωρηθεί ότι καταδικάζει τα καλά έργα. Αντίθετα, λέει ότι ο «δίκαιος» άνθρωπος ζει από την πίστη. Υπονοεί έτσι ότι όποιος θέλει να είναι πιστός και να διεξάγει τη ζωή του σύμφωνα με την πίστη δεν μπορεί με κανέναν άλλο τρόπο να φθάσει στην πίστη ή να ζήσει σε αυτήν, παρά

μόνο αν πρώτα είναι ένας δίκαιος άνθρωπος με καθαρή ζωή, που φτάνει στην πίστη με ορισμένους βαθμούς

Ιερός Αυγουστίνος Ιππώνος Κηρύγματα 169:13

Παραδόθηκε για τα αδικήματά μας και αναστήθηκε για τη δικαίωσή μας. Τι σημαίνει αυτό, «για τη δικαίωσή μας»; Για να μας δικαιώσει, για να μας κάνει δίκαιους. Θα είσαι έργο του Θεού, όχι μόνο επειδή είσαι άνθρωπος, αλλά και επειδή είσαι δίκαιος. Διότι είναι προτιμότερο να είσαι δίκαιος παρά να είσαι απλώς άνθρωπος. Αν ο Θεός σε έκανε άνθρωπο και εσύ γινόσουν δίκαιος, κάτι που έκανες θα ήταν καλύτερο από αυτό που έκανε ο Θεός. Αλλά ο Θεός σε έκανε χωρίς καμία συνεργασία εκ μέρους σου. Δεν έδωσες τη συγκατάθεσή σου για να μπορέσει ο Θεός να σε φτιάξει. Πώς θα μπορούσατε να συναινέσετε, όταν δεν υπήρχατε; Αλλά αυτός που σας έκανε χωρίς

τη συγκατάθεσή σας δεν σας δικαιώνει χωρίς τη συγκατάθεσή σας. Σας δημιούργησε χωρίς τη γνώση σας, αλλά δεν σας δικαιώνει χωρίς τη θέλησή σας.

Ομιλίες στο κατά Ιωάννην Ευαγγέλιο 44:13

Ξέρουμε όμως ότι ο Θεός δεν ακούει τους αμαρτωλούς· αν όμως κάποιος λατρεύει τον Θεό και κάνει το θέλημά του, αυτόν τον άνθρωπο ο Θεός θα τον ακούσει.

Εξακολουθεί να μιλάει ως ένας μόνο χρισμένος. Διότι ο Θεός ακούει και τους αμαρτωλούς. Αν ο Θεός δεν άκουγε τους αμαρτωλούς, θα ήταν όλα μάταια για τον τελώνη να ρίξει τα μάτια του στο έδαφος και να χτυπήσει το στήθος του λέγοντας:

«Κύριε, ελέησέ με, τον αμαρτωλό». Και αυτή η ομολογία άξιζε τη δικαίωση, όπως ακριβώς ο τυφλός άξιζε το φωτισμό

Καισάριος της Αρλ Κηρύγματα 13:1-2

Σας ικετεύω, αγαπητοί αδελφοί, ας σκεφτούμε πιο προσεκτικά γιατί είμαστε χριστιανοί και φέρουμε τον σταυρό του Χριστού στο μέτωπό μας. Διότι οφείλουμε να γνωρίζουμε ότι δεν μας αρκεί να έχουμε λάβει το όνομα χριστιανός, αν δεν κάνουμε χριστιανικά έργα. Αν λέτε χίλιες φορές ότι είστε χριστιανός και υπογράφετε συνεχώς με τον σταυρό του Χριστού, αλλά δεν δίνετε ελεημοσύνη ανάλογα με τις δυνατότητές σας και δεν θέλετε να έχετε αγάπη και δικαιοσύνη και αγνότητα, το όνομα του χριστιανού δεν θα σας ωφελήσει σε τίποτα. Πάνω απ' όλα, όπως είπα και πριν, να

δίνετε ελεημοσύνη στους φτωχούς ανάλογα με τις δυνατότητές σας. Παρουσιάστε προσφορές για να αγιαστούν στο θυσιαστήριο- ένας άνθρωπος με τα μέσα θα πρέπει να κοκκινίζει για να επικοινωνήσει στην προσφορά ενός άλλου. Όσοι έχουν τη δυνατότητα να δώσουν είτε κεριά είτε λάδι που μπορεί να μπει σε λυχνάρια.

Γνωρίστε το Σύμβολο της Πίστεως και την προσευχή του Κυρίου οι ίδιοι και διδάξτε τα στα παιδιά σας. Δεν ξέρω πώς μπορεί κάποιος να αποκαλεί τον εαυτό του χριστιανό.όταν παραμελεί [αυτό].

Άγιος Πάπας Γρηγόριος Α΄ Ομιλίες στον Ιεζεκιήλ 1:9:6

Ούτε η πίστη χωρίς έργα ούτε τα έργα χωρίς πίστη έχουν καμία χρησιμότητα, εκτός, ίσως, από το ότι τα έργα μπορούν να οδηγήσουν στην αποδοχή της πίστης, όπως ακριβώς ο Κορνήλιος, πριν γίνει ένας από τους πιστούς, άξιζε να ακουστεί λόγω των καλών του έργων. Από αυτό μπορεί να συναχθεί ότι η επιτέλεση καλών έργων του προώθησε τη λήψη της πίστης του

Ο Κανόνας της Παλαιάς Διαθήκης

Κατά τη διάρκεια της Μεταρρύθμισης, κυρίως για δογματικούς λόγους, οι

Προτεστάντες αφαίρεσαν εφτά βιβλία από την Παλαιά Διαθήκη: και 2 Μακκαβαίων, την Σοφία Σειράχ, τη Σοφία Σολομώντος, τον Βαρούχ, τον Τωβίτ και την Ιουδήθ, καθώς και τμήματα από δύο άλλα, τον Δανιήλ και την Εσθήρ. Το έκαναν αυτό παρόλο που τα βιβλία αυτά θεωρούνταν κανονικά από την αρχή της εκκλησιαστικής ιστορίας.

Διδαχή των Δώδεκα Αποστόλων

Διδαχή των Δώδεκα Αποστόλων 4:5

Δεν πρέπει να αμφιταλαντεύεσαι ως προς τις αποφάσεις σου [Σειράχ 1:28]». «Μην είσαι κάποιος που απλώνει τα χέρια του για να λάβει, αλλά τα αποσύρει όταν πρόκειται να δώσει [Σειράχ 4:31].

Επιστολή Βαρνάβα Επιστολή Βαρνάβα 6:7

Εφόσον, λοιπόν, [ο Χριστός] επρόκειτο να φανερωθεί και να υποφέρει στη σάρκα, τα παθήματά του είχαν προαναγγελθεί. Διότι ο προφήτης μιλάει εναντίον του κακού:

«Αλίμονο στην ψυχή τους, επειδή συμβούλευσαν κακή συμβουλή εναντίον του

εαυτού τους» [Ησ. 3:9], λέγοντας: «Ας δεσμεύσουμε τον δίκαιο άνθρωπο, επειδή μας είναι δυσάρεστος» [Σοφία Σολομώντος 2:12].

Κλήμης Ρώμης

Προς Κορινθίους Α΄ Επιστολή 27:5

Με τον λόγο της δύναμής του [ο Θεός] έστησε τα πάντα, και με τον λόγο του μπορεί να τα ανατρέψει. Ποιος θα του πει: «Τι έκανες;» ή ποιος θα αντισταθεί στη δύναμη της δύναμής του;» [Σοφία Σολομώντος 12:12].

Άγιος Πολύκαρπος Σμύρνης Προς Φιλιππησίους 10

Όταν μπορείτε να κάνετε το καλό, μην το αναβάλλετε, γιατί «η ελεημοσύνη σώζει από τον θάνατο» [Τωβίτ 4:10, 12:9].

Άγιος Ειρηναίος Λουγδούνου

Έλεγχος και Ανατροπή της Ψευδωνύμου Γνώσεως 5:35:1

Ο προφήτης Ιερεμίας έχει επισημάνει ότι όσοι πιστοί έχει ετοιμάσει ο Θεός γι' αυτόν τον σκοπό, για να πολλαπλασιάσει όσους έχουν απομείνει στη γη, θα πρέπει και να βρίσκονται υπό την εξουσία των αγίων και να υπηρετούν αυτή τη [νέα] Ιερουσαλήμ και ότι η βασιλεία του θα είναι μέσα σ' αυτήν, λέγοντας: «Κοιτάξτε γύρω από την Ιερουσαλήμ προς τα ανατολικά και δείτε τη χαρά που έρχεται σε σας από τον ίδιο τον Θεό. Ιδού, οι γιοι σας, τους οποίους έχετε στείλει, θα έρθουν: Θα έρθουν σε μια ομάδα από την ανατολή προς τη δύση... Ο Θεός θα προπορεύεται μαζί σας με το φως της λαμπρότητάς του, με το έλεος και τη δικαιοσύνη που πηγάζουν από αυτόν» [Βαρούχ 4:36-5:9].

Άγιος Ιππόλυτος Ρώμης

Ερμηνεία στο βιβλίο του Δανιήλ

Αυτό που αφηγείται εδώ [στην ιστορία της Σουζάννας] συνέβη σε μεταγενέστερο χρόνο, παρόλο που τοποθετείται στο μπροστινό μέρος του βιβλίου [του Δανιήλ], διότι οι συγγραφείς συνήθιζαν να αφηγούνται πολλά πράγματα με αντίστροφη σειρά στα γραπτά τους. [Οφείλουμε να προσέχουμε, αγαπητοί, φοβούμενοι μήπως κάποιος

παρασυρθεί σε κάποια παράβαση και διακινδυνεύσει την απώλεια της ψυχής του, γνωρίζοντας, όπως γνωρίζουμε, ότι ο Θεός είναι ο κριτής όλων και ο ίδιος ο Λόγος

είναι το μάτι από το οποίο δεν διαφεύγει τίποτα από όσα γίνονται στον κόσμο. Ως εκ τούτου, πάντα άγρυπνοι στην καρδιά και αγνοί στη ζωή, ας μιμηθούμε τη Σουζάνα

Άγιος Κυπριανός Καρχηδόνας Πραγματείες 7:3:15

Στη Γένεση [λέει]: «Και ο Θεός δοκίμασε τον Αβραάμ και του είπε: "Πάρε τον

μοναχογιό σου, που αγαπάς, τον Ισαάκ, και πήγαινε στην υψηλή γη και πρόσφερε εκεί ως θυσία για ολοκαύτωμα"» [Γέν. 22:1-2]. Για το ίδιο πράγμα στη Σοφία του

Σολομώντα [αναφέρεται]: «Αν και στα μάτια των ανθρώπων υπέστησαν βασανιστήρια, η ελπίδα τους είναι γεμάτη αθανασία» [Σοφία Σολομώντα 3:4]. Για το ίδιο πράγμα στο Μακκαβαίων [λέει]: «Δεν βρέθηκε ο Αβραάμ πιστός όταν δοκιμάστηκε, και αυτό του καταλογίστηκε ως δικαιοσύνη» [Α΄ Μακ. 2:52].

Ιερός Αυγουστίνος Ιππώνος Χριστιανική διδασκαλία 2:8:13

Ολόκληρος όμως ο κανόνας των γραφών, στον οποίο λέμε ότι πρέπει να εφαρμόζεται η εξέταση, περιέχεται σε αυτά τα βιβλία: τα πέντε του Μωυσή και ένα βιβλίο του Ιησού του Ναυή, ένα των Κριτών- ένα μικρό βιβλίο που λέγεται Ρουθ ... έπειτα τα τέσσερα των Βασιλείων και τα δύο των Παραλειπομένων [Τ]α άλλα επίσης, με διαφορετική σειρά όπως ο Ιώβ και ο Τωβίτ και η Εσθήρ και η Ιουδήθ και τα δύο βιβλία των Μακκαβαίων και τα δύο του Εσδρά. Έπειτα υπάρχουν οι προφήτες, στους οποίους υπάρχει ένα βιβλίο με τους Ψαλμούς του Δαβίδ και τρία του Σολομώντα. Όσον αφορά όμως αυτά τα δύο βιβλία, εκ των οποίων το ένα φέρει τον τίτλο Σοφία και το άλλο τον τίτλο Εκκλησιαστής και τα οποία ονομάζονται «του Σολομώντα» λόγω κάποιας ομοιότητας με τα βιβλία του, θεωρείται απολύτως βέβαιο ότι γράφτηκαν από τον Ιησού Σειράχ. Πρέπει, ωστόσο, να καταταγούν στα προφητικά βιβλία, λόγω του κύρους που τους αποδίδεται επάξια.

Η φροντίδα για τους νεκρούς 1:3

Διαβάζουμε στα βιβλία των Μακκαβαίων [Β΄ Μακ. 12:43] ότι προσφέρονταν θυσίες για τους νεκρούς. Αλλά ακόμη και αν δεν υπήρχε πουθενά στα γραπτά της Παλαιάς Διαθήκης, η αυθεντία της Καθολικής Εκκλησίας που είναι σαφής στο σημείο αυτό δεν έχει μικρό βάρος, όπου στις προσευχές του ιερέα που εκχέονται στον Κύριο Θεό στο θυσιαστήριό του η δοξολογία των νεκρών έχει τη θέση της

Ἀποστολικαὶ Διαταγαί Ἀποστολικαὶ Διαταγαί 8:2

Τώρα και οι γυναίκες προφήτευαν. Από παλιά, η Μαριάμ, η αδελφή του Μωυσή και του Ααρών [Εξ. 15:20], και μετά απ' αυτήν, η Δεββώρα [Κριτ. 4:4], και μετά απ' αυτές η Χούλδα [Β΄ Βασ. 22:14] και η Ιουδήθ [Ιουδήθ 8], η πρώτη επί Ιωσία και η δεύτερη επί Δαρείου.

Άγιος Ιερώνυμος

Απολογία κατά των βιβλίων του Ρουφίνου 11:33

Τι αμαρτία έχω διαπράξει αν ακολουθήσω την κρίση των εκκλησιών; Όποιος όμως με κατηγορεί επειδή αναφέρω [στον πρόλογό μου στο βιβλίο του Δανιήλ] τις αντιρρήσεις που οι Εβραίοι συνηθίζουν να προβάλλουν κατά της ιστορίας της Σουζάνας [Δαν.

13], του τραγουδιού των τριών παιδιών [Δαν. 3:29-68,] και της ιστορίας του Μπελ και του δράκου [Δαν. 14], που δεν υπάρχουν στον εβραϊκό τόμο, αποδεικνύει ότι είναι απλώς ένας ανόητος συκοφάντης

Πάπας Ιννοκέντιος Α΄ Επιστολή 7

Μια σύντομη προσθήκη δείχνει ποια βιβλία έχουν πραγματικά ενταχθεί στον κανόνα. Αυτά είναι τα πράγματα για τα οποία επιθυμούσατε να ενημερωθείτε προφορικά: του Μωυσή, πέντε βιβλία, δηλαδή η Γένεση, η Έξοδος, το Λευιτικό, οι Αριθμοί, το

Δευτερονόμιο και ο Ιησούς του Ναυή, οι Κριτές, ένα βιβλίο, οι Βασιλείς, τέσσερα βιβλία, καθώς επίσης και η Ρουθ, οι προφήτες, δεκαέξι βιβλία, ο Σολομώντας, πέντε βιβλία, οι Ψαλμοί. Ομοίως από τις ιστορίες, ο Ιώβ, ένα βιβλίο, του Τωβίτ, ένα βιβλίο, η Εσθήρ, ένα, η Ιουδήθ, ένα, των Μακκαβαίων, δύο, του Εσδρά, δύο, των

Παραλιπομένων, δύο βιβλία.

Υποσημειώσεις

Οι μετάφραση των επιστολών του Άγιου Ιγνάτιου Αντιοχείας έχουν παρθεί από το βιβλίο *ΑΠΟΣΤΟΛΙΚΟΙ ΠΑΤΕΡΕΣ ΑΠΑΝΤΑ ΤΑ ΕΡΓΑ 4*

ΒΑΡΝΑΒΑ ΕΠΙΣΤΟΛΗ, ΙΓΝΑΤΙΟΣ ΑΝΤΙΟΧΕΙΑΣ, ΠΟΛΥΚΑΡΠΟΣ ΣΜΥΡΝΗΣ, Ο ΠΟΙΜΗΝ ΤΟΥ ΕΡΜΑ

1994 και η μετάφραση ανήκει στον Παναγιώτη Παπαευαγγέλου

Η μετάφραση του: *Λόγος περί της Ενανθρωπίσεως του Λόγου και της δια σώματος προς ημάς επιφανείας Αυτού.* Του Μέγα Αθανασίου έχει παρθεί από την ιστοσελίδα με τίτλο Λόγος περί της Ενανθρωπίσεως του Λόγου και της δια σώματος προς ημάς επιφανείας Αυτού Τού Αγίου Αθανασίου Αλεξανδρείας 5-5-2007 https://www.oodegr.com/oode/pateres1/athanasios/enanthrwpisi1.htm(τ.π.

31.07.2024) και η μετάφραση ανήκει στον Αρχιμανδρίτη Δωρόθεο Πάπαρη

Η Προσευχή στον άγγελο του Θεού του Αγίου Μακαρίου (σελ.60-61) έχει παρθεί από την ιστοσελίδα του Philip Kosloski [1]με τίτλο One of the oldest known prayers to a Guardian Angel is from Egypt 10/05/2017

https://aleteia.org/2017/10/05/one-of-the-oldest-known-prayers-to-a-guardian-angel-i[2] s-from-egypt[3]και η μετάφραση ανήκει στον εκδότη

---

1. https://aleteia.org/author/philip-kosloski

2. https://aleteia.org/2017/10/05/one-of-the-oldest-known-prayers-to-a-guardian-angel-is-from-egypt

Το Περί Νηστείας του Μεγάλου Βασιλείου (σελ.122-126) έχει παρθεί από το βιβλίο *Η φωνή των Πατέρων 10. Η νηστεία* της Ιεράς Μονής Παρακλήτου.

Η Κατηχήσεις 18:1-20 του Αγίου Κυρίλλου Α' Ιεροσολύμων (σελ.141-147) έχει παρθεί από το βιβλίο *Α) Η φωνή των Πατέρων 09. Η ανάσταση των νεκρών* της Ιεράς

Μονής Παρακλήτου.

Όλα τα υπόλοιπα κείμενα έχουν παρθεί από την *Καθολική Εγκυκλοπαίδεια* και έχουν μεταφραστεί από την αγγλική στην ελληνική γλώσσα λόγω δυσκολίας εύρεσης των αρχαίων κειμένων. Η μετάφραση αυτή ανήκει στον εκδότη.

---

3. https://aleteia.org/2017/10/05/one-of-the-oldest-known-prayers-to-a-guardian-angel-is-from-egypt

Βιβλιογραφία

Ο Ιησούς είναι ο Υιός και Λόγος του Θεού

Tim Barnett Nine Early Church Fathers Who Taught Jesus Is God 11.24.2016 https://www.str.org/w/nine-early-church-fathers-who-taught-jesus-is-god#fnref:33[1] (τ.π. 31.7.2024)

Robert Henry Brom What the Early Church Believed: The Divinity of Christ 10.08.2004 https://www.catholic.com/tract/the-divinity-of-christ (τ.π. 31.07.2024)

James Richardson Quotes from the Early Church Fathers: Christ Begotten from Eternity 18.03.2015

https://apostles-creed.org/confessional-reformed-christian-theology/christology/quotes-early-[2] church-fathers-christ-begotten-eternity/[3] (τ.π. 31.07.2024)

Λόγος περί της Ενανθρωπίσεως του Λόγου και της δια σώματος προς ημάς επιφανείας Αυτού Τού Αγίου Αθανασίου Αλεξανδρείας 5-5-2007 https://www.oodegr.com/oode/pateres1/athanasios/enanthrwpisi1.htm (τ.π. 31.07.2024) Robert Henry Brom What the Early Church Believed: Christ's Eternal Sonship 10.08.2004 https://www.catholic.com/tract/the-eternal-sonship-of-christ (τ.π. 31.07.2024)

---

1. https://www.str.org/w/nine-early-church-fathers-who-taught-jesus-is-god#fnref_0bcef9c45bd8a48eda1b26eb0c61c869_3A33

2. https://apostles-creed.org/confessional-reformed-christian-theology/christology/quotes-early-church-fathers-christ-begotten-eternity/

3. https://apostles-creed.org/confessional-reformed-christian-theology/christology/quotes-early-church-fathers-christ-begotten-eternity/

Το Άγιο Πνεύμα

James Richardson Quotes from the Early Church Fathers: The Holy
Spirit   19.03.2015
https://apostles-creed.org/?s=Quotes+from+the+Early+Church+Fathers%
[4] (τ.π.

01.08.2024)

Η Αγία Τριάδα

Robert Henry Brom What the Early Church Believed: The Trinity
10.08.2004   https://www.catholic.com/tract/the-trinity   (τ.π.
01.08.2024)

Robert Henry Brom What the Early Church Believed: God in Three
Persons 10.08.2004 www.catholic.com/tract/god-in-three-persons[5]
(τ.π. 01.08.2024)

James Richardson Quotes from the Early Church Fathers: on the
Trinity   27.02.2015   https://apostles-creed.org/confessional-
reformed-christian-theology/theology/early-church-fat[6]
hers-quotes-trinity/[7] (τ.π. 01.08.2024)

Robert Henry Brom What the Early Church Believed: Trinitarian
Baptism   10.08.2004   https://www.catholic.com/tract/
trinitarian-baptism (τ.π. 01.08.2024)

---

4. https://apostles-creed.org/?s=Quotes%2Bfrom%2Bthe%2BEarly%2BChurch%2BFathers%
   3A%2B

5. http://www.catholic.com/tract/god-in-three-persons

6. https://apostles-creed.org/confessional-reformed-christian-theology/theology/early-church-
   fathers-quotes-trinity/

7. https://apostles-creed.org/confessional-reformed-christian-theology/theology/early-church-
   fathers-quotes-trinity/

Η Θεοτόκος Μαρία

Kenneth Henderson The Early Church Fathers on Mary, the Mother of God https://pintpipeandcross.wordpress.com/the-early-church-fathers-on-mary-the-mother-of-god/ (τ.π. 01.08.2024)

Robert Henry Brom What the Early Church Believed: The Perpetual Virginity of Mary 10.08.2004

https://www.catholic.com/tract/mary-ever-virgin (τ.π. 01.08.2024)

Louis Bosco EARLY CHURCH WRITINGS ON MARY

https://www.beholdthetruth.com/key-early-historical-writings-on-mary (τ.π. 01.08.2024) The Editors 7 Church Fathers on that Profound Insight of Mary as the New Eve 11.9.2014 https://www.churchpop.com/7-church-fathers-mary-new-eve/ (τ.π. 01.08.2024)

Mary: Without Sin

https://www.churchfathers.org/mary-without-sin(τ.π. 01.08.2024)

Η Μεσιτεία των Αγίων

Intercession of the Saints

https://www.churchfathers.org/intercession-of-the-saints   (τ.π. 01.08.2024)

Robert Henry Brom What the Early Church Believed: The Intercession of the Saints 10.08.2004

https://www.catholic.com/tract/the-intercession-of-the-saints (τ.π. 01.08.2024)

Joshua Charles Quote Archive—Intercession of the Saints 07.03.2024   https://eternalchristendom.com/becoming-catholic/quote-archive-intercession-of-the-saints/ (τ.π. 01.08.2024)

Michael Snellen Is There Evidence of Early Christians Praying to the Saints?   https://www.iamcatholic.co/article/is-there-evidence-of-early-christians-praying-to-the-saints (τ.π. 01.08.2024)

Philip Kosloski[8] One of the oldest known prayers to a Guardian Angel is from Egypt 10/05/2017

---

8. https://aleteia.org/author/philip-kosloski

https://aleteia.org/2017/10/05/one-of-the-oldest-known-prayers-to-a-guardian-angel-is-from-e[9] gypt[10] (τ.π. 01.08.2024)

Ο Αντίχριστος

Robert Henry Brom What the Early Church Believed: The Antichrist 10.08.2004 https://www.catholic.com/tract/the-antichrist (τ.π. 01.08.2024)

Μοναχισμός

What the Early Church Believed: Monks and Nuns https://www.catholic.com/tract/what-the-early-church-believed-monks-and-nuns (τ.π. 01.08.2024)

Ιερά Παράδοση

Robert Henry Brom What the Early Church Believed: Apostolic Tradition 10.08.2004 https://www.catholic.com/tract/apostolic-tradition (τ.π. 01.08.2024)

Fr. Michael Shanbour Church Tradition: According to the Church Fathers 15.05.2019 https://www.wenorthodox.com/forum/church-fathers-on/church-tradition-according-to-the-ch[11] urch-fathers[12] (τ.π. 01.08.2024)

---

9. https://aleteia.org/2017/10/05/one-of-the-oldest-known-prayers-to-a-guardian-angel-is-from-egypt

10. https://aleteia.org/2017/10/05/one-of-the-oldest-known-prayers-to-a-guardian-angel-is-from-egypt

11. https://www.wenorthodox.com/forum/church-fathers-on/church-tradition-according-to-the-church-fathers

12. https://www.wenorthodox.com/forum/church-fathers-on/church-tradition-according-to-the-church-fathers

Greg Gordon Early Church Fathers on Apostolic Succession 11.12.2002
https://www.sermonindex.net/modules/newbb/
viewtopic.php?topic_id=40921&forum=40 (τ.π. 01.08.2024)

Η Δημιουργία του Κόσμου

Robert Henry Brom What the Early Church Believed: Creation and Genesis 10.08.2004 https://www.catholic.com/tract/creation-and-genesis (τ.π. 01.08.2024)

Robert Henry Brom What the Early Church Believed: Creation out of Nothing 10.08.2004 https://www.catholic.com/tract/creation-out-of-nothing (τ.π. 01.08.2024)

Τα Ιερά Μυστήρια

Βάπτισμα

Robert Henry Brom What the Early Church Believed: Born Again in Baptism 10.08.2004 https://www.catholic.com/tract/born-again-in-baptism (τ.π. 02.08.2024)

What the Early Church Believed: Baptismal Regeneration https://www.catholic.com/tract/what-the-early-church-believed-baptismal-regeneration (τ.π. 02.08.2024)

Robert Henry Brom What the Early Church Believed: The Necessity of Baptism 10.08.2004 https://www.catholic.com/tract/the-necessity-of-baptism (τ.π. 02.08.2024)

Robert Henry Brom What the Early Church Believed: Baptismal Grace 10.08.2004 https://www.catholic.com/tract/baptismal-grace (τ.π. 02.08.2024)

Robert Henry Brom What the Early Church Believed: Infant Baptism 10.08.2004 https://www.catholic.com/tract/early-teachings-on-infant-baptism (τ.π. 02.08.2024) Ευχέλαιο

Anointing of the Sick

www.churchfathers.org/anointing-of-the-sick[13] (τ.π. 02.08.2024)

Εξομολόγηση

Confession

www.churchfathers.org/confession[14] (τ.π. 02.08.2024)

Robert Henry Brom What the Early Church Believed: Confession 10.08.2004 https://www.catholic.com/tract/confession (τ.π. 02.08.2024)

Fr. John A. Peck Confession in the Early Church Fathers 03.06.2016 https://preachersinstitute.com/2016/06/03/confession-early-church-fathers/ (τ.π. 02.08.2024)

Θεία Κοινωνία

Robert Henry Brom What the Early Church Believed: The Real Presence 10.08.2004 https://www.catholic.com/tract/the-real-presence (τ.π. 02.08.2024)

Χρίσμα

Confirmation

www.churchfathers.org/confirmation[15] (τ.π. 02.08.2024)

Robert Henry Brom What the Early Church Believed: Confirmation 10.08.2004 https://www.catholic.com/tract/confirmation (τ.π. 02.08.2024)

---

13. http://www.churchfathers.org/anointing-of-the-sick

14. http://www.churchfathers.org/confession

15. http://www.churchfathers.org/confirmation

Brian Early Church Fathers on Confirmation 08.07.2013 https://practicalapologetics.blogspot.com/2013/07/early-church-fathers-on-confirmation.html (τ.π. 02.08.2024)

Γάμος

Robert Henry Brom What the Early Church Believed: Marriage 10.08.2004 https://www.catholic.com/tract/the-permanence-of-matrimony (τ.π. 02.08.2024) Robert Henry Brom What the Early Church Believed: Contraception and Sterilization 10.08.2004

https://www.catholic.com/tract/contraception-and-sterilization (τ.π. 02.08.2024)

Homosexuality

https://www.churchfathers.org/homosexuality (τ.π. 02.08.2024)

Robert Henry Brom What the Early Church Believed: Homosexuality 10.08.2004 https://www.catholic.com/tract/early-teachings-on-homosexuality (τ.π. 02.08.2024)

Abortion

www.churchfathers.org/abortion[16] (τ.π. 02.08.2024)

Robert Henry Brom What the Early Church Believed: Abortion 10.08.2004 https://www.catholic.com/tract/abortion (τ.π. 02.08.2024)

Η Ιερωσύνη

Robert Henry Brom What the Early Church Believed: Bishop, Priest, and Deacon 10.08.2004 https://www.catholic.com/tract/bishop-priest-and-deacon (τ.π. 02.08.2024)

Robert Henry Brom What the Early Church Believed: Women and the Priesthood 10.08.2004 https://www.catholic.com/tract/women-and-the-priesthood (τ.π. 02.08.2024)

Η Νηστεία

---

16. http://www.churchfathers.org/abortion

Ἅγιος Βασίλειος ὁ Μέγας *Α) Ἡ φωνή τῶν Πατέρων 10. Ἡ νηστεία*

Προπατορικό ἁμάρτημα

What the Early Church Believed: Original Sin

https://www.catholic.com/tract/what-the-early-church-believed-original-sin (τ.π. 03.08.2024)

Σάββατο ἤ Κυριακή;

Robert Henry Brom What the Early Church Believed: Sabbath or Sunday? 10.08.2004 https://www.catholic.com/tract/sabbath-or-sunday (τ.π. 03.08.2024)

Κόλαση

Robert Henry Brom What the Early Church Believed: Hell 10.08.2004 https://www.catholic.com/tract/the-hell-there-is (τ.π. 03.08.2024)

Ἡ Σωματική Ἀνάσταση

Robert Henry Brom What the Early Church Believed: Resurrection of the Body 10.08.2004 https://www.catholic.com/tract/resurrection-of-the-body (τ.π. 03.08.2024)

Ἅγιος Κύριλλος Ἱεροσολύμων *Α) Ἡ φωνή τῶν Πατέρων 09. Ἡ ἀνάσταση τῶν νεκρῶν*

Νέα Ἐποχή

Ἀστρολογία

Robert Henry Brom What the Early Church Believed: Astrology 10.08.2004   https://www.catholic.com/tract/astrology   (τ.π. 03.08.2024

Μετενσάρκωση

Robert Henry Brom What the Early Church Believed: Reincarnation 10.08.2004 https://www.catholic.com/tract/reincarnation (τ.π. 03.08.2024)

Δεν υπάρχει Καθαρτήριο

James Attebury Early Church Fathers Against Purgatory 26.12.2023 https://jamesattebury.wordpress.com/?s=Early+Church+Fathers[17] (τ.π. 03.08.2024)

Όταν σωθείς μια φορά είσαι πάντα σωσμένος

Kenneth Henderson The Early Church believed in Once Saved, Always... oh, Wait, No They Didn't! 29.08.2016

pintpipeandcross.wordpress.com/2016/08/29/the-early-church-believed-in-once-saved-always[18]

-oh-wait-no-they-didnt/[19] (τ.π. 03.08.2024)

Σωτηρία μόνο μέσω πίστεως

What the Early Church Believed: Faith and Works https://www.catholic.com/tract/what-the-early-church-believed-faith-and-works (τ.π. 03.08.2024)

Ο Κανόνας της Παλαιάς Διαθήκης

---

17. https://jamesattebury.wordpress.com/?s=Early%2BChurch%2BFathers

18. http://pintpipeandcross.wordpress.com/2016/08/29/the-early-church-believed-in-once-saved-always-oh-wait-no-they-didnt/

19. http://pintpipeandcross.wordpress.com/2016/08/29/the-early-church-believed-in-once-saved-always-oh-wait-no-they-didnt/

Robert Henry Brom What the Early Church Believed: Old Testament Canon 10.08.2004 https://www.catholic.com/tract/the-old-testament-canon (τ.π. 03.08.2024)